Digital Economics

数字经济学

理论与应用　　Theory and Application

杨波　杨亚西　等　著

社会科学文献出版社
SOCIAL SCIENCES ACADEMIC PRESS (CHINA)

前　言

　　数字经济是以数字化的知识和信息为关键生产要素，以数字技术创新为核心驱动力，以现代信息网络为重要载体，通过将数字技术与实体经济深度融合，不断推进数字产业化和产业数字化，实现治理数字化、数据价值化，加速重构社会经济体系的一种新型经济形态。当今世界数字经济发展迅猛，数字经济发展水平成为一个国家或地区综合实力和现代化程度的重要体现。我国已将发展数字经济上升为国家战略，从中央到地方都在紧锣密鼓地推进数字经济发展。理论源自实践，反过来可以指导实践，但当前关于数字经济的理论研究已远远跟不上数字经济发展实践的步伐。本书尝试从经济学的视角对数字经济展开研究，分为理论研究和应用研究两大部分，故取名《数字经济学：理论与应用》。本书重点分析数字经济的特征与表现，探寻数字资源的开发、利用及市场特点，研究数字化信息对决策及博弈均衡的影响，剖析数字化对产业升级、区域高质量发展及政府治理的作用，期望能发挥抛砖引玉的作用，加速推进数字经济的理论研究和学科建设，为数字经济发展实践提供理论参考。

　　本书分为7章，第1章至第4章为数字经济学的理论研究部分，第5章至第7章为数字经济学的应用研究部分，具体研究内容如下。

　　第1章是对数字经济的演变、特征及重要表现做总体介绍。首先简要介绍了美国数字经济的兴起、中国数字经济的发展历程以及全球数字经济的总体发展情况，然后重点阐述了数字经济的含义和特征，最后分析了数字经济在消费和生产两个方面的重要表现。

第2章侧重对数字经济的核心资源——数字资源的开发和利用展开研究。首先介绍了信息技术的发展历程以及我国信息技术的发展现状，接着探讨了数字资源的概念、分类及重要数字资源的开发，最后分析了数字资源利用的技术基础以及农业、工业和服务业数字资源利用的领域及效果。

第3章进一步对数字资源的市场属性进行深入研究。首先分析了个人、企业和政府对数字资源的需求情况，其次重点剖析了数字资源价格的特点及其影响因素，提出了数字资源的定价策略，最后深入分析了数字资源平台垄断的表现和原因，针对数字资源平台垄断治理面临的困难提出解决对策。

第4章重点研究了数字化信息对决策和博弈均衡的影响。相比传统信息，数字化信息具有传输快、容量大、表现形式丰富、更能满足人们对信息的需要等特点，彻底改变了经济社会发展中信息不完全和信息不对称的局面。本章首先分析了数字化信息对委托—代理关系中信息不对称关系的影响，然后全面分析了数字化信息对政府、企业及个人决策环境的影响，包括数字化信息如何提升政府、企业及个人获取信息和处理信息的能力，如何增加这些主体的可选决策数量，最后深入研究了数字化信息对博弈均衡的影响。

第5章是数字经济学的应用部分，探讨经济数字化及其对产业升级的作用。首先介绍了数字产业化的构成及特征、发展现状，其次阐述了产业数字化的含义及特征、现状及困境，最后深入分析了数字产业化和产业数字化对产业升级的作用机理及效果。

第6章探讨了数字化如何推动区域高质量发展。首先从数字化助推区域基础设施和产业结构提档升级、数字化拓展区域经济的发展场景、数字化推动区域经济的创新发展三个方面分析了数字化推动区域经济高质量发展的机理和表现，接着从数字化助力智慧城市建设、推动区域医疗进步、促进区域教育发展三个方面分析数字化如何推动区域社会高质量发展，最后分析了数字化改善区域环境质量、推动区域环境可持续发展的内在机理和效果。

第7章分析了数字化助力治理现代化的机理。首先从数字化推动政府多元化治理、精准化治理和整体化治理三个方面分析了数字化助力政府治理手段优化的机理，然后从数字化促进形成"互联网+政务服务"治理模式、"政府引导+公民协作"治理模式两个方面分析了数字化助力政府治理模式创新的机理，最后从数字化推进公共服务便民化、助力行业监管高效化、促进环境治理现代化三个方面探讨了数字化助力政府治理效果提升的机理。

杨波和杨亚西设计了本书的写作提纲，并对全文进行整理、修改和润色。部分研究生和经济学专业的本科生参与了各章节的资料收集整理、撰写初稿和校审工作，具体分工如下：第1章由谯馨悦、吴锐和李艳撰写初稿，第2章由彭钢、黄熙越、杨梦菊撰写初稿，第3章由杨成、杨幸瑞撰写初稿，第4章由焦佩兰、庄月娥撰写初稿，第5章由刘楠、杨子怡、顾小燕撰写初稿，第6章由杨梦菊、顾小燕撰写初稿，第7章由杨怡、蒋俊协撰写初稿；另外，化雨欣、黄熙越、杨雨、陈宇欣、胡舒、郑雨霖、王菲分别对各章进行了校审。

数字经济蓬勃发展，理论研究含苞待放。历经两年多的书稿写作虽然画上了句号，但继续深入研究的步伐一刻也不能停留，期待您的交流和指导。

目　录

数字经济学
理论与应用

1
数字经济的演变、特征及重要表现

1.1　数字经济的演变历程

1.1.1　美国数字经济的兴起

1.1.1.1　起源于信息与通信技术的形成与发展

信息与通信技术的发明和使用是数字经济兴起的源头。美国是最早发展数字经济的国家，信息与通信技术的形成与发展为美国数字经济提供了必要的技术准备。1946 年以来，信息与通信技术的发展经历了以下四个阶段：电子计算机的诞生、阿帕网的建成、因特网的发展、信息高速公路的提出。

（1）电子计算机的诞生

20 世纪 40 年代，美国爱荷华州立大学著名教授约翰·文森特·阿坦拉索夫致力于用电子化储存数据和联系微小信息的方法来解决数学难题，并取得初步成效。第二次世界大战爆发后，阿坦拉索夫前往参与和研究与战争密切相关的事宜，暂时停止了电子计算机的研发工作，由艾克特总工程师、莫奇勒博士和著名数学家冯·诺依曼继续研究与组装。1946 年在美国宾夕法尼亚大学的莫尔学院，世界上第一台"储存程序"通用的现代电子数字计算机"埃尼阿克"（ENIAC）诞生。

埃尼阿克（ENIAC）十分庞大，占地面积约170平方米，重达30英吨，使用了6000多个开关、7200根二极管、10000个电容器、17000多根电子管，每秒可计算5000次加法或者400次乘法，比人工计算提高千倍。同时，它形成了一些现代计算机设计思想，如采用二进制、可重用的存储器等，"储存程序"使全部运算成为真正的自动过程。埃尼阿克（ENIAC）的发明拉开了信息与通信技术发展的序幕。

（2）阿帕网的建成

第二次世界大战结束后，为了满足与苏联冷战中对军事技术的需要，美国国防部成立高级研究计划署。1957年10月，苏联在拜科努尔航天中心成功发射了第一颗人造卫星进入行星轨道，这意味着苏联可以通过人造地球卫星将核武器投放到世界上任何一个角落，这对美国来说存在巨大的安全威胁。为避免军事指挥中心被破坏而导致整个美国军事指挥系统无法使用，美国下令国防部高级研究计划署建立一个不依靠单一指挥中心的通信系统，旨在保证即使某一部分网络遭到破坏，其他部分依然能够正常投入使用。1969年，高级研究计划署研究员采用包交换技术通过计算机将要传送的信息放在一个个包中，利用无线分组交换网和卫星通信网以设置节点的方式将美国用于军事研究的电脑相互连接起来，实现资源的共享。由此，全球第一个计算机网络——阿帕网建成。

1975年，阿帕网被移交给美国国防部国防通信局正式运行。为了使阿帕网和其他计算机网络互联并进行交流，网络互联研究员温顿·瑟夫设想了计算机交流协议，其被称为传输控制协议/互联网协议（TCP/IP）。传输控制协议的作用是控制数据字节的传送，确保信息在不同网络间能够准确传递。互联网协议的作用是保证信息在传送过程中，不管经过多少节点和不同网格，都能够到达正确的位置。1982年，美国国防通信局规定将传输控制协议/互联网协议作为阿帕网通信协议。

（3）因特网的发展

20世纪80年代，美国国家科学基金会为了改善科学研究和教育领域的基础设施，利用阿帕网技术建立了国家科学基金会网络（NSFNET），把分别位于新泽西州普林斯顿大学、加州大学圣地亚哥分校、匹兹堡大学、伊利诺伊大学、康奈尔大学的5个超级计算机中心连接起来，使科学家们能够实现更加高效的信息流通与资源共享。随后，美国国家科学基金会不断鼓励美国的政府机构和其他国家的一些组织及机构将自己的局域网加入国家科学基金会网络中，导致其子网络的爆发式增长，因特网的名称被正式采用。

国家科学基金会网络的正式营运和与其他局域网络的连接使因特网成为主干网，取代了阿帕网，这是因特网发展史上的重要一步。随着规模经济效应的产生，因特网向更广阔的领域拓展。它的使用者不再仅仅局限于计算机领域的专业人士，许多企业研究机构、学术研究团体甚至个体用户纷纷加入因特网的使用队伍中。

（4）信息高速公路的提出

1992年，时任美国国会田纳西州参议员的艾伯特·戈尔提出美国信息高速公路法案，希望用5年时间加速计算机和信息通信网络的开发建设，带动美国科研、经济、教育的发展。1993年9月，美国政府宣布正式启动"国家信息基础设施"计划，目的在于通过因特网技术的强化运用，建设美国国家信息基础设施体系，使信息共享更加具有普遍性和便捷性。

信息高速公路的建成使美国在信息技术和信息产业方面始终保持领先地位，改变了美国的经济结构和形态，极大地促进了生产效率的提高，同时改善了人们的生活。例如，在日常生活中，人们充分利用计算机的通信交流能力，进行资料查阅、双向交流、远程办公等。在企业办公中，充分利用计算机的信息管理能力，提高劳动生产率，加速产业发展。同时，在城市现代化建设、提供就业岗位、节约资源等方面，信息高速公路都发挥着不可忽视的作用。

1.1.1.2　成长于信息与通信技术的广泛应用

随着信息与通信技术的迅猛发展，互联网的使用人数爆发式增长。各行各业纷纷开启数字化转型进程，通过信息与通信技术的融合运用谋求长足的发展。其中，最为显著的标志主要有电子商务的繁荣和工业领域数字化。

（1）电子商务的繁荣

电子商务是指在由因特网技术开辟的无时间和空间限制的开放网络环境下，将买家和卖家汇集起来进行的一种线上商业贸易活动，其发展历程可追溯到电子数据交换（EDI）在美国商业贸易中的运用。电子数据交换是指按照行业通用的格式，使经济信息可以在网络间进行传输，并在具有贸易关系企业的电子计算机系统之间进行经济信息的处理、交换。虽然电子数据交换取代了传统的手工信息处理，提高了贸易凭证处理的效率和准确性，但是这种方式因高昂的使用费限制了它的应用范围。因特网的出现完美地解决了这一问题，还把电子数据交换的应用范围扩大到全方位的商务信息。[①] 1996年，国际商业机器公司（IBM）正式提出电子商务的概念。

美国政府高度重视电子商务，并制定了一系列政策推动电子商务的发展。1997年，《全球电子商务纲要》的颁布更是掀起了电子商务的热潮，其中 BtoC 电子商务模式和 BtoB 电子商务模式占有重要地位。

BtoC（Business to Customer）电子商务是指企业对消费者的交易模式，即网上零售业务。网民数量的增加使得网上购物成为一种十分常见和便捷的消费方式，美国弗雷斯特市场咨询公司的数据显示，1996年以来的5年时间里，美国网上零售业务的销售额从24亿美元增长到420亿美元，增长速度远远超过整个零售行业的销售额。BtoB（Business to Business）电子商务是指企业与企业之间的交易模式。许多传统产业成功通过 BtoC 电子商务模式进行数字化转型，推动了 BtoB 电子商务模式的发展，2002年美国 BtoB 电子商务已经占全球电子商务的93%，美国企业大量使用电子商务进行采购、销售和服务等其他商业活动，在有效降低成本的同时提高了效率。

（2）工业领域数字化

从1952年第一台三坐标硬件数控立式铣床开始，到计算机辅助设计（CAD）概念的提出，再到1969年美国国防部高级研究计划署开发的 ARPANET 网络系统上线，美国在设备、工业软件和网络上的技术突破，奠

[①]　刘宝辉：《美国电子商务发展概貌》，《经济论坛》2003年第17期。

定了其工业领域数字化的坚实基础。1974 年，微处理器成功运用于数控机床，促进了数控机床的普及应用和飞速发展，随着计算机辅助设计/计算机辅助工程（CAD/CAE）工具软件在制造业中的应用，美国制造业界掀起了制造业数字化的一波又一波高潮。1990 年，由波音、洛·马、通用动力等著名公司发起成立的国家系统工程委员会，确立了系统工程方法在复杂装备研制中的核心地位，并开展正向设计。至此，美国在设施设备、工具软件、互联网络以及方法论四方面做好了充分的工业领域数字化准备。①

为了搭建政府、企业和学术界的合作平台，通过科技成果的转化促进美国国民经济的增长，1988 年，美国参议院和众议院通过的《综合贸易与竞争法案》提出实施"先进技术计划"（ATP），其主要内容是政府向私营企业提供资金，帮助私营企业发展具有竞争优势的新技术。截至 2007 年，ATP 一共支持了 824 个项目，直接和间接参与单位 1581 家，资助总额达 24 亿美元。调研发现，其大部分项目开发周期缩短、研发成本降低，同时产品提前进入市场并获得经济效益。

1993 年，美国政府为了增强制造业的竞争力，满足制造业对先进技术的需要，实施"先进制造计划"（ATM），以期促进经济的增长。

1996 年，美国国家先进制造联合会发表了《面向 21 世纪的美国工业力量》白皮书，提倡美国今后应着重发展先进制造技术。

随着先进制造技术在制造业中的融合应用，美国传统制造领域正处于数字化不断加强的状态，无论是产品设计、生产制造还是企业管理方面都发生了根本性的变化。例如，在生产组织方面，从过去依次进行需求分析、产品设计、生产、上市等步骤，转变为通过设计产品整个生命周期同时推进上述各个环节。

1.1.1.3　崛起于信息产业的迅速发展

1991 年，在《国家的关键技术》报告中，乔治·赫伯特·沃克·布什总统特别强调，发展信息产业的关键在于掌握先进的技术。"高性能计算与通信计划"的实施揭示美国正在不断拓展高性能计算与通信技术的应用范围，为

---

① 何强、李义章：《工业 APP：开启数字工业时代》，机械工业出版社，2019。

美国信息产业的基础设施建设提供技术保障。1997年，美、墨、加三国联合制定的《北美产业分类体系》，根据特定的参数第一次将信息产业作为独立的部门，并明确表示信息产业应包括三个相辅相成的单位，分别是：生产与传播信息和文化产品的单位；为数据和信息传播提供技术支持与基础设施的单位；加工和处理信息与数据的单位。随着信息产业的高速发展，信息领域的专业人才出现紧缺，美国政府通过《美国竞争力和劳动力改善法案》和《21世纪竞争力法案》等政策从世界范围内引进大批优秀的信息人才。

得益于政府的政策支持和研发投入的增加，1995年起，美国信息产业超过并取代传统的三大支柱产业（钢铁、汽车、建筑），成为其主导产业，在国民经济中的地位越来越突出。美国商务部的报告显示，在美国国民经济增长中信息产业的贡献率高达30%以上，2007年美国信息产业产值占国内生产总值的4.2%，实际增长贡献率达到16.5%，信息产业就业人数达285.4万人，占美国就业总人数的2.2%，年平均工资达到74000多美元，远远高于社会平均工资（48000美元），是美国平均薪资最高的行业之一。以计算机和互联网技术为核心的信息产业改变了传统产业的生产方式，提高了劳动生产率，美国国家科学技术委员会的统计数据显示，在对提高劳动生产率的贡献中，技术和知识的进步贡献率高达80%。美国信息产业的快速发展为美国数字经济在世界范围内脱颖而出奠定了坚实的基础。

1.1.1.4 致力于维持数字经济的世界领导地位

美国数字经济规模蝉联世界第一。2020年全球数字经济规模达到32.6万亿美元，占GDP比重为43.7%，同比增长3%。美国凭借信息基础设施建设和技术创新优势，数字经济规模远超全球平均水平，是全球数字经济的领导者，2020年美国数字经济规模达到13.6万亿美元，占美国国内生产总值的65%，继续蝉联世界第一。

（1）维持在新兴技术领域的领导地位

2018年，特朗普政府发布的《国家网络战略》提出为了强化美国在网络空间和科技生态系统中的影响力，应当竭力建设一个充满生机和活力的数字经济社会、培育网络安全人才和保护美国的创造力，在先进制造业和高科技服务业以及数字贸易等方面占据主导优势。2021 年，由美国信息技术与创新基金会发布的《美国全球数字经济大战略》报告，强调了信息和数字技术的重要性，分析了美国在数字技术创新方面的主要竞争对手和盟友，强调美国政府必须坚持以"数字现实政治"为基础的发展战略，约束竞争对手，必要时与盟友合作保护和促进本国利益。同时，美国政府积极占领和布局智能终端、云计算、大数据等数字领域的顶层设计，以确保美国继续在新兴技术领域保持全球领导者地位。

（2）试图主导数字贸易规则

美国是数字经济大国，也是全球范围内数字贸易领先的国家，2020 年美国数字化交互服务产值达到 3176 亿美元，位居全球第一。近年来，美国积极同其他国家签订区域贸易协定，不断参与并主导数字贸易相关规则的制定。奥巴马政府时期，美国与韩国等 12 个成员国在新西兰签订了《跨太平洋伙伴关系协定》（TPP），极大地增强了美国在亚太区域经济整合中的影响力；特朗普在任时期，美国从《跨太平洋伙伴关系协定》中退出，并在此基础之上进行升级修改，与墨西哥和加拿大达成三方贸易协定《美墨加协定》（USMCA），提升了美国的贸易自主权；2019 年 10 月，美国和日本在《美墨加协定》基础上进一步完善，签订了《美日数字贸易协定》（UJDTA），缓解了农产品出口大幅下滑的压力。如今正是数字贸易规则建立的关键时期，美国积极与其他国家达成合作并签订贸易协定，试图掌握数字贸易规则制定的主导权，彰显了美国在数字贸易治理上的雄心。

1.1.2 中国数字经济的发展历程与现状①

1.1.2.1 中国数字经济的发展历程

（1）1994~2002 年的萌芽期

在中国科学家王运丰的努力和国际友人维纳·措恩的帮助下，中国

---

① 胡雯：《中国数字经济发展回顾与展望》，http://theory.people.com.cn/n1/2018/0816/c40531-30232681.html，2018 年 8 月 16 日。

于 1990 年 11 月 28 日成功完成在互联网上的国际标识 . CN 注册。但受到当时技术和资源的局限，中国未能立即实现与国际互联网的全功能连接，所以中国 CN 顶级域名的服务器被暂时寄设在德国。1994 年 4 月 20 日，中国通过经由美国 Sprint 公司的一条 64K 国际专线终于全功能接入国际互联网，中国的互联网时代自此开启。同年 5 月，中国国家顶级域名服务器完成设置，并和之前暂存在德国的中国 . CN 顶级域名服务器一起移入中国。此后，我国互联网用户数量快速增长，推动我国互联网行业的迅速崛起。2000 年，互联网三大公司腾讯、阿里巴巴、百度进入初创阶段，新浪、搜狐、网易三大门户网站相继成立并在美国成功上市。但由于中国数字经济处于萌芽期，大多初创企业并不重视技术创新，纷纷模仿国外的成功商业模式，以信息的传播和获取为增值服务中心，以新闻门户、邮箱业务、搜索引擎为主要业务形态，以用户积累和流量争夺为其竞争核心。但是互联网泡沫在 2000 年彻底破灭，这使全球的互联网行业陷入了长达两三年的黑暗时刻，中国的互联网行业也受到影响，随之进入低迷阶段。

（2）2003~2012 年的高速发展期

经过短暂的低迷期后，2003~2012 年中国数字经济迎来高速发展期。在这期间，中国互联网用户数量持续保持两位数的增长。根据中国互联网络信息中心发布的统计报告，截至 2008 年 6 月底，我国网民数量为 2.53 亿，与 2007 年同期相比增长 9100 万人，我国网民数量首次超越美国，位居世界第一。以网络购物为基础的电子商务兴起，推动中国数字经济从萌芽期进入高速发展期。阿里巴巴在 2003 年上半年推出个人电子商务网站——淘宝网，通过成功的本土化商业模式运作使 eBay 放弃中国市场，进而逐渐发展成为全世界最大的 C2C 电子商务平台。接着，阿里巴巴在 2003 年下半年推出的支付宝业务也慢慢成长为我国第三方电子支付领域的领军者。与此同时，我国网络零售额不断实现突破，2006 年冲破 1000 亿元大关，2012 年冲破 1 万亿元大关，其间一直保持 50% 以上的平均增速。在电子商务飞速发展的背景下，我国在 2007 年发布的《电子商务发展"十一五"规划》中将电子商务服务业确立为国家重要的新兴产业。

在此期间不断有新业态涌现。互联网的普及使人与人之间的联络方式发生重大变革，让社交网络与社交关系发生了密切联系。2005 年出现的"博客"使网民能够深度参与互联网，对经济社会产生前所未有的深刻影响，个人正在成为"新数字时代民主社会"的公民。同年，腾讯 QQ 的注册用户超过 1 亿，即时聊天工具成为我国网民的标准配置。2009 年，开心农场、开心网等建立在社交网站基础上的虚拟社区游戏迅速火遍全国，赢得了亿万网民的青睐。同年上线的单帖字数限制在 140 字符以内的微博，凭借其即时分享的巨大优势在网民中风靡一时，在社会中产生了巨大的影响力。随着互联网的应用领域不断扩大，网上购物、网上银行、线上支付在我国得到普遍应用，这些因素共同促进了数字经济的大规模扩张。

但中国网民数量在 2012 年结束了将近十年的两位数增长态势，增速下降到 9.92%，给依靠网民数量高速增长而实现发展和盈利的互联网行业带来了巨大的挑战。与此同时，中国互联网络信息中心发布的报告显示，截至 2012 年底，中国手机网民规模达到 4.2 亿，首次超过电脑网民，意味着中国数字经济发展开始进入新阶段。

（3）2013 年至今的成熟期

伴随着手机网民规模的迅速扩张，互联网行业开启了移动端时代，中国数字经济也随之迈向成熟期。这个阶段的数字经济具有两个特点。①"互联网+"助力传统行业转型升级。各种各样的生活服务都开始向线上转移，通过互联网来满足需求，比如购物用"淘宝"，出行用"滴滴"，外卖点餐用"美团"，洗衣用"e 袋洗"。②互联网催生大量的商业创新。以摩拜、ofo 为代表的无桩共享单车掀起了共享经济的时代新风尚。另外，2016 年井喷式发展的网络直播，不仅创新了充满即视感的互动社交，还独创了打赏这种用户变现模式。

1.1.2.2 中国数字经济的发展现状①

（1）数字经济规模不断扩大

在政府政策和技术发展的推动下，近些年我国数字经济发展不断取得新突破，数字经济规模不断扩大。2016～2021年，我国数字经济规模从22.6万亿元上升到45.5万亿元，实现了1倍多的增长。2021年我国数字经济规模位列世界第2，在GDP中的占比达到39.8%。大数据等数字技术与农业、工业、服务业，特别是教育、医疗、交通等公共服务行业加速融合发展。2021年，我国实物商品网上零售额第一次超过10万亿元，同比增长12.0%；移动支付业务达到1512.28亿笔，同比增长22.73%。截至2022年6月底，工业互联网应用已覆盖45个国民经济大类，工业互联网高质量外网覆盖300多个城市。

（2）数字经济创新能力持续提升

不断扩大的数字经济规模促使数字经济技术创新能力持续提升。云计算是数字经济发展的新型基础设施，也是社会信息化建设的算力基础。近年来，我国云计算快速发展，云计算市场迅速扩张。在超级计算机方面，中国也成功跃升至世界先进国家行列。2020年6月的全球超级计算机Top500榜单中，中国研发的"神威太湖之光"位居世界第4，另一台由中国研发的超级计算机"天河2号"位居世界第5。全球最强的500台超级计算机中，中国有215台。在通信领域，中国在技术方面也居世界首位。2021年，5G应用普及全面加速，5G应用创新案例超过1万个，覆盖工业、医疗等20多个国民经济行业。2022年6月，国家知识产权局知识产权发展研究中心发布的报告显示，当前全球声明的5G标准必要专利共21万余件，涉及4.7万个专利族（一个专利族包括在不同国家申请并享有共同优先权的多件专利）。其中，中国声明1.8万余个专利族，居全球首位，占比接近40%，5G应用创新案例已超过1万个，是全球5G应用最广泛的国家。在6G通信技术领

---

① 1.1.2.2及1.1.3的文中数据、图表数据来源（另外标注的除外）于中国信息通信研究院《中国数字经济发展白皮书（2020年）》《中国数字经济发展白皮书（2021年）》《中国数字经济发展白皮书（2022年）》。

域，当前全球专利申请量超过 3.8 万件，其中我国专利申请量超过 1.3 万件，占比 34%，位居全球第一。我国人工智能领域快速超越，人工智能专利申请量快速上升。2011 ～ 2020 年，我国人工智能专利申请量累计达到 389571 件，占全球的比重接近 3/4，位列世界第一。

（3）数字经济内部结构持续优化

作为数字经济的重要组成部分，数字产业化与产业数字化二者相辅相成、共同促进。数字产业化是经济稳定增长的坚实基础，产业数字化是经济稳定增长的不竭动力，是促进经济增长的主要组成部分。根据中国信息通信研究院发布的调查报告，2021 年我国数字产业化规模为 8.4 万亿元，同比名义增长 11.9%，占 GDP 的比重为 7.3%。2021 年产业数字化规模为 37.2 万亿元，同比名义增长 17.2%，占 GDP 的比重为 32.5%。在我国数字经济内部结构中，产业数字化占比是数字产业化占比的 4 倍左右且该比例正在稳步提升，表明数字技术赋能传统产业对我国经济的健康发展产生了长足影响（见图 1-1）。

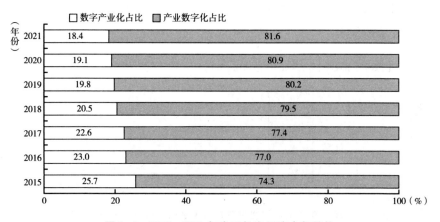

图 1-1　2015～2021 年我国数字经济内部结构

1.1.3　全球数字经济的总体发展情况

1.1.3.1　全球数字经济规模持续扩大，发达和高收入国家遥遥领先

在全球经济缓慢复苏的过程中，新一代信息技术创新活跃，不断向各经

济领域融合渗透，在催生新兴产业的同时，也不断刺激传统产业焕发新的活力，推动传统产业实现提质增效的智能化、网络化转型升级，使得数字经济规模体量不断扩大。根据中国信息通信研究院发布的报告数据，全球 47 个主要国家数字经济增加值由 2018 年的 30.2 万亿美元提升至 2021 年的 38.1 万亿美元，数字经济成为全球经济发展的新动能。

高收入国家数字经济规模占全球比重超过 3/4。从不同收入组别的国家来看，高收入国家数字经济体量大，远超中高收入和中低收入国家。2019 年，34 个高收入国家数字经济增加值接近 25 万亿美元，占到 47 个经济体数字经济总量的 77%；10 个中高收入国家数字经济增加值为 6.6 万亿美元，约占 47 个经济体数字经济总量的 20%；3 个中低收入国家数字经济规模仅为 7400 多亿美元，仅占 47 个经济体数字经济总量的 2.3%。

由图 1-2 可知，从不同经济发展程度来看，2020 年发达国家数字经济规模是发展中国家数字经济规模的 3 倍左右，发达国家数字经济发展优势明显，经济发展水平较高。目前各国数字经济规模不断扩张，数字经济处于持续蓬勃发展的状态。

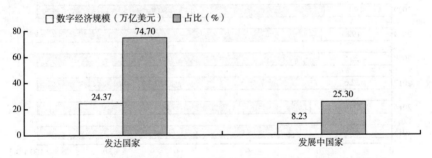

图 1-2　2020 年不同经济发展程度国家的数字经济规模及占比情况

1.1.3.2　各国数字经济占 GDP 比重稳步提升，但国家之间差异较大

根据中国信息通信研究院的统计报告，2018~2021 年 4 年间全球数字经济增加值占 GDP 比重已由 40.3% 增长至 45%。从数字经济在各大洲占 GDP 的比重来看，美洲数字经济占 GDP 比重居首位，欧洲居第 2 位，亚洲紧随其后。从单个国家来看，2021 年美国、英国、德国数字经济占 GDP 比重居

前三位，占比均在 65% 以上。韩国、日本、法国、爱尔兰的占比均在 40% 以上。中国、新加坡、芬兰、墨西哥的占比均超过 30%。其他国家均低于 30%，土耳其甚至不足 10%。

在同等条件下，国家的收入水平与数字经济占其 GDP 比重成正比。高收入国家数字经济对国民经济的带动作用远超中高收入和中低收入国家。

不同经济发展水平条件下，经济发展水平越高的国家数字经济在 GDP 中的占比越高（见图 1-3）。发达国家数字经济的占比约是发展中国家的 2 倍，数字经济在发达国家国民经济中已占据主导地位。

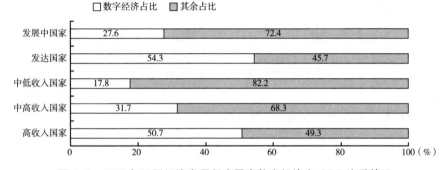

图 1-3　2020 年不同经济发展程度国家数字经济占 GDP 比重情况

1.1.3.3　数字经济发展产生巨大影响，推动世界经济不断革新

（1）数字技术催生新业态与新模式

普华永道会计师事务所根据全球上市公司 2021 年 3 月 31 日的股票市值，排出 2021 年全球市值排名前 10 企业如图 1-4 所示，苹果、微软、亚马逊、ALPHABET INC、脸书、腾讯、阿里巴巴均属于数字经济范畴。早些年，能源和金融业占据全球市值前 10 企业的主要份额，而随着数字经济时代的来临，许多以互联网企业为代表的数字经济企业势如破竹占据高位。[1] 数字技术的创新研发和应用是数字经济催生新业态与新模式的不竭动力，其加速了数据和信息的要素化演变并形成数字产业。例如，在服务消费领域，美团、拼

---

[1]　数字经济发展研究小组、中国移动通信联合会区块链专委会、数字岛研究院：《中国城市数字经济发展报告（2019-2020）》。

多多、社区团购发展迅速；基于互联网的抖音短视频、淘宝直播等新型营销手段和商业模式不断出现，数字经济为全球经济增长带来了更多机遇。

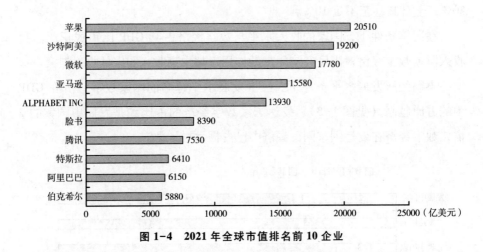

图1-4 2021年全球市值排名前10企业

（2）数字经济推动传统经济转型升级

大数据、人工智能等技术在生产生活中的广泛普及和应用正在驱动传统经济向数字化生产转型。借助数字技术，传统生产模式发生了重大变革，实现了研发设计、生产方式、销售和服务形式的自动化，促进产品创新和服务升级，形成了从原来争取质量取胜到现在争取快速响应市场需求的竞争格局。传统企业将从生产决策到售后服务的单向数据处理方式，改变为从售后服务到生产决策的闭环数据处理方式，实现了用户价值的掌握和传递，适时改变企业的战略决策以提升竞争力。

另外，"共享经济"和"平台经济"的出现使得传统企业的价值链得到纵向延伸，在数字技术的推动下，企业可以对自身业务进行分析和调整，及时舍弃不适应发展的生产模式和产品，增加优良产品的附加价值，形成自己的核心竞争力，并向其他行业或领域拓展。传统产业借助数字化、智能化、智慧化得到提质增效，激发了发展活力。

（3）数字经济创造新的需求和供给

数字化贯穿整个产业链的供需环节，促使供给侧和需求侧都发生重大的

数字经济学
理论与应用

变化，创造出新的需求与供给。数字技术赋能的数字经济通过优化要素配置与组合方式和调整生产结构，有效促进了供给侧的结构性改革。数字技术的发展打破了供给端与需求端之间的信息交流屏障，实现供给与需求在结构和数量上的精准匹配，使各类生产要素的分配更加清晰合理，资源实现优化配置。此外，数字经济时代的消费者不再满足于标准化的产品，而是更多地追求个性化。消费者的个性化需求和偏好等数据通过数字技术被转化为社会经济活动中必不可少的核心要素，商家基于消费者数据的收集、整理和应用形成新的产业链，生产出各种各样的产品和服务，实现按需生产与精准营销，满足了消费者日益增长的多方面需求，给用户带来了更好的消费体验，带动了消费升级。

1.2 数字经济的含义及特征

1.2.1 数字经济的含义

数字经济在不知不觉中影响并改变着社会经济生活的各个环节，并且成为全球经济高质量发展的新引擎，那么什么是数字经济？

G20 杭州峰会在《二十国集团数字经济发展与合作倡议》中指出：数字经济是指以使用数字化的知识和信息为关键生产要素，以现代信息网络为重要载体，以信息通信技术的有效使用为效率提升和经济结构优化的重要推动力的一系列经济活动。

中国信息通信研究院发布的《中国数字经济发展白皮书（2017 年）》指出：数字经济是以数字化的知识和信息为关键生产要素，以数字技术创新为核心驱动力，以现代信息网络为重要载体，通过数字技术与实体经济深度融合，不断提高传统产业数字化、智能化水平，加速重构经济发展与治理模式的新型经济形态。

美国商务部下属的经济分析局（BEA）在其有关美国数字经济规模和增长率的初步统计数据和相关报告中，将数字经济定义为：①计算机网络存在和运行所需的数字使能基础设施；②通过该系统发生的数字交易（电子商务）；③数字经济用户创造和访问内容。

中国信息化百人会在《2017中国数字经济发展报告》中指出：数字经济是全社会基于数据资源开发利用形成的经济总和。

中国信息通信研究院在《中国数字经济发展与就业白皮书（2019年）》中，根据对数字经济的不同界定，定义范围从小到大依次包括三大类：核心定义、狭义定义、广义定义。核心定义认为数字经济是数字经济活动的核心部门，即ICT产业。狭义定义认为数字经济是利用数字工具进行经济活动，即以生产数字产品和服务为主导工作的数字部门。广义定义认为数字经济是数字化驱动产业升级产生的经济效应，即数字产业化和产业数字化。

2022年1月国务院印发的《"十四五"数字经济发展规划》，将数字经济定义为：数字经济是继农业经济、工业经济之后的主要经济形态，是以数据资源为关键要素，以现代信息网络为主要载体，以信息通信技术融合应用、全要素数字化转型为重要推动力，促进公平与效率更加统一的新经济形态。

综上所述，本书认为数字经济的含义如下：数字经济是以数字化的知识和信息为关键生产要素，以数字技术创新为核心驱动力，以现代信息网络为重要载体，通过数字技术与实体经济深度融合，不断推进数字产业化和产业数字化，实现治理数字化、数据价值化，加速重构社会经济体系的一种新型经济形态。简而言之，数字经济就是以大数据为基础的经济，数据作为一种生产要素，参与社会再生产过程中生产、交换、分配、消费的各个环节。

1.2.2　数字经济的特征

1.2.2.1　数据成为关键生产要素

随着信息技术的发展，数据、数字基础设施、拥有数字技能的人才已经成为国家、地区和企业的核心竞争力。随着工业化进程基本完成，以数字和智能科技为主导力量的第四次科技革命引发了资源配置方式的新变革。工信部公布的数据显示，我国 4G 用户已达 12.8 亿，光纤用户渗透率已达 93%，规模均居全球第一。5G 用户数量也不断增加，我国 5G 终端用户数量已经达到 4.5 亿，占全球 80% 以上。相关统计报告显示，到 2021 年 6 月，我国网民数量已超过 10 亿，10 亿用户投入互联网的使用，使得数据这一关键要素在规模体量和生产速度方面都处于领先全球的优势地位，预期到 2025 年我国将成为世界第一的数据资源大国，数据在各行各业的融合应用为生产要素的重构变革创造了基础条件。

在数字经济时代，数据发挥着更加重要的作用，正取代劳动力和资本成为领导生产的重要因素，为高效的生产和流通提供必要的支撑。

数据与要素融合促进成本的降低和效率的提升。数据要素并不是独立于其他传统要素单独发挥作用的，而更多的是运用在各种数字化基础设施之中，通过人才、资本等要素与数据的融合帮助企业在生产经营过程中获取充分的信息，促进生产效率、产品质量和经营效益的提升。越来越多的行业决策开始从业务驱动型转变为数据驱动型，数据对用户需求与资源供给进行更有效率的匹配。例如，数字化给供应商的选择提供了更多便利，从数据当中获取最优解，为企业降低采购成本。数字化转型技术帮助企业实现了自动化和智能化，减轻企业用工压力，降低用工成本，提升生产效率。

数据与产业融合构建共同体能发挥竞合优势。将数据与传统农业相融合，在农业生产和销售方面加强对数字技术的高效应用，推动智慧农业的发展。例如，通过数据统计分析农作物最适宜的生长环境，选择最优的农作物种类，开展精准种植，减少病虫害，提高农作物的产量。大力发展乡村电商业务，拓宽农产品的销路，实现农产品"产销运"一体化发展，促进消费需求与农产品供给的精准匹配，尽量避免农产品供不应求或供过于求的情况。将数据与工业相融合，促进智能制造在产品生产过程中的应用，推动传统制造产业的升级改造。加强智能设备、传感识别技术与数据结合在生产制造中的应用，提高生产过程的网络化、智能化和数字化水平。数据与服务业相结合，可基于消费者过往产生的数据进行精准营销和智能决策，促进服务的专业化和精细化，提升消费者的用户体验和满意度。

1.2.2.2 数字化转型强化现代产业体系的适应性[①]

当前，新一轮科技创新和产业变革空前活跃，不少企业为了谋求长远的发展开始进行数字化转型，这有利于构建现代产业体系，并增强其对数字经济时代的适应性。

（1）数字化转型推动产业跨界融合

①数字技术能降低企业的交易成本，为企业从企业边界之外获取生产要素创造了有利条件，从而促进企业之间进行线上和线下的跨界合作。作为产业组织的基本单位，企业是一个封闭型组织。企业边界非常重要，它不仅决定着企业的经营范围，还在一定程度上制约着生产要素在市场上的流动。数字技术主要通过以下三个方面来降低交易成本，帮助企业从企业边界之外获取生产要素，推动产业跨界合作。第一，数字技术能激活企业闲置的生产要素。在传统产业体系下，制约产业发展的因素之一是生产要素闲置。运用数字技术使企业闲置的生产要素实现共享，存量生产要素得以盘活，从而间接增加了生产要素的市场供给。比如，Airbnb 公司应用数字技术实现房主和租房者之间的数字化连接，促进了房屋租赁市场的存量调整，提高了房屋租赁供求的匹配效率，缓解了租赁房屋增量供给的压力。而且它使用虚拟现实、增强现实等数字技术来提高房源信息的真实性，进一步减少房主和租房者之间的信息不对称。第二，数字技术缓解了企业之间的信息不对称。虽然信息化使企业之间的信息连接得以增强，但线下生产要素信息仍处在信息化的盲区。应用移动互联网、物联网、虚拟现实、增强现实等数字技术对线下生产要素进行数字化处理后就能将其在线上完整呈现。同时生产要素的变化也将以数据的形式在线上进行传递，扩大了企业决策依据的信息来源，从而缓解了企业之间的信息不对称。第三，数字技术对信息的实时获取和分析能降低企业发展面临的不确定性，减少或避免产能过剩。比如，利用数字技术搭建的行业大数据平台让企业可以实时精准地收集产品、原材料、设备、能源、

---

① 肖旭、戚聿东：《产业数字化转型的价值维度与理论逻辑》，《改革》2019 年第 8 期。

资金等资产的市场供求状况以及价格变化等市场信息，从而有助于做出采购、生产、销售、融资等方面的科学决策；利用大数据分析技术在社交平台等网络空间获取用户的反馈信息，及时了解用户需求的变化来指导创新活动和定制化生产的开展，满足用户的个性化需求。数字技术在数据的收集、传输、处理、整合和分析等方面所具有的强大能力有助于企业更精准地把握市场现状、更准确地预测市场变化，从而降低企业发展面临的不确定性，减少低效或无效投资以及库存积压，形成信息流、物资流与价值流之间的协同，使企业在激烈的市场竞争中站稳脚跟，不断成长壮大。

②数字化连接促进产业之间的跨界融合。能否即时响应用户需求是企业能否在市场中占得先机的关键。但是，任何一家企业都无法独立完成基于用户需求衍生出的一系列业务活动，所以上下游企业甚至是跨行业的企业之间都是相互依存的关系，它们只有通过合作才能创建和获取价值。数字经济时代，数字技术将上下游企业甚至是跨行业存在合作关系的企业进行数字化连接，构建一个数字生态系统。在这个数字生态系统中，每一个企业实时共享彼此的数据，用算法测算出合作伙伴的生产能力，开展多方面的协同合作，在实现业务的无缝化衔接、提高对用户需求的响应速度的同时，也打破了传统企业边界对企业发展的约束，促进了产业的跨界融合。

（2）数字化转型重构产业组织的竞争模式

信息技术的发展大大降低了企业之间的协作成本，培育或参与生态体系成为企业在产业组织中发展的必然选择。同时，大数据能够提供更多的质量信号，引导生产要素更加自由、顺利地朝着能高效创造用户价值的产业集中，用户价值成为数字经济时代引导生产要素配置的关键指标。因此，在数字化转型中，依托数字化生态系统，以打造用户价值创造的比较优势为产业组织竞争主要维度的竞争模式成为大势所趋，并呈现以下三种竞争关系。

①生态内部参与者之间的竞争。为了强化数字化生态自身的竞争优势，生态内部也要不断的自我升级，升级的过程中必然存在优胜劣汰的竞争机制。核心企业是生态内部要素配置的主导者，只有在技术共享和价值供给两方面都更具优势的生态参与者才能成为生态的核心企业。辅助者的竞争优势

则体现为在核心企业的引导下与其他参与者之间业务的协同和碎片化价值创造的效率。现有的辅助者一旦在这两方面表现出低效或者无效就会被其他更高效的参与者代替。

②产业组织内部生态之间的竞争。围绕同一用户价值，产业组织内部会产生许多数字化生态，这些生态之间形成直接的竞争关系。核心企业作为数字化生态的枢纽，发挥着关键作用。生态之间的竞争本质上就是不同生态核心企业之间的竞争，核心企业在用户连接、价值供应、碎片化价值整合上的综合能力决定了该生态的竞争优势。2017年以来，阿里巴巴通过整合饿了么、支付宝、天猫超市、高德地图、盒马、银泰百货等生态圈的参与者，构建了线上与线下融合的新零售供给体系，建立了"三公里理想生活圈"，带领物流供给保障进入了"分钟级时代"，为用户创造了产品供给的时空价值。

③产业组织内部生态与产业组织外部生态之间的竞争。数字化连接冲破了传统的产业边界，削弱了沉没成本、技术优势、规模经济等产业进入壁垒，使产业组织内部的参与者面临更多来自产业组织外部的竞争压力。随着用户价值成为生态运行的核心维度，利用纵向横向一体化降低协作成本的战略逐渐转变为优化用户价值的供给质量和供给效率。通过整合产业链、供应链和价值链来建立高效的价值网络，实现价值创造、传递、协同和交付成为企业抵御来自产业组织外部的潜在进入者的竞争策略。

（3）数字化转型赋能产业组织升级

①数字化转型实现以用户价值为导向。用户在传统的生产关系中一直是产品的被动接受者，对产品设计没有话语权。而在数字经济时代，企业利用数字技术建立与用户一对一实时互动和反馈的数字化连接，及时获取和分析用户的体验数据，从而快速把握用户的需求变化，明确产品迭代升级和创新以及用户价值增加的方向，并及时做出合理应对。用户则通过数字化连接深度参与产品的设计与生产，拥有对产品的自主选择权，获得个性化的产品供给。企业的数字化转型使传统的大规模生产模式逐渐被个性化定制的批量生产模式所替代，有助于加强供需之间的连接、促进供需之间的匹配，并降低企业的试错成本，最终帮助企业培养和强化竞争优势、增加用户黏性。

②数字化转型提高全要素生产率。数据作为核心生产要素，在驱动产业提升效率的同时优化了生产要素的配置，提高了全要素生产率。以土地、资本、劳动力为代表的传统生产要素在机器算法分析结果的引导下朝着能够高效创造用户价值的领域集中。与此同时，计算机将根据实时采集的数据不断修正分析的结果，及时反馈，在第一时间调整和优化生产要素的配置。虽然基于人工智能的各种装备将替代简单、重复、程序化活动中的劳动力，但人工智能只能对已有数据进行分析，无法对组织战略进行解读，也不能根据组织活动的重要性进行排序。并且人工智能由于受到既定程序的约束，判断异常信号时会出现偏差，使不必要的管理成本增加。所以，被人工智能替代的劳动力将向非程序性活动集中，主观意识在处理应急性事件方面的优势得以更好地发挥，有助于提高组织的创新能力。

③数字化转型增加产品的附加价值。企业与用户之间的数字化连接通过数字化转型得到增强，实现了二者之间在任何地点、任何时间的一对一互动，让用户有机会参与到企业产品和服务的生产活动中，获得个性化体验。数字化连接提高了用户与企业之间的互动频率，有利于企业更加精准地把握用户的需求走势。而在互动中产生的数据则能为企业不断改进产品和服务质量提供指引，从而提高产品的附加价值。

④数字化转型促进现代产业体系的培育。我国的产业体系长期以来一直在全球价值链的分工中处于中低端的位置，缺乏竞争力。当前，以物联网、云计算、区块链、大数据、人工智能等为代表的新一代信息技术正在加速重构全球产业价值链，进而对产业组织进行系统性重构。面对新一轮科技革命带来的机遇，我国企业应该好好把握，积极拥抱数字化转型，发展数字化业务和相关技术，加快数字技术成果的转化和应用，利用数字化连接整合全球资源，参与国际竞争，推动产业合作网络、价值链与产业链的创新组合，建立新的比较优势，培育现代产业体系。

1.2.2.3　数字化创新引导和支撑经济高质量发展

（1）数字化创新要素转换经济发展动力

支撑和推动创新活动开展、促进创新成果转化的相关资源和能力的组合被称为创新要素。创新要素凭借其旺盛的生命力赋能发展动力的转换。一方面，在数字技术的参与下，传统创新要素的属性和组合方式得到不断升级，将升级后的传统创新要素与新型创新要素共同投入创新活动中，能起到提高创新活动的投入质量，增强创新活动的内生力，进而提升创新活动成果转化质量的作用。另一方面，运用数字技术催生出的新资源要素和组合模式可赋能传统产业转型升级。比如，逐渐成为一项核心创新要素的数据创新要素。数据创新要素打破原有创新要素有限增长与供给的束缚，充分释放数据要素红利。它通过打通全链条生产环节，将上、中、下游企业的生产活动紧密相连，推动传统产业数字化进程，促进产业集约绿色发展，加快旧动能向新动能的转换升级。同时它还赋能数字化专业人才在培育新技术、新业态等新动能的过程中逐步实现从要素驱动向创新驱动转变。

（2）数字化创新要素提升经济发展效率

在数字化浪潮尚未来临之前，信息通信技术和基础设施的缺乏导致信息传递滞后，信息无法在各领域进行有效、快速的流通而不能发挥最大的效用。而平台的大量涌现是数字化浪潮中的一个明显趋势，并且已经从消费领域拓展到生产和研发等各个领域。《中国数字经济发展白皮书（2020 年）》显示，我国以提供生活服务、生产服务、科技创新等为主的平台服务企业在2019 年共实现业务收入 3193 亿元，同比增长 24.9%，增速远远快于其他领域。由于数字化平台打破了创新主体之间的壁垒，创新要素有机会共享数据信息与资源，创新要素的供需信息能够打破时空界限实现加速流动和精准匹配，创新要素的配置模式和渠道得以拓展与革新，创新要素的错配概率和流通成本得到降低，创新要素的配置效率和流动速度不断提高。由于数字平台和市场机制的驱动，经济活动的反馈信息能被准确捕捉并流向可实现价值最大化的需求产业或地区，充分发挥创新要素对产业发展或地区经济的推动作用，提升生产要素布局与生产力布局的匹配程度，强化创新能力，从而全面提高经济发展效率。

（3）数字化创新要素提升经济发展质量

产业结构陷入低端锁定、产品和服务供给质量较低是我国进行质量变革的重要原因。在数字变革促使质量变革的时代，企业之间的竞争从原来的降低生产要素成本转变为提升创新能力。逐渐完善的数字化基础设施和数字化服务平台通过虚拟协同与聚集的方式打破了创新主体间的壁垒，突破了时空的局限，充分释放了人才、资本、信息、技术等要素活力。企业通过这种深度合作的协同创新、融合创新的方式，能够降低创新成本，不断提高研发能力和技术创新水平，提升企业自身的核心竞争力，从而降低在质量变革中被替代的风险。[①]

1.3　数字经济的重要表现

1.3.1　数字经济在消费方面的重要表现

1.3.1.1　消费呈现网络化、个性化特点

（1）消费呈现网络化特点

信息时代的到来将互联网普及到千家万户，网络消费也以各种形式渐渐出现。eBay 是世界上第一个购物网站，它于 1995 年创建于美国，发展了新的 C2C（Customer to Customer）商业模式，将买方与卖方聚集起来，代替了规模太小的跳蚤市场。同年，亚马逊书店开业，在亚马逊的带动下，美国涌现出大量的网上商城，这引发美国零售业中新兴势力大量出现，各种知名购物网站层出不穷，如雅虎、美国在线等网站都以强悍势力向网络零售业进军，也有许多公司通过"接入服务商"（公司网站空间的提供商）发展网络零售业。与此同时，美国的一些传统零售业也开始加入电子商务领域并有所发展，例如西尔斯集团、沃尔玛等零售商也在互联网上建立了自己的购物网站。美国网络零售良好的发展势头得益于美国当时良好的经济环境，其金融支付系统以及信用制度都十分健全，这很好地保证了网上支付的安全性，其

---

① 陶长琪、袁琦璟：《高质量发展视阈下创新要素配置的统计测度与评价研究》，2021 年 11 月 18 日。

发达的物流体系为商品的配送提供了基本条件，这些都充分助力其网络零售业的迅猛发展。

进入 21 世纪后，美国零售业电子商务活动增长速度极快，交易总额从 2000 年的 276.1 亿美元迅速增长到 2021 年的 8707.8 亿美元（见图 1-5），这与网络消费市场的扩张趋势有很大关系，越来越多的实体行业与互联网融合，数据让网络消费形成其独具的优点，并使其逐渐发展壮大。2020 年，美国网络零售额在社会消费品零售总额中的占比超过 13%，其增长速度不亚于传统零售业总额的增长速度。

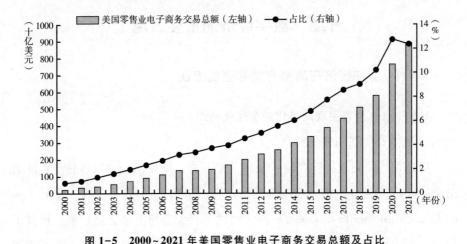

图 1-5 2000～2021 年美国零售业电子商务交易总额及占比

资料来源：Total and E-commerce Value of U.S. Retail Trade Sales from 2000 to 2021.

继美国电子商务蓬勃发展之后，许多国家的网络消费也陆续开始发展起来，其中在 2010～2020 年这 10 年发展最迅速的国家就是中国。中国作为一个人口大国，近些年网络购物用户规模增长得非常迅速。2013 年，中国网络零售总额达 1.88 万亿元，成为全球第一大网络零售市场；中国网络零售业在其发展历程中都呈稳定增长趋势，并且中国的网络购物用户规模也呈稳定增长趋势（见图 1-6），不论是从用户数量还是消费活动来看，网络购物消费在整个消费市场上的占比都呈上升趋势，消费网络化已经是未来消费市场发展的主要趋势。至 2021 年，中国已连续 8 年成为全球第一大网络零售市场（见图 1-7）。

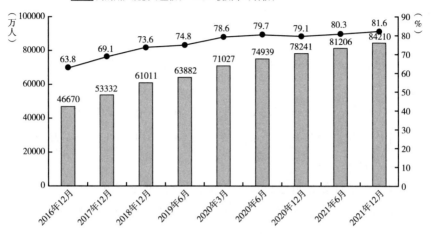

图 1-6　2016 年 12 月以来中国网络购物用户规模及使用率

注：使用率为网络购物用户占网民整体的比例。

数据来源：《中国互联网发展状况统计报告》（2016~2021）。

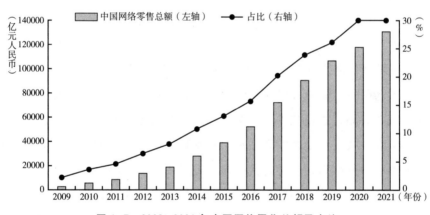

图 1-7　2009~2021 年中国网络零售总额及占比

数据来源：网经社，http://www.100ec.cn/。

　　中国网络零售的发展大致经历了三个阶段：首先是以淘宝为代表的 C2C 模式，其次是以京东和天猫为代表的 B2C 模式，最后是以海淘和天猫国际为代表的跨境电子商务模式。中国网络零售业在这三个阶段的发展过程中，网络商品从"低价"到"正品低价"再到"品牌低价",刺激着消费增长,增加了网络购物的用户规模和比例,扩大电子商务领域。同时,移动电子商务的兴起降低了消费者网络购物的门槛,提高了县域和农村消费者在电子商务中的比重,促进电子商务的全民化普及,推进全国范围内网络购物市场的发展。

同时,中国跨境电商平稳较快发展。中华人民共和国海关数据显示,2021年中国跨境电商进出口额达1.98万亿元;其中出口1.44万亿元,同比增长24.5%。

为何消费呈现如此明显的网络化趋势并逐渐向全球发展呢?这是因为网络消费相较于传统消费具有一些鲜明的特点。第一,网络消费扩展了消费种类。数字经济和数字技术的发展激发出许多对网络消费的潜在需求,并且数字技术使得电子商务平台进一步发展,网络销售渠道进一步成熟,所以如今的网络消费已经不再局限于餐饮外卖和网络购物,文化娱乐、公共服务领域的消费也逐渐增多,如线上影院、付费视频、网约车、在线医疗、在线教育、在线会议等。特别是在新冠疫情背景下,在线服务已成为网络消费的新热点,扩大了消费市场,拓展了消费空间。第二,网络消费降低了消费成本。网络消费使消费者更容易获取商品信息,且获取的信息更多、更广泛,消费者可以在网上轻易获得几乎任何产品的信息,同时消费者可以利用闲暇时间查找商品信息,减少了消费者购买商品前期的精力投入;此外,消费者购买本地或其他地区的商品都无须专程去往零售商所在地,利用互联网在家里就可以购物,快递也能实现"送货到家"。第三,网络消费使交易效率更高。网络消费相较于传统消费,程序更加系统,消费者在学会网络购物程序的条件下,能够高效系统地参与消费环节的信息交换,其中省去了许多步骤,也降低了信息交换的时效性。第四,网络消费扩大了消费的空间范围。网络消费不再局限于某个狭小的区域,而是把消费空间扩大到全国甚至全球。用户规模的扩大使得生产方提供更多信息来吸引消费者,产品信息更加透明,消费者的网络购物意愿也就更强,这是网络消费向全球扩张的原因。

（2）消费呈现个性化特点

个性化消费是指消费者看重商品的个性化特征，追求差异化消费趋势。过去的传统消费通常表现为从众化，消费者倾向于购买流行于市场的商品，而在数字经济背景下，随着消费市场的不断丰富，越来越多的消费者更愿意选购能够彰显个人特性的商品，以此满足自己的求异心理。个性化的消费体现了消费者对自身需求的充分了解，体现消费者内心最想要、最需要、最看好的商品需求，更能体现消费者个人独特的审美情趣和价值观。其实消费个性化是消费者对商品质量的需求进一步提升，不仅追求商品客观上的功能满足，还追求主观上的品质要求，这是发展型社会的必然产物。

当今社会，互联网逐步构建起万物互联的数字经济模式，而要将供应商的海量产品和服务与消费者形形色色的需求连接起来，仅靠随机的推荐与营销无异于大海捞针。于是，很多应用软件对用户的浏览足迹和偏好进行收集、分析和预测，甚至在开启应用软件时请求获取位置、开启麦克风、实名认证等权限以求获取用户的更多信息，增强推荐的精准性，获取营销的更大成功。这是传统信息收集方式所不能达到的庞大规模。许多时候，App 的个性化推荐契合用户提升体验的需求，为用户节约了寻找心仪产品的精力和时间成本。很显然，收集与分析用户信息，进行个性化推荐与营销是数字经济发展的必然产物，合理地应用此功能可以达到销售和推广企业产品、提升用户体验和平台吸引力的多重效果。正是因为数字经济的技术条件逐渐成熟，消费者的个性化需求能够得到满足，这进一步激发了消费市场的个性化发展。

互联网大数据使得消费者的个性化需求有了可以集中体现的方式。将采集的数据反馈给生产厂家，厂家就能进行更加精准的按需生产。消费者与厂家的信息交换，体现了数字经济背景下的消费个性化特征。然而，要实现消费个性化，供给侧还要考虑如何使个性化消费规模化。传统消费市场中的供给侧，通常只能依靠大订单的方式量产，因为个性化的小订单成本较高，并且通信渠道获取信息的效率较低。但是在大数据、互联网飞速发展的背景下，数据高效运转，消费者提出的需求能够被及时且大量收集，于是这些个性化需求被大数据分类后，便显得没有那么"个性"，从而能够实现一定程度的规模化。因此，数字经济时代的到来，一定程度上平衡了需求侧个性化与供给侧规模化之间的矛盾。这里提到的个性化指的是群体个性化，在群体个性化的背景下，这种方式能够推进消费个性化。以家庭装修行业为例（见图1-8），通过对消费者信息的收集，并结合当下消费者偏好，能够大致推测不同需求的消费者规模。

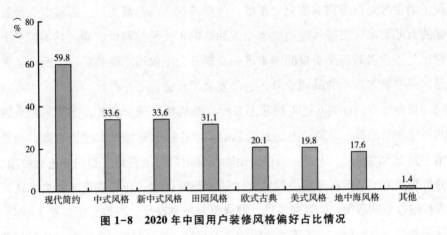

图 1-8 2020 年中国用户装修风格偏好占比情况

数据来源：艾媒数据中心，https://data.iimedia.cn/。

在数字经济时代，个性化消费越来越普遍。例如，在"万表"官方网站上，人们可以根据个人偏好，定制专属的手表，享受个性化定制服务，其中包括：根据挑选的表款镌刻个性化文字、挑选个性徽章标记、定制表壳表盘、定制具有独特颜色和纹路的表带、定制包装，甚至能根据消费者自己提供的图案进行刻制，定制流程也十分便捷。小到饰品，大到器具，如今都可以进行个性化定制，一些汽车品牌也建立了自己的定制网站，比如劳斯莱斯汽车—客户定制网站、奥迪个性化定制网站、宝马汽车 BMW 个性化定制网站，消费者可以创建自己独特的风格，其定制范围包括车门把手、驾驶仪表盘、迎宾踏板和车漆颜色等。这种从满足消费者个性化需求出发，实现消费者新时代消费愿望的商业模式，就是用户直连制造（Customer to Manufacture，C2M），即通过互联网连接消费端与生产端，使得生产端能够生产出更满足用户需求的个性化定制产品。

传统经济模式下，定制消费的交易效率较低，因为消费者与生产方需要交换更多的信息，并且以点对点的方式完成交易。但是在数字技术推动制造业从自动化转向智能化的过程中，许多产业链逐渐开始能够对消费者提出的不同需求做出相应的反馈，例如智能家具、智能语音助手等，它们不再是对单个指令机械地做出反应，而能够针对一个指令做出多种反应，或者智能化识别指令而不是只对某个特定指令做出反应。这使得消费者的个性化需求能够更深层次地被满足。

1.3.1.2　消费模式不断创新，新型消费需求不断涌现

（1）消费模式不断创新

随着数字经济时代的到来，传统的消费模式以及消费者的消费习惯都发生了改变。受益于数字技术的发展、庞大的网民数量以及传统产业的数字化转型，我国的消费模式不断更新，新型消费模式和消费需求不断涌现。新型消费模式包括社区团购、无人零售、虚拟消费、全渠道消费。

1）社区团购模式

社区团购是一种全新的购物模式，它由平台统一提供相应产品（主要是家庭使用率较高的产品），是以真实的社区为依托，利用团长及其社交关系而形成的一种本地化、区域化的团购，用户所采购的产品可以直接送货上门，也可以到选定的提货点自行提取。社区团购有如下优势。①零库存堆积。社区团购采用的是预售制，由用户提前在网上下单，再由商家统一发货，所以不会出现货物堆积的情况。②获客成本低。相较于实体门店高昂的获客成本，用户在团长建立的微信群里完成咨询、互动与购买，社区团购利用团长的人际关系实现裂变，大大降低了其获客成本。③超低价位。用户团购的商品大多从源头直接采购然后送至消费者，少了很多中间环节，商家的损耗也大大减少，从而大大降低了商家的成本，消费者也能用相对更低的价格买到自己心仪的产品。

近年来，国内外的社区团购市场飞速发展。我国社区团购行业交易额不断上升，2021年达到1205.1亿元，同比增长60.4%（见图1-9）。用户规模也不断扩大，从2016年的0.95亿人增长到2021年的6.46亿人（见图1-

10)。在海外，社区团购也有不俗的表现。Statista 数据显示，美国生鲜电商市场的规模在 2015 年是 70 亿美元，市场占比 3%左右，2020 年增长到 180 亿美元，市场占比增加到 10%。其中，表现较为突出的是 Weee!（美国版叮咚买菜），完成了 4.25 亿美元 E 轮融资，估值达到 41 亿美元（约合人民币 260 亿元），成为当地的独角兽企业。2021 年 11 月中旬，美国生鲜电商配送平台 GrubMarket 完成 2 亿美元 E 轮融资，估值超过 12 亿美元，也成为新晋的独角兽企业。加拿大、新加坡、英国等国家也开始使用社区团购平台，并且呈现不错的发展势头，例如加拿大的温鲜生，新加坡的优佳生活、红点优选等。

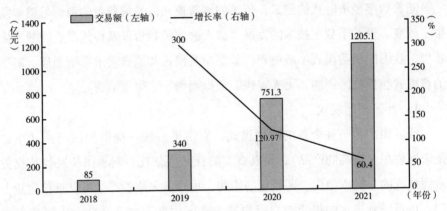

图 1-9　2018~2021 年我国社区团购行业交易额及其增长率

数据来源：中国电子商务研究中心。

2）无人零售模式

无人零售是指用户在智能技术的支持下实现没有导购员和收银员就完成消费行为的新型消费模式，它也是智慧零售的最佳代表。无人零售的应用场景主要有两个，一是无人贩卖机，主要售卖饮料和零食等；二是无人门店，其中最多的是无人便利店。无人零售有如下优势。①低成本。人工费用是传统店铺经营成本的重要组成部分，但现在的用人成本越来越高，而无人零售不需要考虑这一部分费用。②体验优势。无人零售 24 小时开放，而且不受时间限制，用户不用与人交流就可以完成消费

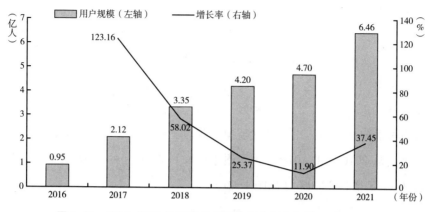

图1-10 2016~2021年我国社区团购行业用户规模及其增长率

数据来源：中国电子商务研究中心。

行为，既保护了用户隐私又满足了用户的消费需求。③应用场景广泛。无人零售终端机的选址非常灵活，可以是工厂、医院、商场、车站、机场、校园、景区、居民社区、加油站、高速公路服务区等各个场所，并且占地面积小。

全球多个国家相继进入了无人售货机的市场，其中日本、美国和欧洲占据了该市场的主导地位。截至2020年底，全世界有超过2000万台无人零售终端在运营状态，年总销售额大约1300亿美元。我国无人售货机的铺设密度与上述发达国家和地区相比有很大的差距，但是，随着近年来智能技术的发展和支付方式的改变，我国无人售货机市场仍然存在巨大的潜力。早在2016年底，电商巨头亚马逊在宣布推出无人零售店Amazon Go的同时，也开始了内测，最终在2018年初向公众开放。韩国从2017年开始运营无人便利店emart24，日本则少有无人便利店，但因其无人售货机的种类繁多以及铺设密度高，就功能性而言，和无人便利店几乎是等同的，能够基本满足日本人24小时的生活刚需消费。我国也出现了简24、缤果盒子、Take Go和便利蜂等多个无人便利店。虽然无人门店目前的普及率不高，但是随着移动支付的普及和智能技术的发展，无人零售具有很大的发展空间。

3）虚拟消费模式

虚拟消费与传统消费的差异是上述几种网络消费类型中最大的，因为此类消费者购买的是纯数字产品，只能在网络上使用。各种网络游戏的道具就是其中最典型的代表之一，网络游戏自被开发以来就受到人们的喜爱。随着网络经济的迅猛发展，作为一种娱乐消费品，网络游戏已经成为娱乐产业中十分重要的组成部分，全球游戏玩家参与度不断提高，全球游戏市场规模持续扩大，从2016年的1010亿美元逐年增长到2020年的1778亿美元，2020年较2019年增长22.0%（见图1-11）。

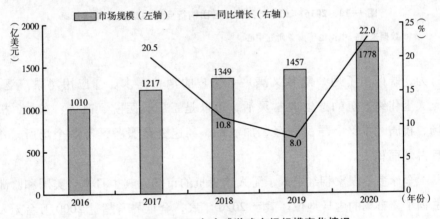

图1-11 2016~2020年全球游戏市场规模变化情况

数据来源：Newzoo，《2020全球游戏市场报告》。

除了网络游戏，我们日常生活中的服装、饰品、汽车、收藏品等物品也逐渐虚拟化。比如，数字藏品越来越受到人们的喜爱追捧。中国国家博物馆以四件国宝级文物（西汉错金银云纹青铜犀尊、四羊青铜方尊、"妇好"青铜鸮尊、彩绘雁鱼青铜釭灯）为主题开发的数字藏品，以及湖南省博物馆、敦煌美术研究所、湖北省博物馆等单位发行的数字藏品等，在刚上线时就被网友一抢而空。如图1-12所示，中国的虚拟商品及服务市场规模在2014年仅有6456亿元，随后便逐年增长到2019年的12935亿元，由此可见，该市场规模不断扩大。

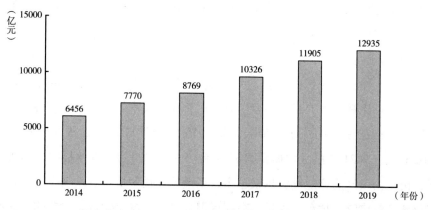

图 1-12　2014~2019 年中国虚拟商品及服务市场规模

数据来源：弗若斯特沙利文、中商产业研究院整理，https：//baijiahao.baidu.com/s?id=1677796832028817702&wfr=spider&for=pc。

4）全渠道消费模式

全渠道消费是社会发展的必然趋势，单一渠道已经无法支撑市场中相关利益方的逐利梦想。目前，电子商务发展迅猛，消费者的消费行为在一定程度上被这种更加便捷的购物方式所改变。这对传统的零售行业造成了较大的冲击，但是，就目前而言，传统零售还不能被电子商务完全替代，因为相比于电子商务，传统零售能带给消费者更好的消费体验。而全渠道消费模式兼有线上和线下的优点，可以满足消费者的不同需求。随着移动终端设备的普及、支付方式的改变以及数字经济时代的到来，消费者的消费行为不再受限于固定时间和固定地点，而转向更加自由的多渠道、全天候消费，消费行为也表现为偏向碎片化和移动化的特点。消费者的搜索成本被全渠道发展所构建的一个 360 度全方位的顾客视图大大降低了。全渠道消费模式中，线下门店陈列样品、销售商品以及提供售后服务，线上渠道则可以为消费者更加快速地提供商品及价格信息，全渠道提升了消费者在线下和线上的购物体验。

（2）新型消费需求不断涌现

随着互联网、人工智能、云计算等新技术在生活中的深化应用，科技赋能和消费升级推动了新型消费的发展，同时释放了消费者巨大的消费潜力，消费者也出现了更多的不同于以往的新型消费需求，包括智能可穿戴设备消费、智能家居消费、宅消费等。

1）智能可穿戴设备消费需求

随着万物互联时代的开启，全球物联网应用的增长态势非常明显，其中，智能可穿戴设备的表现不容小觑。近年来，技术的不断发展使得消费者对智能可穿戴设备的需求不断扩大。2016 年全球可穿戴设备的出货量为 1.02 亿台，2021 年已经增加到 5.33 亿台（见图 1-13）。在这样的大趋势之下，接入物联网的智能设备越来越多，渗透的应用领域也越来越广泛。智能可穿戴设备横跨了体育、娱乐、医疗保健和健身等多个领域，主要的产品有智能耳机、智能手表、智能眼镜、智能手环、VR 头戴设备等。上述智能可穿戴设备可以和我们的身体密切接触，并且在工作时能够采集多种人体数据，给使用者提供触觉、视觉、听觉、健康监测等多个方面的交互体验。

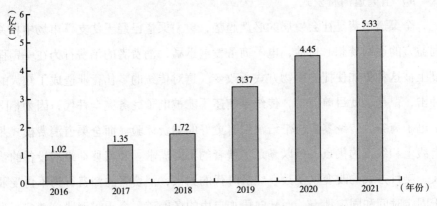

图 1-13　2016～2021 年全球可穿戴设备出货量统计情况

数据来源：IDC、中商产业研究院整理，https：//baijiahao. baidu. com/s？ id = 173020 5675086234763&wfr = spider&for = pc。

智能可穿戴设备正在加速数字世界和现实世界的融合，轻巧便捷是目前智能可穿戴设备最大的特点。在其内部配置的智能芯片和传感器，不仅可以收集人们的生命体征，也可以在使用者运动时对其运动状况进行监测，甚至还可以在独立联网操控智能家居、无手机出行支付等各类场景中广泛运用。

近年来，人们的健康意识越来越强烈，健康知识也越来越普及，智能科技在日常生活场景中的应用也越来越广泛，智能可穿戴设备成为连接消费者运动与健康的纽带，特别是 2020 年之后，人们对智能可穿戴设备的需求越来越大。

2）智能家居消费需求

智能家居的概念最早起源于美国，但受制于当时的网络和技术条件，没有被真正推广。但随着人工智能与 5G 技术的发展和万物互联时代的到来，智能家居产品的功能越来越完善，消费者需求也不断增加。一方面，对于智能家居产品，消费者的接受度逐步提升；另一方面，对于使用智能家居产品的消费者而言，其居家生活也有了质的提升。Strategy Analytics 公布的数据显示，全球智能家居设备的市场规模已经从 2016 年的 720 亿美元逐年增长到 2020 年的 1210 亿美元（见图 1-14）。随着宠物经济和银发经济的崛起，再加上我国生育政策逐步放开，消费者对于改善居住环境、提升居住舒适性的需求不断提高，而智能家居正好能满足这类消费者的需求，所以其市场需求不断增加。

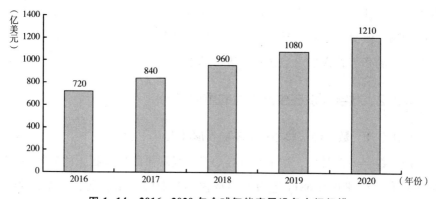

图 1-14　2016~2020 年全球智能家居设备市场规模

数据来源：Strategy Analytics、前瞻产业研究院整理，https://www.163.com/dy/article/GI3196V2051480KF.html。

智能家居的产品种类越来越丰富，指纹门锁、智能安防系统、智能窗帘、扫地机器人等，在生活中使用它们的家庭已经越来越多。尤其是在近年来疫情防控常态化的影响下，消费者对于具有无接触、便利性、安全性等特点的智能家居产品有了更深入的了解，对相关产品的需求也越来越旺盛。

3）宅消费需求

宅消费最早起源于日本，现在已经成为一种在全球范围内都比较流行的生活与消费方式。虽然人们的工作压力和生活压力越来越大，但得益于互联网的普及和数字技术的发展，为了得到更多的放松，越来越多的消费者选择回归自己的私人空间。宅消费的产品种类主要集中于电子产品、运动用品、宠物用品、居家办公用品、餐厨用品等。有更多的时间在家时，很多人都会选择亲自下厨制作餐食。根据阿里巴巴国际站的后台数据，2020 年 2～3 月，厨具和厨房小家电的销售量均有大幅增长。很多欧美国家的家庭中都有宠物，疫情期间人们对宠物的陪伴需求更高，所以衍生出宠物日常消耗品、宠物配件、宠物健康用品等宠物用品需求。stackline 数据显示，2020 年 1～3 月，猫砂和狗粮的销量增幅均超过 100%，其中猫砂销量大增 125%，狗粮销量大增 159%。

宅消费的出现在很大程度上改变了人们的生活方式，各类创新的商品和服务先后出现在人们的生活中，使得全球各地的消费者可以舒适地在自己的家中购物、健身、游戏、学习和工作，居家办公这种灵活的工作方式也成为当今社会的必需，人们对宅消费的需求越来越高。

1.3.2 数字经济在生产方面的重要表现

1.3.2.1 数字经济核心产业不断发展壮大

进入数字经济时代，数字经济核心产业呈现不断发展壮大的趋势。截至 2021 年底，全球共有 6811 家数字经济核心产业的上市企业，分布在 91 个国家和地区。其中，中国、日本、美国、韩国分别以 2073 家（中国大陆 1224 家、中国台湾 849 家）、858 家、741 家和 659 家占据了上市企业排名前 4 的位置，同时，这 4 个国家的上市企业数量也占了全部上市企业数量的 63.6%。数字经济核心产业有 4 个细分产业，分别是数字产品制造业、数字产品服务业、数字技术应用业和数字要素驱动业。

（1）数字产品制造业规模不断扩大

数字产品制造业主要是指电子信息产业。2000年以来，电子信息产业已经成为美国、日本、韩国、欧洲等世界主要发达国家和地区加快经济增长、保持长期竞争力的先导产业。2021年，全球电子信息制造业市场规模已经达到9.97万亿美元，同比增长9.82%。美国在云计算、互联网服务、软件、半导体等行业处于全球领先地位；日韩以电子元器件、半导体为主，其中日本偏向电子元器件，韩国侧重半导体；中国台湾以半导体代工及电子元器件为主；中国大陆以通信设备、电子元器件、互联网服务等为主；越南、印度承接部分组装与零组件业务。

2014年以来，我国电子信息产业快速发展，在电子高端制造、半导体等领域不断取得突破。2019年，我国电子信息制造业整体运行呈现"稳中有进、稳中育新"的特点。据GII research统计，2019年我国电子信息产品市场份额约为27.08%，保持全球第一的稳固地位。2021年，我国规模以上电子信息制造业实现营业收入14.13亿元，比上年增长14.7%，增速较上年提高6.4个百分点，两年平均增长11.5%。2021年的利润总额达到8283亿元，比上年增加38.9%，两年平均增长27.6%。从技术创新和支撑带动来看，2021年我国电子信息产业在基础性和通用性技术研发两个方面都取得了重要进展；在量子计算、高性能计算机、基础操作系统等多个领域也取得了一系列重大科技成果。在自身技术实力不断提升的同时，电子信息产业成为与其他产业融合发展的"润滑剂"和"加速器"，不断为其他产业积极"赋能"，推动了绿色制造、智能制造等的发展，并在其中发挥着重要作用。

（2）数字产品服务业不断扩容

随着数字产品制造业的不断发展，数字产品服务业也不断扩容。数字产品服务业包括数字产品批发、数字产品零售、数字产品租赁、数字产品维修、其他数字产品服务5类。从计算机和办公设备的批发零售收入来看，电子产品制造商的营业收入快速增长。2021年上半年，苹果公司（Apple）财季净营收814.34亿美元，比上年同期增长36%；戴尔科技（Dell Technologies）财季净营收为261.22亿美元，与上年同期相比增长15%；联想集团季度营收为 1094 亿元（约 169 亿美元），同比增长 27%；惠普（HP）财季净营收为 153 亿美元，同比增长 7.0%；希捷科技（Seagate Technology）财季营收达到 30.13 亿美元，同比增长 19.7%。影像设备制造企业的营业收入也实现不同程度的增长，如佳能集团（Canon）季度营业额同比增长 31.0%；施乐（Xerox）季度总营收 17.93 亿美元，同比增长 22.4%；尼康（Nikon）当季营收 1322.81 亿日元（约 12 亿美元），同比增长 104.4%。中国作为电子产品制造第一大国，其数字产品服务业也不断扩大，2020 年中国机械设备、五金产品及电子产品批发行业商品购进额为 98318.8 亿元，商品进口购进额为 16231.5 亿元，商品销售额为 106329.9 亿元，商品出口销售额为 9381.7 亿元，相比同期均实现较大幅度的增长。

（3）数字技术应用业飞速发展

数字技术应用业的飞速发展得益于数字技术应用带给用户的优质体验不断增加。数字技术应用业包括软件开发、电信/广播电视和卫星传输服务、互联网相关服务、信息技术服务、其他数字技术应用 5 类。以软件业为例，2020 年随着疫情防控中"非接触"需求增加，全球软件市场规模达到 13499 亿美元，比上年增加 1.8%。目前，全球软件及服务企业以小微企业为主，占比达到 95%，行业集中度相对较低，但从技术角度而言，大公司掌握了核心技术，在部分领域依旧处于垄断地位。巴西软件行业协会（abessoftware）2020 年的数据显示，美国的软件及服务投资支出额达到 6350 亿美元，位列第 1；日本以 840 亿美元排名第 2；英国以 810 亿美元位列第 3；第 4、第 5 位分别为德国和中国。中国的软件和信息技术服务业运行趋势向好，与此同时，软件业务收入保持较快增长，盈利能力也在稳步提升。如图 1-15 所示，中国软件业务收入从 2016 年的 48332 亿元增长到 2021 年的 94994 亿元，年均增长 14%。

（4）数字要素驱动业持续增长

数字要素驱动业包括互联网平台、互联网批发零售、互联网金融、数字内容与媒体、信息基础设施建设、数据资源与产权交易、其他数字要素驱动 7 类。随着数字化转型的进程不断加快，数据要素的价值在数字经济时代不

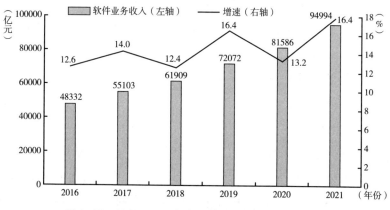

图 1-15　2016~2021 年中国软件业务收入及其增速

数据来源：运行监测协调局、中商产业研究院整理，https://www.askci.com/news/chanye/20220126/1447581736956.shtml。

断被释放，数字经济在经济社会中的创新引领作用越发凸显。信息技术所催生的包括网络销售类平台和社交娱乐类平台在内的各类互联网平台已经全方位渗透到人们的日常生活中。互联网批发零售具有便捷、高效、信息透明公开等特点，可以省去中间商环节，让零售商和生产厂家直接对接，重构了商品流通渠道。互联网金融的快速崛起顺应了时代潮流，目前，在互联网金融的带动下，以网上银行支付和网上融资业务为代表的多种网上业务得到研发和应用。数字内容与媒体是一种将信息技术融入文化创意的产业形式。以短视频为代表的渠道平台是实现将消费者引流到直播间购买商品的必经之路，在全球疫情的背景下，短视频应用迎来了用户流量的大增。根据 App Annie 数据，2020 年全球移动端在线视频播放时长总体增长 40%，其中 TikTok 的用户使用时长同比增长 325%；2020 年 TikTok 在全球范围内的活跃用户数量达到 2018 年的 3 倍。TikTok 方面宣布，截至 2021 年 9 月，该平台在世界各地的月活跃用户数达到 10 亿。

1.3.2.2　数字技术与传统产业融合催生新业态

在全球数字技术与传统产业大融合的趋势下，各个国家陆续出现在线教育、互联网医疗、共享经济等新业态，对世界经济产生了重大影响。

（1）数字技术与教育业融合催生在线教育新业态

在线教育是数字技术与教育业融合产生的一种新业态。美国的在线教育发展很快，美国高等教育在线学习的学生群体规模逐年增长。截至2018年，美国完全在线学习的本科生占所有本科生的13%，数量达到230万人，注册一门以上在线课程的学生达到340万人。在研究生教育中，完全在线学习的学生占学生总数的31%，部分在线学习的学生占学生总数的9%。完全在线学习和部分在线学习的学生注册人数近些年不断增长。从第三份《美国在线教育发展全景报告》（CHLOE 3）中可以发现，美国普通大学校园是在线教育中占比最大的部分，在线教育在最传统的教育模式中发展，可见，美国在线学习不再只是传统面授教育的补充，而成为新的教育模式、新的教育主体。

日本在线教育发展得很早。作为一个信息通信技术大国，日本的教育业较早就开始尝试与信息通信技术相结合，在结合过程中也探索出许多远程教育、在线教育等领域的理论基础。日本最初是以电视、广播为通信媒介实施远程教育。在线教育方面，日本基于 Unix 网络建立了连接日本大学和研究机构的 JUNET（Japan Unix Network），并于1984年10月开始试验，最终发展成为连接约700家机构的网络。2013年之后又建立了 JMOOC（Japan Massive Open Online Course）以及 JANET（Japan Academic Network in Europe）等与国际接轨、面向世界的教育类网站。针对技术层面的探索，日本在线教育始终走在世界前列，其特点主要表现为顶层设计系统化、学习资源均等化、学习方式个性化、学习过程便捷化。

中国的在线教育近年来受益于人工智能技术的发展，进入高效智能的发展阶段。随着中国在线教育水平的提升，中国在线教育平台呈现的特点为注重学习者的学习体验和获得感，同时强调更加多样化、个性化的教育服务。中国的专业教育机构和商业机构已经开发出许多在线教育产品，其中不仅包括数字化教材、课堂实录、电子教案等单向在线教育资源，还包括在虚拟仿真技术的基础上，师生能够双向交互的在线教学资源。更加立体化、多元化的在线教育资源不断涌现，更多优秀的在线教育模式也接连出现并得到发展，例如线上到线下模式（Online to Offline，O2O）、线上线下融合模式（Online Merge Offline，OMO）、双师课堂①等新兴教育业态。至今，中国在线教育已形成较大规模，截至 2020 年 12 月，中国在线教育用户规模已达到 3.42 亿，占网民整体规模的 34.6%。

（2）数字技术与医疗业融合催生互联网医疗新业态

互联网医疗是数字技术与医疗业融合催生的新业态，最早兴起于美国。远程医疗创建于美国，它将影像输送到远程位置，方便医生进行分析，最初应用于远程放射学，形成了互联网医疗的最初形态。如今，美国的互联网医疗服务模式分为三类：一是同步互联网医疗服务模式，即患者通过网络平台与医生端相连，这样的方式可以实现医生和患者之间视频、语音或文字形式的交流，并大大缩短了及时沟通的时间；二是异步互联网医疗服务模式，也称为储存转发模式，即患者或负责患者的医生将患者身体健康相关信息上传到服务平台，另一端的医生了解患者情况后进行诊断治疗；三是远程健康监测模式，指患者上传自身的健康数据，医生端可以同步了解、监控及分析数据，及时向患者提供改善临床健康状态的建议，患者可以根据建议及时调整自身状态。

日本在互联网医疗领域的发展也比较好。2011 年，日本推出了大量以近场通信（Near Field Communication，NFC）为主要无线连接技术的居家医疗、照护产品，在一定程度上实现了某些疾病患者足不出户便可以达到与医院治疗相同的治疗效果，促进"家庭移动医疗护理"模式的发展。日本的互联网医疗系统包括为行动不便无法在医院接受治疗的病人提供影像诊断服务，为慢性病患者、老年患者和幼年患者等不便出行或者出行困难的人们提供远程护理和治疗服务，为智力存在障碍的人士、身体残障人士和因为传染病尽量避免出门等特殊群体提供身体健康监测服务，随时关注他们的身体健康检测数据，及时了解患者的身体状况，并提供提示用药时间、药品禁忌、

① 由两位教师共同授课的教学模式。一位"教学名师"对学生进行远程在线教学，另一位"辅导教师"负责课堂秩序、课后的一对一辅导以及对学生学习进行有针对性的补充和补习。

剩余药量管理和监督等智能服药系统，从而有利于医生和患者家属对护理过程的全方位了解和监督。日本社会实行完全的"医药分离"制度。2015 年 10 月，日本政府进一步制定了"为患者服务的药房愿景"，所有药房力争在 2025 年之前改造为"家庭药房"，从单纯的药品销售向"社区健康支援中心"的功能转变。日本 2016 年创立的 CGM 公司推出 CGM Medical 国际诊疗软件，目前提供慢性疾病诊疗处方、癌症第二诊疗意见、文字问诊（搭载翻译器）等服务。

中国互联网医疗近些年的发展也很迅速。从互联网医疗普及程度和医疗资源丰富度两个维度来看：一线城市中的优质医疗资源分布集中，人们较为普遍地使用医疗服务应用中的预约挂号功能；而在三线及以下城市中，在线咨询问诊、医药服务等基础功能的使用相对互联网医疗来说更为普遍，在缺乏医疗资源的偏远地区，患者一般只通过网络进行医疗咨询。《中国互联网发展报告 2018》显示，免费互联网医疗服务应用中预约挂号类最常见，其次是运动健身、个人健康管理、在线问诊和医药电商；付费应用中最多的则是医药病理知识普及类，其次为运动健身、个人健康管理和体征测量。中国的移动医疗应用偏向综合服务类型，其结合大众生活提供各方面的相关知识并提出建议，可以搜索到与"医疗"相关的手机应用不低于 1500 个，与"健康"相关的更是多达 5400 多个，这可以反映出人们对于医疗的关注度非常高，以及社会对医疗行业的支持力度相对较大。

（3）数字技术与资源和服务融合催生共享经济新业态

共享经济是数字技术与一些资源和服务融合催生的一种新型商业模式。在这种新型商业模式下，企业利用移动通信技术为用户提供一个平台，通过网络交流沟通使他们及时共享网络信息、知识等闲置资源和服务。最开始使用并实行共享经济的企业出现在美国，如 eBay、Netflix、Elance 等资源和服务共享平台。至 2006 年，全球共享经济开始步入人们的生活，从 2007 年开始至今，共享经济在全球范围内步入高速发展阶段。2008 年全球金融危机之后，有关互联网共享的创业企业大量出现在大众的视野中，如 Airbnb、TaskRabbit、Uber、Postmates 等共享平台相继出现并快速发展。美国是共享经济发展最早、最充分的国家，其共享经济体量、独角兽公司数量以及风险资本密集度都远超世界其他国家，处于全球龙头位置。根据相关报道和数据估计，2015 年美国共享经济的市场规模约为 5100 亿美元，约占美国 GDP 的 3%。《经济日报》2016 年 3 月报道，截至 2015 年 4 月底，美国共享经济领域的投资机构有 198 家，全球 18 家共享经济独角兽企业中有 12 家来自美国，其中 8 家在美国加州，这也可以看出在共享经济的发展过程中，美国加州为世界创新创业展现了优秀的案例并提供了强大的支撑作用。美国在创新领域的坚持探索，为共享经济的发展提供了动力。

日本的共享经济起步较早，但是在较长一段时间内发展缓慢，这与日本的经济政策管制以及日本居民的消费观有很大关系。但 2010 年之后日本共享经济飞速发展，调查报告显示，2014 年日本共享经济的市场规模为 150 亿美元，同比增长 134.7%；2015 年持续增长 129%。从这些数据可以看出，日本共享经济不仅覆盖面较广，而且增长速度相当之快，有良好的发展前景。日本在共享经济领域形成一定规模的包括私家车共享。日本最大的停车场管理公司 Park24 2009 年开展共享汽车业务，人们可以将长期闲置的私家车出租给出租车公司，其中，Park24 的汽车共享服务站 TimesCarPlus 主要经营停车、租车等业务，车主可将闲置的私家车出租获取租赁收入。2015 年，日本的通信巨头 Line 也启动了打车服务 LineTaxi，用户可以直接利用 Line 账号启用 LineTaxi 功能。另外，日本的民宿共享也在其相关政策开放后表现出突出的发展潜力。2016 年，东京的大田区成为日本第一个让居民在特定情况下将房屋出租给海外游客的地区，并在此之后获得了日本酒店法的豁免权。Airbnb 的数据显示，截至 2016 年 1 月，日本有 27000 个家庭在 Airbnb 共享民宿，其中东京有 11500 间，房屋供给量在 2015 年增长 4 倍，在 Airbnb 租赁日本房屋的海外游客增长了 6 倍多，日本成为 Airbnb 市场增长率最高的国家。如今，日本在 Airbub 网站上的服务系统已经非常完善，功能也十分便捷。日本共享经济在许多领域发挥着独特的作用，除了上文提到的私家车共享和民宿共享，还覆盖医疗、家政、物流等领域，并向时尚、动漫等领域渗透。

中国共享经济虽然起步晚，但发展速度非常快。近年来，中国共享经济市场交易规模不断增长，由 2017 年的 2.08 万亿元快速增长至 2020 年的 3.38 万亿元，年均复合增长率为 17.6%。从市场结构上看，中国共享经济市场包括生活服务、生产能力、知识技能、交通出行、共享办公、共享住宿、共享医疗七大细分领域。例如，在中国随处可见的共享单车、共享充电宝，彰显出中国部分产业共享经济普及率已经非常高，渗透到居民生活的各个方面，人们已经能够在日常生活中利用网络进行租赁并使用相关服务。随着 5G、人工智能、区块链、元宇宙等技术的创新应用，居民消费升级以及数字经济的发展将为共享经济持续优化服务供给、改善消费体验提供重要支撑。

2

数字资源的开发和利用

2.1 信息技术的发展

2.1.1 信息技术的发展历程

2.1.1.1 第一阶段：语言的使用

人类彼此之间的信息交流离不开语言的使用。在发展初期，人类用语言、声音、表情、肢体动作、特殊图案等来传递信息。语言则是其中最重要的，也是最方便、准确的媒介。然而，语言的起源问题一直困扰着人类，是一个难以破解的谜。但无可非议的是，语言的使用是人类信息技术发展的一个里程碑。

语言的功能分为工具功能和文化功能两种。[①] 早期人类进行狩猎或者劳作活动的时候，需要一种工具来传递关于食物、敌人、天气等的信息。肢体动作、特殊记号虽然也可以传递信息，但是在传递的过程中总会造成较大的信息误差。于是，语言脱颖而出，成为信息传递最主要且最重要的工具。通过使用统一的语言对人类大脑进行长期持续的刺激，人类大脑对语言类信息

---

① 李宇明、王春辉：《论语言的功能分类》，《当代语言学》2019 年第 1 期。

的处理及反应变得更加清晰快速，人类可以高效而且准确地传递信息。除了日常交际、信息传递，语言还是思维交流的重要工具。语言可以让大脑里面的先进思维和长期积累的经验在同伴之间传播，对人类进步起到了重大作用。从这些可以看出语言具有工具功能；同时，语言是文化的一个重要组成部分。早期人类会利用语言来认同排异。在文字还没有出现的时期，语言是文化传播的载体，是文化传播最方便可靠的媒介。人类可以通过语言将群体的各种经验、习俗和事迹传递给下一代，也就是口耳相传。通过这些可以看出语言具有文化功能。语言保证了人类的日常交际和信息交流，还让文化得以传递和延续。

无论是工具功能还是文化功能，语言的使用对人类的思想交流和信息传播都有着非凡的意义。

2.1.1.2 第二阶段：文字的出现

文字是记录语言的书面符号，也是储存和传播信息的重要工具。文字的出现意味着人类跨入了文明的门槛，脱离了野蛮和蒙昧，是人类信息技术发展的一个最重大的转折点。

文字的出现突破了信息在时间和空间上的局限，信息因此可以传得更久和传得更远。[①] 文字还没有出现的时期，前人主要用口耳相传的方式将自己的思想和经验传递给后人。但是语音不能像文字一样长久保留，只能短时间内保存在人类大脑中。因此，前人留下的信息在传递的过程中有可能会因为大脑遗忘等因素发生变动，出现误差，甚至信息传播会因失毫厘而差千里。文字出现以后，前人的思想可以通过文字记录的方式世代相传，而且信息传递的误差也大大减少。3000 多年前中国商代就出现了甲骨文。商代以后文字逐渐发展成熟，所以百家争鸣时期的各种优秀思想通过书籍得以保留，对后世人类思想发展起到重大作用；文字的出现也突破了信息传递在空间上的局限。文字尚未出现时期，信息传递受到距离的限制。想要和远距离的人进

---

① 王应龙：《从汉字娱乐节目看汉字文化之价值向度》，《宝鸡文理学院学报》（社会科学版）2014 年第 6 期。

行信息交流就必须离开原有空间，将距离缩短。文字出现以后，信息可通过文字的形式保存于各种文本，进行远距离传播。即使相隔万里的人也可通过文字进行交际。

2.1.1.3　第三阶段：印刷术的发明

作为中国古代四大发明之一，印刷术对整个世界文明的进步都产生了重要作用。隋末唐初，雕版印刷术诞生，并在唐代中后期被广泛使用。宋仁宗时期，毕昇发明了活字印刷术。不同于雕版印刷术，活字印刷术不仅可以重复使用，还减少了大量成本，因此成为应用最广泛的印刷术。

印刷术极大地促进了人类信息技术的发展。它可以让人类在短时间内系统地复制书籍或者信件从而方便知识或信息的储存和传播。在教育事业上，印刷术也有着积极作用，它提高了社会整体的阅读能力，增加了社会流动的机会。印刷术不仅方便了人们印刷书籍、传播知识，还为各地区的交流创造了更多条件。印刷术传到日本、中亚、西亚以及欧洲地区，促进了文化的交流与传播。文字的出现突破了信息传递在空间上的局限，让信息传递的范围变大，印刷术的发明则让信息传递的范围得到进一步扩展。印刷术加快了人类信息传递的速度，拓宽了信息传递的范围，加强了人类信息存储能力，让信息的广泛共享得以实现，有力地推动了人类文明的进步。[1]

印刷术是中国古代劳动人民经过长期不懈的研究而发明的，对信息技术和文化的发展具有极为重要的作用。

2.1.1.4　第四阶段：电话、广播的使用

电话和广播的使用标志着信息技术发展进入现代化阶段。电话应用于声音类信息的传送和接收，它的发明进一步促进了广播的出现。1893 年特斯拉公开无线电通信，不久后广播成功被研制出来。

此前远距离的信息传播绝大多数依靠文字，电话的出现让声音实现远距离传播，在此基础上广播则让声音的传播范围变得更广。电话和广播改变了

---

① 程玉、张兴柱、杨君普：《浅论信息技术的发展历程及主要应用》，《电脑知识与技术》2008 年第 19 期。

人类的生活方式。从工作方面来看，电话和广播让两个人可以远距离地语音交流，大大减少工作中信息传播所需的时间成本，提高工作效率；从学习方面来看，电话和广播让知识通过语音的方式实现远距离传播，让人们更方便地接收、学习知识；从娱乐方面来看，电话和广播是以声音来传递信息的媒体，以音乐为例，在电话和广播未出现之前，人们想要欣赏音乐就必须亲自到现场，而电话和广播出现以后，人们居家也可以欣赏到美妙的音乐。

电话和广播拉开了信息技术现代化的序幕，改变了人类社会传统的生活方式，促进整个人类社会进一步发展。

2.1.1.5 第五阶段：计算机与互联网的使用

计算机和互联网的发明和使用是现代信息技术发展的开端。20世纪60年代，电子计算机开始普及应用。1969年，互联网出现并且开始慢慢普及。计算机与互联网的有机结合让信息技术发展实现质的飞跃，让信息技术的发展速度得到空前提高。信息是计算机网络时代的主要元素，计算机与互联网的有机结合为人们提供了更多地了解信息、传递信息的渠道，同时提高了信息传递的速度和质量。信息是社会发展所依赖的重要社会资源。计算机与互联网的有机结合保证了信息的及时性和有效性，为社会发展提供及时和准确的信息，促进社会稳定发展。[①]

计算机和互联网的结合让信息可以在全球范围内快速、广泛传播，让整个世界变成一个"地球村"。计算机和互联网在人类社会的个体生活、学习、工作以及企业的生产、销售等各个领域都得到广泛应用，促使人类社会由工业社会转变为信息社会。

2.1.1.6 第六阶段：人工智能、物联网的应用

人工智能、物联网的应用是一次伟大的信息技术革新。人工智能（AI）是指将人的思维、技术与智能相结合，将人类的思维转化为机器思维。这个过程离不开信息的获取，物联网（IOT）则可以肩负信息获取这个至关重要的任务。与传统网络不同，物联网的规模更加宏大，它是由许多精密的信息

---

① 汪伟：《计算机网络对社会发展的影响》，《合作经济与科技》2005年第12期。

传感设备和互联网相互结合而形成的。一个物联网系统具备大量精密的设备或装置。安置在这些设备或装置上的传感器会实时持续地收集并分类储存新数据。这些被收集的新数据由人工智能加以处理和分析，以生成反馈信息。人工智能通过模仿人类思维用自己的机器思维处理储存的信息并且做出反馈，将信息传递给人或者物。"人工智能+物联网"的应用领域变得越来越广泛，未来的信息传递不只是在人与人之间，还会在人与物之间甚至是物与物之间。冷冰冰的物体可以为人类传递信息，物与物之间可以协调合作为人类提供更加高效、便捷的服务。

2.1.2　中国信息技术的发展现状

2.1.2.1　基础性通用技术领域取得重大突破

改革开放以来，我国开始积极融入世界，向发达国家学习各种先进信息技术。通过对先进信息技术的吸收和创新改进，我国在基础性信息技术领域取得了一定成果。首先，在通信技术领域，我国很多关键的通信技术从无到有，从空白到领先。从 1G 到 5G，我国移动通信经历了空白、跟随、突破、同步、引领的发展历程，成果颇丰，在全球第五代移动通信等标准制定上具有举足轻重的地位。如今，我国在通信技术领域得到了越来越多的国际话语权。其次，在集成电路领域，我国对集成电路的发展也非常重视，为集成电路产业的发展提供了很多政策和资金上的支持。2008 年我国实施"极大规模集成电路制造装备及成套工艺"国家科技重大专项。经过多年的奋斗攻关，我国集成电路实现跨越式发展。我国在以 MIPS、ARM、ALPHA、SPARC、POWER、X86 等为代表的系列化处理器产品攻关上都取得了一定的成就，成功研制出达到国际先进水平的靶材、抛光液等材料产品和 14nm 刻蚀机、薄膜沉积等高端装备。[1] 经过多次技术攻坚，我国量产了 14 ~ 55nm 电路和先进存储器工艺，1 ~ 3nm 研发也有了一定进展。我国封装集成技术达到世界先进水平，走向高端，种类覆盖 90%。FC 倒装芯片封装、晶圆级

---

① 韦柳融：《中国信息技术发展成就与未来》，《中国信息界》2018 年第 5 期。

封装、系统级封装三大先进封装技术都取得了重大突破。最后，在操作系统领域，我国在操作系统研发上取得了许多成果。2013 年由开发创新联合实验室（CNN）自主协同开发、搭载在 PC 桌面系统（X86 架构）上、开源的优麒麟（U-Kylin）操作系统，已经投入生产运行多年。2019 年 5 月 16 日，清华大学和同方股份有限公司等合作开发的开源 OPENTHOS 操作系统通过了鉴定。该系统搭载 X86 架构的 PC 桌面系统，早前通过了全面测试和试运行。[①] 华为发布了鸿蒙系统，华云发布了安超 OS 操作系统。鸿蒙系统可以适配很多设备，但是在云服务器的适配上还有欠缺。而安超 OS 操作系统对于云服务器很适用。得益于国内的雄厚资源和领先技术，安超 OS 操作系统不仅支持国内外众多服务器，而且全面适配国内外芯片、中间件等。可以说，安超 OS 操作系统是一款通用型系统，最为关键的是其自主可控。

2.1.2.2　前沿性、颠覆性技术领域发展迅速

中国在前沿性、颠覆性信息技术领域同样取得丰硕成果。中国一直在前沿性、颠覆性信息技术创新方面积极作为，并且在人工智能、未来网络、量子通信等前沿性、颠覆性技术领域取得了一定成果。在人工智能领域，相关部门对人工智能的基础研究和技术创新非常重视。我国的"863"计划、科技支撑计划和《新一代人工智能发展规划》等规划和政策都极大地促进了人工智能技术的发展，让我国的人工智能处于世界发展前列。从应用方面来看，我国的智慧医疗、智慧农业、语音识别等人工智能领域处于世界顶尖水平。在国内，许多科技公司都建立了拥有一定用户基数的人工智能研究机构，可以获得大量用于研究人工智能的实时数据。在未来网络领域，6G 技术是未来网络发展的主流方向。然而，在对 6G 技术的探索过程中存在许多障碍，如不明确的路线、缺乏统一的关键指标、不确定的应用场景等。面对很多未知和困难，我国率先加入 6G 技术研发行列，针对 6G 发展实行一系列举措。2021 年 8 月 25 日我国发射了通信技术试验卫星 7 号，为未来我国

---

① 陆首群：《自主开发操作系统并建设生态》，《办公自动化》2019 年第 11 期。

在 6G 领域的发展奠定了扎实的基础。在量子通信领域，我国拥有领先世界的量子通信技术。2016 年我国成功发射了"墨子号"，作为世界首颗量子科学实验卫星，"墨子号"圆满实现三大科学目标。2017 年我国建成的京沪干线成功对接上"墨子号"，意味着中国成功组建了世界上首个天地一体化广域量子通信网络。量子通信技术安全性极高，甚至可以说具有绝对的安全性。量子通信技术应用于国防、金融、能源供给等领域，未来量子通信将广泛普及于日常通信，保障民生通信安全。[1]

2.2 数字资源的分类与开发

2.2.1 数字资源的概念

对于数字资源的概念，孟广均等认为，数字资源是将计算机技术、通信技术及多媒体技术相互融合而形成的以数字形式发布、存取、利用的信息资源。[2] 马费成等认为，数字资源是指所有以电子数据形式，把文字、图像、声音等多种形式的信息存储在光、磁等非纸质载体上，通过网络、计算机或终端等方式再现的信息资源。[3]《英汉信息技术大辞典》认为，数字资源是"采用现代数字技术和手段，将各种自然和人文资源以文字、图像、图形、声音等，并以硬盘、磁带、光盘等介质及网络形式展现"。[4] 关于数字资源，上述三者分别在内容上、储存方式上、传播形式上强调了信息资源的数字化，较为准确且全面地定义了数字资源。经过综合考量，本书认为，数字资源是以数字形态存在，以非纸类介质（如磁介质、光介质等）为载体，可供计算机、智能手机等现代化电子设备输入、存储、调用，以文字、图像、

---

① 刘诗瑶：《"墨子号"升空，无条件安全通信成可能　揭秘全球首颗量子卫星》，《中国经济周刊》2016 年第 33 期。

② 孟广均等：《国外图书馆学情报学最新理论与实践研究》，科学出版社，2009。

③ 马费成等：《数字信息资源规划、管理与利用研究》，经济科学出版社，2012。

④ 白英彩、章仁龙主编《英汉信息技术大辞典》，上海交通大学出版社，2014。

音频、视频、动画等为表现形式的资源。数字资源是计算机技术、通信技术以及多媒体技术融合的产物。

2.2.2 数字资源的分类

2.2.2.1 按数据的组织形式分类

从数据的组织形式来看，数字资源主要有电子图书、电子期刊、网页、多媒体、数据库等。

（1）电子图书

电子图书是以数字形态存在，区别于印刷型图书的拥有版权并且通过合法的方式出版、发行的非连续出版物。随着计算机技术和网络通信技术的高速发展，电子图书以其便携、成本低、可读性强、利用率高、存储容量大、内容丰富、绿色环保等特点进入大众的视野，其流通和提供阅读服务的过程已成为人们在日常生活中接触数字资源的重要途径之一。电子图书的出现推动了数字出版行业的产生和发展，开创出一种新型的图书出版方式，是图书出版业的一次深刻变革，给人们日常阅读方式带来了巨大的改变。

1991 年至今，我国电子图书已经发展了 30 余年。电子图书行业中以书生、超星、北大方正为代表的各大企业在数字化技术的研发上狠下功夫，取得了一些突破，如实现传统图书电子化的 SEP（Sursen Electronic Paper）技术和全息数字化技术、注重电子图书版权保护的在线式 DRM（Digital Rights Management）技术、能够使任意的文档格式兼容并互相读写的非结构化操作标记语言（UOML）格式等。此外，电子图书企业还引进了对等网络（P2P）、在线交流（IM）等互联网技术实现读者、作者、图书馆之间的实时互动，用以搭建和优化电子图书的阅读环境。

然而，即使有诸多技术支撑电子图书相关行业的发展，电子图书的版权问题依然十分棘手。随着互联网的发展，关于网络版权纠纷的问题只会越发复杂，这需要有关电子图书版权政策的及时跟进、电子图书企业和个人的共同努力，才能让电子图书的阅读环境成为持续稳定的净土。

（2）电子期刊

电子期刊，是指以数字化手段将信息存储起来，可通过计算机、手机等电子设备读取，通过电子媒体发行，通过网络流通的连续出版物。相较于传统的纸质期刊，电子期刊具有实效性强、出版效率高、节省流通时间、方便快捷、个性化服务突出、存储容量大、人机互动性强等特点，为纸质期刊的读者们带来了全新的阅读体验。

1976 年至今，从存储和流通载体来看，电子期刊主要经历了光盘电子期刊、联机电子期刊、网络电子期刊这三个发展阶段。20 世纪 70 年代的光盘电子期刊阶段，利用 CD-ROM 技术，仅将纸质期刊扫描后存入 CD，调动信息的时效性相对较低。20 世纪 80 年代的联机电子期刊阶段，基于当时的国际联机检索数据库，电子期刊真正做到信息资源交互共享，这相较于光盘传播是一次极大的飞跃，但受数据库的使用费用高、传输速度慢等因素制约，此阶段还有很大的发展空间。20 世纪 90 年代至今的网络电子期刊阶段，基于丰富的多媒体形式、相对成熟的计算机技术和网络信息技术，电子期刊在这一阶段飞速发展，不论是内容生产还是出版、流通过程都做到了数字化，具有更新快、传播快、多样化的特点，最终成为人们所熟悉的电子期刊。

即使电子期刊的发展日趋成熟，其中也存在不可忽视的问题。如电子期刊的格式化与标准化、图像压缩和显示等技术仍待精进，有关版权保护和期刊出版的法律还需完善，现今社会对电子期刊的权威缺乏认识等。

（3）网页

网页，是指能够存储、展示各种文字、图像、音频和动画等以数字形式呈现的资源。网页是当今时代数字资源传播最主要、最基本的载体之一。网页具有制作周期短、门槛低、流通迅速、内容丰富、存储容量大、互动性强等特点。相较于电子图书和电子期刊，网页拥有更强的互动性和更低的门槛，这造就了网页无比丰富的内容和前两者所不具有的人人、人机互动体验。几乎人人都可以在相对短的时间里制作出网页，并通过网页与其他人互动，这使得文字、图像等数字资源能够多样化地迅速流通。

（4）多媒体

多媒体，是指通过计算机技术、通信技术交互处理文字、图像、音频、视频等多种媒体的人机互动的集成信息处理系统。多媒体是相对于单媒体而言的。1985 年以前的计算机只能处理单种媒体——文字。多媒体计算机弥补了单媒体计算机无法进行多重媒体交互的缺陷，能够同时处理文字、图像、音频等多种媒体，并使它们井然有序、相得益彰地融合起来，呈现整体大于部分之和的效果，使数字资源的呈现更加直观、严谨、准确、生动。

（5）数据库

数据库（Database，DB），是指通过计算机合理存储，由数据库管理系统（Database Management System，DBMS）管理的彼此关联的数据的集合。数据库的存在使得数字资源能够得到合理有效的存储、整合和管理，极大地提升了数字资源的利用效率。数据库具有数据独立性、最小冗沉性、数据共享性等特点。目前主流的数据库有 MySQL、SOL Server、Oracle Database 等。

数据库可以通过其地理分布、所采用的数据库模型、数据所反映的信息性质、数据的使用目的等进行分类。根据地理分布，数据库可被分为集中式数据库和分布式数据库；根据数据库模型，数据库可被分为层次型、网络型、关系型、非关系型和面向对象型数据库；根据数据的信息性质，数据库可被分为事实数据库、数值数据库；根据数据的使用目的，数据库可被分为文献数据库、术语数据库和档案数据库等。

数据库管理系统（DBMS）为数据库的建立和运行做出了巨大的贡献。由于数据每时每刻都在更新，不断产生新的联系，这需要 DBMS 在原有数据的基础上对新增数据进行分析、定义、添加、删除、修改等操作，整合出新的综合性数据。对于数据库使用者来说，为使其拥有良好的信息查询体验，DBMS 需要提供具有准确、充分的表达能力的语言检索功能。此外，当多个用户共同使用同一数据库时，各用户对数据的需求和使用权限可能会是不同的，为保证各用户的数据安全性和保密性，DBMS 会对数据进行相容性约束，为数据提供必要的保护。DBMS 具有六大功能，即模式翻译、应用程序的编译、交互式查询、数据的组织与存取、事务运行管理、数据库的维护。

2.2.2.2 按存储介质分类

从数字资源的存储介质来看，主要有缩微胶片介质、磁存储介质、光存储介质和电存储介质。

（1）缩微胶片介质

缩微胶片，起源于 19 世纪，是一种用来保存纸质资源的按比例缩小的文档复制品。由于纸张易碎、易脆，一些年代久远的古籍和报纸等以纸为介质的资源无法长期保存，必须借助缩微胶片来延长其保存寿命。缩微胶片一般分为 16mm 和 35mm 两种规格，用于储存不同大小的纸质资源。专业的缩微胶片技术人员通过筛选、选定角度和曝光、逐页拍摄、将拍摄完成的胶片洗好、质检、拷贝、数据编目、入库等步骤，将资源储存在缩微胶片上。

随着数字化技术的飞速发展，数字资源的存储催生了数字缩微技术。数字文献缩微化保存技术（COM 技术，也称数转模技术），可通过数字化设备将数字图像存储在缩微胶片上。缩微文献影像数据化技术（CIM 技术），可通过专门的设备将缩微胶片上的文献影像转化为数字图像。基于这两个技术，数字缩微使得数字资源可以在缩微胶片和数字格式之间灵活切换，做到了安全化和现代化的有机统一。此外，还有无线射频识别技术（RFID 技术）、NFC 标签技术等为数字缩微技术保驾护航。国家图书馆就有专门的数转模拍摄间，专门用于开展国外数字典籍的缩微数字化工作。现代的缩微胶片存储早已超越其传统意义与形式，与数字资源紧密相连。

缩微胶片存储的数字资源具有储存占用空间小、高度还原、不易被篡改、安全可靠、稳定性强、保存时间长等特点。微缩胶片的保存时间一般在500 年左右，是数字资源的存储介质中保存寿命最长的介质。同时，缩微胶片与网络存储相比有着极高的安全性，不易被病毒攻击或者物理破坏。

（2）磁存储介质

磁存储介质，起源于 19 世纪。常见的磁存储介质有磁带、硬盘等。在磁介质中，数字资源以磁序列的形式被磁头记录在涂有磁膜的旋转光盘上，在需要使用时，也通过磁头来提取，并通过专门的部件转化成对应的二进制编码，以供计算机等电子设备使用。磁介质的存储寿命一般在 10 年以内。

存储在磁介质中的数字资源，可以随时被读写、更新，具有灵活性；能够通过接口装置与计算机等电子设备相连，具有良好的交换特性。但磁介质对工作环境的要求相对较高，在不适宜的温度下会产生消磁的现象，从而造成数据的损失；且磁介质本身较为脆弱，对碰撞和坠落较为敏感，所以磁介质的稳定性较低。

随着数字技术的飞速发展和数字资源本身存储的需要，磁存储介质的更新升级刻不容缓。为提高磁介质的热稳定性和记录密度，增强磁介质的强化程度，现已有垂直记录技术、反铁磁耦合介质的多层结构（AFM）、热辅助磁性记录技术（Heat Assisted Magnetic Recording，HAMR）和图案化磁信息存储介质技术（Patterned Media）作为支撑。

（3）光存储介质

光存储技术，起源于 20 世纪 60 年代末 70 年代初，主要经历了小型镭射盘（Compact Disc，CD）、数字通用光盘（Digital Video Disc，DVD）和蓝光光盘（Blu-ray Disc，BD）三个发展阶段。数字资源的光存储是指先将数字资源刻录在具有反射涂层的光盘表面，等到需要调用信息时，用专门的设备通过激光扫描光盘表面凹凸不平的小坑，将其转化为对应的二进制代码，从而让计算机等电子设备使用光盘上所储存的数字资源。光盘的存储寿命一般在 50 年以内。

相较于缩微胶片介质和磁存储介质，光存储介质的非顺序性、易装载性和定位准确性大大提高了数字资源的读取效率。光存储介质的交换性良好，能够通过接口装置与计算机等电子设备连接，使得光存储介质中的数字资源可以顺利流通到网络中，是数字资源存储的一大进步。此外，与缩微胶片相类似，光介质的资源输入不可逆（如只读光盘 CD-ROM）使得数字资源的存储更加安全可靠，不易被篡改。但相较于可随时读写的磁介质，存储在光介质中的数字资源也因此失去了灵活性。

随着数字技术的飞速发展和其他存储介质（如云存储等）的兴起，数字资源对光介质存储有了更高的发展要求。针对光介质因衍射存在极限而造成存储容量难以突破，以及长期存放过程中光盘的聚碳酸酯易使涂料层发生畸变导致数据错位等缺陷，光存储技术产业化刻不容缓。按照产业化发展的程度，现可将光存储技术分为三大类：已经产业化且不断完善的蓝光光存储技术，正在研发阶段处于产业化前期的多波长多阶光存储技术、双光束超分辨率光存储技术、全息存储技术、玻璃存储技术，以及处于预研阶段的荧光纳米晶体存储技术和 DNA 存储技术、近场光存储技术等光存储技术。[①]

（4）电存储介质

电存储介质，是指通过集成电路对数字资源进行存储、多次擦写和使用的介质。常见的电存储介质有 USB 闪存、内存条、存储卡、半导体存储器等。电存储介质的存储寿命一般与数字资源的写入次数和浏览次数有关。

电存储介质中存储的数字资源，能够是任何格式，体现了全面性；能够与计算机快速、灵活地交换数据，在网络上进行流通，体现了优秀的交换特性；能够采取保护机制，做到数据加密，防止数据被篡改，体现了一定的安全性；能够被随时反复擦写，体现了灵活性。虽然电存储可以保存大量的数字资源，但随之而来的是如何分类存放以及计算机等物质载体容易被病毒攻击的问题，仍具有安全隐患。此外，数字资源在网络上更加灵活地流通（如云存储等）更容易使资源自身发生改变，难以溯源。

随着信息技术的飞速发展，现已有磁光电混合存储技术。采用分布/分层式存储结构，以数据的使用频率为依据，将数字资源存储在不同的介质之中。这是对软件和硬件方面都有着发展要求的技术，既要做到数据热度的及时更新和数据的及时迁移，又要做到高密度存储、提高介质的热稳定性。

2.2.2.3 按数据传播的范围分类

从数据传播的范围来看，主要有单机、局域网、城域网和广域网。

（1）单机

单机，是指一台不与其他计算机通过网络连接、传递、交流的计算机。单机中的数字资源一般通过光盘、硬盘和软盘等存储介质进行流通，因此相较于局域网、城域网和广域网，单机中的数字资源传播速度慢且范围小。

---

① 苏文静、胡巧、赵苗等：《光存储技术发展现状及展望》，《光电工程》2019 年第 3 期。

（2）局域网、城域网、广域网

局域网（Local Area Network，LAN），是指在小范围内（一栋建筑物或方圆几千米）通过将分散的微机相互连接，以实现数字资源的交流和共享的网络。校园网就是局域网的一种。在局域网中的数字资源相较于单机中的数字资源能够得到更广泛的传播和更充分的交流。

城域网（Metropolitan Area Network，MAN），与局域网相似，但范围更加广阔，可以覆盖几千米到几十千米，一般而言，是能够覆盖一个城市的网络。城域网由各个局域网相互连接发展而来，相较于局域网，在城域网中流通的数字资源传播范围进一步扩大。

广域网（Wide Area Network，WAN），也称为远程网。广域网在上述两者的基础上更上一层楼，可覆盖几十千米到几千千米，实现城市与城市之间乃至国际范围内的数据传播和交互。数字资源可通过广域网在全世界范围内传播。

2.2.2.4　按资源提供者分类

从资源的提供者来看，主要有商业化的数字资源和非商业化的数字资源。

（1）商业化的数字资源

商业化的数字资源，是指由出版商、数据库商和其他商业机构以商业化方式、以营利为目的来发行和提供的数字资源。商业化数字资源具有内容充足、来源可靠、受认可程度高等特点。其中 Elsevier 公司的 SDOS 数据库、清华同方的中国知网（CNKI）、北大方正电子图书数据库、超星读秀学术搜索数据库、万方数据库、微信读书等阅读类 App 中的付费图书等是较为常见的商业化数字资源。数字资源使用者须通过支付一定的费用来获得商业化数字资源的使用权，如向数据库商支付费用以获得数据库的使用权限，在阅读类 App 上定期购买读书卡来阅读付费图书等。

由于商业化数字资源有收取费用的特性，各商业机构往往采用 IP 控制和远程访问控制技术来控制商业化数字资源的访问。IP 控制，是指规定特定的用户只能在特定的机构内的主机上访问商业化数字资源。这使得合法用

数字经济学
理论与应用

户面临在机构外的主机上无法获取资源的困扰，用户的使用场景被大大限制，因此远程访问数字资源成为迫切需要。远程访问控制技术（包括代理服务器技术、VPN技术、Athens远程控制技术及基于Web的远程访问系统）突破了IP地址的限制，可使用户在Internet中的任何主机上对商业化数字资源进行访问。远程访问控制技术相较于IP控制技术更加灵活、安全且高效。

目前商业化数字资源市场竞争日趋激烈，尤其在数字资源版权竞争的过程中，商业机构与作者签订协议，催生了"独家资源"。而"独家资源"所获得的红利又进一步促进了市场竞争，从而导致更多的"独家资源"出现，以致市场出现垄断现象。此外，商业化数字资源市场竞争过程中也出现了资源重复配置的现象，如何提高商业化数字资源配置效率，阻止商业化数字资源市场向不良垄断方向发展，减少版权纠纷等问题，需要相应的政策加以规范。

（2）非商业化的数字资源

非商业化的数字资源，主要是指由机构不以营利为目的而自建的特色资源库、开放获取资源、机构典藏和其他免费的网络资源。非商业化的数字资源一方面来自基于传统的介质储存和传播资源的数字化，另一方面来自网络上流通的数字资源。相较于商业化数字资源，非商业化数字资源内容同样也很丰富，但它的内容更加杂乱，其中蕴含的利用价值难以被发现，需要专业采访人员进行发掘、选择、整理。如高校图书馆的采访人员从网络上免费获取数字资源，经筛选后自行建设成为图书馆特色资源库。当然，经由整理的非商业化数字资源具有商业价值，在一定条件下可以成为商业化数字资源。常见的非商业化数字资源的建设者包括个人和图书馆等机构。

以图书馆为例，其非商业化数字资源分为再生数字资源和原生数字资源。再生数字资源，是指原生数字资源经过整理之后转化而成的数字资源。原生数字资源分为机构自建的特色资源库、开放获取资源、共享资源、网络免费数字资源。其中，开放获取资源是指以学术期刊、论文为主的经评阅或预评阅的学术文献数字典藏资源，与特色资源库、共享资源一样，是已经整理归类后的结果。相较于前三者，网络免费数字资源因其杂乱、数量大、种类多、信息发布的自由度高等特征导致采访难度较大，需要耗费大量人力进行整理和加工。网络免费数字资源经图书馆采访人员整合后进入图书馆，成为图书馆特色资源库的一部分。

非商业化数字资源虽难以整合，但其中蕴含的数据一经发掘和加工，就有可能成为极具价值的数字资源。

2.2.3 重要数字资源的开发

2.2.3.1 农业数字资源的开发

农业数字资源是农业农村数字经济的关键生产要素。其开发有助于推进农业资源的有效整合，从而实现对先进农业技术的及时普及、对农业市场供需关系以及农业发展现状的精确分析，乃至对农业未来发展方向的精准把握，从而提高农业的生产效率。

农业数字资源的开发，关键在于对农业数字资源的生命周期实行全覆盖，建立农业农村数字资源体系架构。农业数字资源的开发包括农业数字资源的采集、加工处理、数据库建立、基础设施建设、后续使用和服务等过程。第一，农业数字资源的采集途径一般包括：实地考察，人工录入；利用农业物联网、遥感等农业智能设备收集原始农业数据；查询农业部等农业信息平台等。第二，采集好的农业数字资源数据量大，十分繁杂，且质量参差不齐，难以被直接使用。这就需要对其进行加工处理，即通过质量检验、数据加工等环节进行数据提质，由此得到具有时效性、准确性、真实性的农业数字资源。第三，得到高质量的农业数字资源后，需要建立数据库进行存放。农业资源与环境、农村基础设施与装备、农产品流通与消费、农业科技与教育等共 13 个一级主题数据库[1]依托加工处理后的农业数字资源，对数据的不同主题进行分类而建立。这些数据库可以为农业数字资源提供合理存

---

[1] 梁栋、唐文凤、杜维成等：《农业农村数字资源体系架构研究与设计》，《农业大数据学报》2019 年第 3 期。

储和整合的空间。第四，整合、存储好的农业数字资源最终需要为人服务，供资源使用者随时调用。这就对农业数字资源基础设施建设产生需求，如需要加强农村地区的电信、计算机网络等基础设施建设。农村数字基础设施的进步可以促进农业知识线上传播、农业政策普及、实时技术指导、市场供需信息传输等稳定而高效地进行，可以为从多方面提高各群体对农业的认识、促进农业的发展提供坚实的物质基础。第五，为减少农业数字资源使用者的时间成本，需要在农业数据的使用和服务上加以创新，设计出对使用者清晰、有益的农业数字资源使用和服务体系。如从不同用户的角度设计不同的搜索引擎和资源目录，根据不同的对象提供完备的农业大数据服务等。

对农业生产过程中的数字资源开发，主要体现在对农产品的光照、水分、养料、温度等原始的信息、参数进行采集整理，发掘出数据背后所蕴藏的有关农产品信息，从而监测、评估农业生产环境，收集整理农业专家对于各种农产品以及各地农业生产环境的研究结果等。通过各种采集方式，结合先进的农业信息化技术，将农业生产资源数字化，成为可移动的数据，为农业从业者提供准确可靠的决策基础。

对农产品流通与销售过程中的数字资源开发，主要体现在对农产品市场需求信息进行收集、整理、加工，如收集能让农民获得更多收益的农产品信息、不同地区适宜种植的农产品信息、市场对各种农产品的需求数据等。将这些农业数字资源妥善归整、储存，可以科学、及时地指导农业从业者做出决策。

2.2.3.2　工业数字资源的开发

工业数字资源是现代工业数字经济的关键生产要素。如何有效推动工业"两化融合"[①] 是推动传统工业朝着集约化和技术化方向发展、朝着数字化方向转型的关键问题之一，这就使得工业数字资源的开发不可或缺，并成为勾画"两化融合"发展蓝图的助推手。

工业数字资源的开发，主要在于对工业数据进行采集、加工处理、存

---

① 即工业化与信息化的有机融合。

储、治理等环节。要对工业数据进行全方面采集，应先对工业数据的内容以及分类有基本的了解。依据不同的标准或方法，工业数据的分类组合各不相同，这里不一一赘述。但通过观察可以看到，工业数据的分类一般围绕工业生产过程、经营销售、设备及其操作技术、企业其他活动等方面进行。生产、销售过程中以及企业其他活动方面的工业大数据主要来自企业内部长期积累的传统工业的研发性、生产性、经营性数据，如产品生命周期管理（Product Lifecycle Management，PLM）、供应链管理（Supply Chain Management，SCM）、客户关系管理（Customer Relationship Management，CRM）和环境管理系统（Environmental Management System，EMS）等。[①] 有关设备及其操作技术的信息采集，因如今的物联网技术而逐渐降低了难度，现已能够做到实时收集生产设备的信息和各种参数。此类数据在工业大数据中占着不小的比例，是工业大数据新的、最快的增长来源，即工业设备和产品快速产生且存在时间序列差异的大量数据。[②] 由于工业数字资源采集过程中所使用的采集设备（如传感器等）多，每台设备采集的数据密度大，因此采集到的工业数字资源的数据量巨大，且质量参差不齐。虽说有的设备采集的数据具有一定的时序性，但出于对存储成本等多方面的考虑，不可能照单全收，需要先对其进行加工处理。通过对采集到的数据进行质检、分析和整合，给数据赋予一定的意义，从而提高数据的质量，才能得到真正有用的工业数字资源。整理好的工业数字资源可通过不同的主题数据库进行存储，但若不经过数据治理，其价值难以得到有效的保存和利用。目前已有成熟的工业数据治理体系，不仅可以让工业数字资源保持原有价值，还能促进不同数据跨领域协作，发掘其潜在价值，减少"数据孤岛"现象带来的价值流失。不仅如此，新兴的工业数字化工程在工业制造中融合运用现代数字技术与工业技术，充分解决"数据怎么来""数据怎么联""数据怎么用"这三大问题，为工业数字资

---

① 郑树泉、覃海焕、王倩：《工业大数据技术与架构》，《大数据》2017年第4期。
② 郑树泉、覃海焕、王倩：《工业大数据技术与架构》，《大数据》2017年第4期。

源开发提供具体的技术支持。①

工业数字资源的开发，不仅针对不同分类的工业数据，还贴合工业中供给方和需求方对数据的需求。对于供给方，工业数字资源的开发过程着重于不同的生产要素、生产过程中涉及的参数（如温度、流量、压力等数据）以及市场需求数据的整合；对于需求方，工业数字资源的开发过程着重于对工业市场进行数据收集和分析。可见，工业数字资源的开发对供需双方都有益，可以为其减少决策的时间成本，提供坚实的决策基础。

2.2.3.3　服务业数字资源的开发

数字资源是服务业数字化的关键要素。服务业数字资源是传统服务业数字化的基础，其合理配置可加快促进传统服务业产业链重构、服务体系改造等，提高生产效率，从而实现服务业朝着数字化、智能化和高质量方向发展。

服务业数字资源的开发，主要在于建立集约化的服务拓扑体系。服务业数字资源开发主要经历数据采集、加工处理、建立数据库进行存储、数字治理等数据挖掘过程。具体的过程与上述两个产业大同小异，即运用数字技术采集、加工处理服务业数据，待服务数据沉淀后运用数据库技术将其妥善保存，最后对其进行数字治理。服务业数字资源的开发，不能只是将服务数据录入、整理、保存之后就束之高阁，而是需要实现各种服务信息之间、人与服务信息之间的交互，并且在已有数据的基础上进行动态数据挖掘，分析用户未来的行为，以提供更周到的服务。在服务业数字资源开发的过程中，最困难的部分之一当属服务数据使用者（消费者、服务者等）与服务数据的交互。由于服务业对信息反馈、更新的要求较高，而现有的技术难以跟上这些变化，且使用者能掌握的信息也千差万别，这就造成了信息不对称，更加不利于服务数据的交互。因此，建立集约化服务拓扑体系和智能化客户服务平台就成了迫切需要。服务业数字资源的开发，应一改先前的分散型网状结构，采用星型结构，即将服务数据汇集于一个中心点进行沉淀，再满足不同

---

① 毛光烈：《工业数字化工程的内涵剖析及体系建构研究》，《杭州电子科技大学学报》（社会科学版）2020 年第 1 期。

服务数据使用者对数据的需求。

服务业数字资源的开发，需要多媒体技术、信息通信技术、物联网技术、人工智能技术、数据库技术、云计算技术等共同作用，深度挖掘服务数据、充分开展数据处理加工、进一步优化人与数据的交互过程。以物流行业为例，众所周知，物流行业对数据的需求多，因为各物流企业需要使用物流数据来记录发货方、承运方、收货方的活动过程，数据即物流的凭证。而传统物流行业对数据的处理只停留在不出现错误、妥善保存的标准之上，忽视了数据的再挖掘价值。以中国的物流行业为例，基于大数据环境，现阶段中国物流业采用动态数据挖掘方法进行数据开发，利用多种数字模型，对过去的、现在的、将来的动态数据进行收集、处理，整理成目标数据集，然后分析出用户感兴趣的信息，从而建立丰富的知识数据库，对挖掘到的信息进行评价，形成新的动态数据，如此往复。在多种现代数字技术、信息技术的作用下，中国物流行业对数字资源不仅能做到高效管理，还能做到物尽其用。

服务业数字资源的开发和利用，在物流、医疗、金融、在线教育等行业已有充分体现，且正朝着集约化服务的方向发展，而这些行业的服务分工和服务模式革新、产业链重构等，也因服务业数字资源的开发而有了充分的决策基础。

2.3　数字资源的利用

2.3.1　数字资源利用的技术基础

2.3.1.1　物联网技术对数字资源的处理

物联网技术是在互联网的基础上，利用各种通信、传感技术将万物与互联网整合为一个"物网合一"的整体网络系统，在该系统中可以信息共享、自动识别和彼此"交流"，进而帮助人们访问、获取和处理大量的数字资源。随着数字化技术的发展，在信息大爆发时代人们对海量数字资源的管理手段，随着资源记录形式的不同而发生着巨大改变。用传统技术对海量数字资源进行访问时，存在处理数据不准确、速度过慢等问题，而物联网技术能够通过先进的处理器、感应器等高效完成对数字资源的访问处理，这对社会、经济和企业发展具有重要意义。

首先，物联网技术支持对数字资源进行高效采集。物联网技术对数字资源的采集过程主要是通过条形码技术、射频识别技术、光学技术和语言识别技术等的支持，通过定位统计、分级统计和分区统计等表达方式按照物联网安全、物联网标准化水平和物联网三层融合程度等准则对数字资源进行访问、采集。这个过程大大提高了对数字资源的收集量，并且比传统技术采集的数字资源价值更高，提高数字资源采集的准确率和完整性。

其次，物联网技术对数字资源处理的关键在于核心技术支持。其一是射频识别技术，它可以通过无线电波实现对物品信息的自动识别和处理，把物品标签上的信息以非接触的方式传送出去，进而自动辨别与追踪该物品达到获取、运用、处理相关信息和数据的目的。例如，在疫情肆虐的情况下，对快递包裹可以使用射频识别技术，从而非接触式地对快递面单进行扫描识别，在扫描的过程中快递面单的全部信息被同步到主系统内，进行筛选、分类，这在很大程度上避免了发错件，也极大地提高了拣选快递的效率。其二是无线传感器网络，它是物联网的核心，由大量静止或移动的传感器以一定方式连接成无线网络。在某区域内，该网络能完成被感知对象的信息采集、筛选、处理和传输工作，进而将这些数字资源传输给网络所有者。其三是将传感器嵌入各种机器、设备中的嵌入式技术。如今嵌入式技术应用最为广泛的领域有各类轨道交通工程、建筑工程、智能网络通信工具、军工航天工程、绿色智能汽车以及多媒体终端设备等，在应用过程中传感器能够与各种设备形成"物—物"智能化数字信息网络，所有数据和资源都能在该网络系统中进行交换、整合、共享以及被远程感知和控制。例如，在智能交通系统中，利用物联网各个核心技术对运行的车辆信息进行实时追踪和收集，在此基础上与地图软件进行数据联通，为车主提供最优路线方案，最大限度避免交通拥挤。

2.3.1.2　区块链技术对数字资源的处理

区块链是一种链接式数据结构的分布式账本，它利用密码学将数据区块进行加密，以保证数据的防伪造、防篡改性，这最大限度保证了数据的安全性。区块链技术去中心化、高可靠性、加密性与交易可追溯等特点为处理和利用大量数字资源提供可能，进而提高多主体协作效率。其本质是为数字资源管理提供可信的分布式技术处理系统，该系统可以对数字资源的全过程进行长期有效的安全监管，这不但有效增强了数字资源的安全性，而且大大降低了数字资源的存储成本。目前利用区块链技术处理数字资源的场景多集中在金融领域、医疗领域、教育领域与养老领域。

区块链技术在金融领域中对数字资源的处理应用。在金融领域，可基于区块链分布式账本来破除金融企业之间的"信息壁垒"和营造良好的金融交易环境。利用区块链时间戳和数字签名等技术，可以使金融机构以及相关企业主体构成的区块链节点之间形成数字资源链连接通道，由于去中心化、不可篡改和可追溯等特点，数字资源链上的数据将成为高质量信息。这种扁平化点对点金融网络结构，不但可以有效促进核心企业向长尾客户群传递有效数字资源，而且可以对相关企业主体之间的原始数据进行实时上链并核算，打破供应链上相关企业之间存在的"信息壁垒"。这种方式将促进金融机构交易背景审核健康、高效发展，也为多方合作创建更加良好的信任环境。

区块链技术在医疗领域中对数字资源的处理应用。在医疗领域，区块链技术可以高效整合、利用相关医疗数字资源，并且时间戳技术可以实现药物的信息流通，得到不可篡改、安全的清晰记录。此外，分布式存储技术可以通过多主体记账方式对药品全生命周期进行实时监管，最大限度促进药品单向溯源问题的解决。

区块链技术在教育领域中对数字资源的处理应用。例如，区块链技术可以用于高校图书馆数字教育资源的版权保护、信息安全、知识挖掘等方面，可以高效划分高校图书馆数字资源的所属性以及提高其安全性。区块链技术不但可以为企业筛选应聘人才的基本信息，而且可以采集应试者的关键信息资料，起到对作弊造假行为的监管作用。

区块链技术在养老领域中对数字资源的处理应用。例如，在互助养老领域一直存在监督管理主体不明确等问题，可以利用区块链技术建立规范、认可度高的发展机制。通过区块链技术可以建立互助养老领域的数字资源交流信息管理机制，以此推动互助养老领域的人性化、智能化、标准化，这不但有利于明确各方需要承担的责任和发挥的作用，还可以有效提高管理运营效率。

2.3.1.3　人工智能技术对数字资源的处理

一般来说，人工智能是人类在计算机上利用各种算法和程序来操控机器和设备，使其具备类似人类的行动力和思考能力。人工智能技术包含机器学习、机器视觉、机器人技术、自然语言处理以及自动化等。人工智能技术相比传统技术对数字资源的处理优点在于它可以智能地根据各个领域数字资源的现实情况对数据进行深度挖掘和智能处理，在大量算法中找到最合适的方法来匹配信息，这样不但能避免大量无用的计算过程，而且能够提高经济效益。本部分将从人工智能技术对数字资源处理的原理和场景应用这两个方面展开分析。

机器视觉技术、机器学习技术、自然语言技术和生物识别技术均为人工智能的核心技术，这些技术可以依据不同数据的呈现方式做不同的数据提取、处理、分析和应用。数据挖掘和数据分析是人工智能技术处理数字资源的常用手段。首先，利用算法搜索、统计分析以及关联规则等方法在海量数据中挖掘重要数据信息，对得到的数据利用数据分析技术进行分析、整合和处理，有助于企业人员对操控机器设备的初始数据进行识别、分析和评价，并对现阶段进行质量管理监控。此外，数据分析技术支持产品不同阶段的数据分析，包括对产品的市场调研数据分析、生产性数据分析、流通数据分析及销售数据分析，既可以保证对数据的最大化利用，又提供了产品全寿命周期各个阶段的有效性分析，为决策者提供更多有价值的信息。

人工智能技术在智能应用中对数字资源的处理。其一是为了提升网络识别有效数字资源的能力，人工智能技术运用各种科学运算和识别技术将筛选、检查过程中海量复杂的信息数据变得更加具有可读性、更加简单直观，并且能够自动屏蔽无效信息、阻断有害数据和对已有技术故障进行修复。使用人工智能技术不但能对不同领域数字资源进行处理，而且能够自动过滤不同领域数字资源的各种有害信息，以净化网络环境。其二是人工智能能够利用核心技术的协同合作对数字资源的实时状态进行管理跟踪，这不但可以高效挖掘和处理数字资源中的有效信息，而且可以向消费者提供处理意见和方向。其三是人工智能技术能够在海量、复杂、零星的数字资源中推理出当前系统运行状态，精准识别各种复杂问题，它还可以对处于低层、相对独立的数据给予响应，用系统性思维处理这些数据，并及时反馈给系统，这样有助于工作人员进行网络管理和控制、降低出错率和减轻操控压力。其四是人工智能像人类大脑一样具有思考的能力，帮助人们对不同格式的数字资源进行智能提取、筛选、分析和应用，高效完成人类指派的任务。虽然这个过程需要建立在不同领域海量专家数字资源库基础之上，有着一定的局限性，但是在人类操控指令下能够做出最合理的分析与决策。

2.3.1.4 云计算技术对数字资源的处理

云计算技术是基于互联网，按照用户所需的数据通过网络云对海量数字资源库进行整理、分析的一种分布式计算技术。云计算技术对数字资源处理的最大特点在于整合异构资源能力和整合闲置资源能力，它可以实时为用户提取、处理大量不同类数据信息，用简单的网络硬件就可以实现强大的计算能力。在社会经济快速发展时期，云计算技术具有低成本、高效用、柔性强的特点，弥补了因传统计算机能力不足而不能满足对海量数据运算需求的技术缺口，在数据处理方面成为企业运行过程中必不可缺的应用工具，为企业产品数据处理分析提供了有力的技术支持并发挥着关键作用。本部分将从云计算技术对数字资源处理的原理和应用这两个方面展开分析。

云计算技术是以互联网为基础，结合平台虚拟化技术、资源虚拟化技术和应用程序虚拟化技术等，综合海量数字资源进行实时自动调度的数据处理技术。它不仅可以使整个计算过程实现虚拟化开发，还可以计数各种计算的虚拟存储，实现快速处理分析大量信息数据，具有突出的应用优势。目前云计算技术对数字资源处理的核心模式主要为 SaaS、LaaS、PaaS 模式，它们可以以不同方式、不同领域、不同背景对不同数字资源等进行统一处理建设。云计算技术以高速、远程的方式处理数字资源，人们需要使用云技术的时候，只需要以客户终端机提出云计算的请求，它就能响应人们的请求，这种集中化、自动化的数据处理方式能够节省数据处理的成本。要实现云计算的原理，需有网络的编程技术、海量数据的存储技术、海量数据的管理技术、硬软件虚拟化技术等支持。

在大数据时代，云计算技术对数字资源的处理已应用于各个行业领域。其一是利用云计算技术处理区域医疗信息化管理中的数字资源。云平台支撑层作为区域医疗信息平台的核心模块，可以利用云计算技术满足当前病案管理、药品管理、在线就医、跨区在线信息查询等多样化信息需求，可以有效解决海量医疗资源处理不及时问题。其二是利用云计算技术处理区域教育领域的数字资源。云计算技术收集、处理区域内全领域、全模块数字资源并对这些资源进行高效处理和利用，实现区域教育资源的协调流动、共享使用。其三是利用云计算技术处理企业财务管理中的数字资源。云计算技术可以为综合应用、分析和处理与经济、文化、社会等领域相关的数字资源提供更多数据支持。其四是利用云计算技术处理物联网设备中的数字资源。硬件设备能通过云计算技术与企业云平台联通，对海量数据资源实现快速高效下载和传输并具有识别条形码、二维码等功能，这极大地拓展了云计算技术应用平台和应用领域。

2.3.2 农业数字资源的利用

2.3.2.1 农业数字资源利用的领域

农业数字资源是基于智能、通信、多媒体技术将农业农村全部业态信息数据以数字形式发布在农业网络系统中，在该系统中以数字形式进行存储、使用、宣传的各类农业数字资源的综合。目前，农业数字资源的表现形式主要为数据库、电子文件、视频、音频、图片、网页和遥感影像等。目前对农业数字资源的利用领域主要包括以下几个方面。

农业经营对农业数字资源的利用。首先，气象、水文、土壤和病虫害、动物疫情等这些数据的查找、收集、分析、指导应用均是利用农业数字资源库来实现的。合理高效应用农业数字资源库可以帮助农村农业日常管理经营，做到低成本种植、养殖，在这一过程中最大限度减少资源消耗和获得高效益回报。例如，在养殖场中，养殖管理者可以利用农业物联网技术对农业养殖资源进行全面筛选、分析、处理，利用物联网传感器对牲畜生长情况的数据指标进行把控分析。针对不同牲畜的生长情况，进行专门喂养照看，做好养殖管理。其次，利用全球定位系统（GPS）提供区域地理基础数据，再根据地理信息系统（GIS）构建的区域农业区划电子地图，根据遥感（RS）技术感知到的土质、水源、山坡、丘陵等关键实地信息，对该区域内农业种植条件进行全方位的把控和保护。

种养殖生产管理对数字资源的利用。农业管理者利用农业数字资源可以对农作物、牲畜等进行"一对一"的专门种养殖管理。在同一区域内可能因土壤肥力、土壤含水量、天气情况等因素导致不同地块的产量不同，可以通过对农业数字资源库的相关数据进行定量分析，找到影响农作物生长的主要因素，对产量低的地块有针对性地采取技术上、管理上的高效"照顾"，形成"处方农业"，实现农产品大丰收。

土地使用权流转对农业数字资源的利用。基于大数据技术，及时对接供需双方信息，提高土地流转效率，最大限度避免流转不顺畅、土地闲置等问题。例如，通过农民土地流转信息资料库建立农村土地流转交易体系，利用该体系形成方便农民土地流转的土地交易中心，将土地适度规模流转，以解决土地零散分布、撂荒等问题。还可以将相关信息挂在网络上，吸引优质资本到该地区投资发展农业及相关产业，发挥产业"引进一个，带动一批"的联农带农效益。

农产品质量可追溯机制对农业数字资源的利用。通过对农资使用数据、生产流通数据的提取、筛选、分类、处理，就可构建从生产者到消费者手中的可追溯体系，既可以保证农产品质量又可以提高农业经营者市场效益。通过应用农业数字资源可以建设农产品质量安全可追溯体系，进而探索推进线上线下一体化体系，促进农产品生产经营效益的提升。

2.3.2.2 农业数字资源利用的效果

在数字经济时代，海量的农业数字资源为农村高质量发展带来新机遇和新挑战，促进农村新业态的创新发展。农业数字资源在农业生产、流通、公共服务与乡村治理方面进行资源共享、协调分配，为农业农村转型发展提供了巨大助推力，促进了农业的转型与升级，而且推进了公共服务均等化和乡村治理效能提升。

利用农业数字资源能够促进农业生产效率提升。在决策环节，利用智能算法对农业数字资源进行分析、整合，能够在全球范围内对农业生产资料、产品存量进行实时汇总，并且可以利用数字孪生技术对这些资料进行动态分析和优化决策，用最优的手段帮助农业生产决策者从农产品供需两端预测土地产量和市场需求信息，从源头发现并消除农产品供需周期性问题。基于卫星遥感技术、物联网技术，可以在农作物的生产阶段对农作物生长中的数字资源进行分析处理，帮助数字孪生世界中"农作物生长模型""气象监控模型"的运行更加准确和精细，进而高效预知在利用农资资源时可能出现的生产、销售方面的风险，以及时做好风险应对预案。对于关键的供需双方交易环节，农产品供应方通过直播、短视频等方式公布该农产品相关生产信息，并利用智能算法技术交流共享供需双方信息，进而减少因信息不对称产生的价值损耗，扩大市场交易规模、激发农产品市场潜力。

利用农业数字资源可以强化新经济模式和抓住农业农村新发展机遇。在数字技术支持下，农村居民可以利用农业数字资源，根据农村不同区域发展情况"扬长避短"。比如，通过分析农业数字资源在农村地理位置、各种要素和资源拥有量等方面的优势，突破城乡资源在不同区域内分布不均的屏障，形成城乡网络一体化的农产品对接市场。政府基于农业数字资源的巨大优势，通过乡村旅游、风土人情等宣传鼓励当地村民发展特色农产品业务，最大限度解决一直被忽略的"长尾市场需求"。此外，农业数字资源通过提高农业生产效率，发现农产品差异化生产的关键要点，助力农产品资源探索性地向"创新化"品质模式发展，以此抓住农业农村创新发展新机遇并实现农业农村高质量发展。

利用农业数字资源可以获得新连接途径，促进城乡公共服务的优化配置。农业数字资源作为推动城市和乡村跨时空交流的创新型通道，为农村居民网上冲浪、在线教育、远程医疗等服务提供海量的数据支撑。数据共享优势加速农业农村高质量发展，为农村居民日常生活提供巨大便利。具体地说，农业数字资源为教育资源数字化、医疗资源数字化、生产资源数字化等公共服务主体提供共享开放性数据，农村居民可以便捷性地享受优质公共服务资源，城市居民也可以体验天然健康的自然环境和食品，不但有助于提高城市资源高效配置水平，有效解决农村优质教育和卫生资源相对短缺的问题，还为农村创新发展提供新的动力。

2.3.3　工业数字资源的利用

2.3.3.1　工业数字资源利用的领域

通过互联网，工业数字资源可以将企业、工厂的机器设备、工业产品和工业服务高效连接，将网络的应用领域和连接范围从虚拟延伸到物理、从生活延伸到生产，进而实现人、机器、物的动态、全面连接。工业数字资源可以实现跨设备、跨系统、跨工厂、跨区域、跨领域的实时互联，不仅可以激活大量休眠的数据资源，还可以在产品生产站点和使用场景中创建大量的新数据。工业数字资源的利用领域主要包括以下几个方面。

工业数字资源在新型机器人系统中的应用。将工业数字资源输入机器人系统中，不但能够保证产品的高质量，还可以降低工人的工作强度。体积小、灵活多样的自动化设备可以自主运作和操控相关零部件，目前很多国家的智能化工厂均利用机器人来处理非人类工程学任务。例如，早在 2013 年，宝马汽车公司就将大量工业数字资源输入机器人系统来完成各种各样的生产工作，并批量应用到各类生产线中。作为中国新能源汽车代表之一的小鹏公司，其零件自动装配工厂就是将工业数字资源存储在机器人系统中，输入相关指令后就可以高效完成生产线装配任务，极大提高了工厂运行效率和生产效益。

工业数字资源在辅助系统中的应用。工厂技术管理人员将工业数字资源输入智能化设备中，操控人员按照输入提示可以快捷地完成任务。例如，位于德国的宝马工厂测试智能表生产线时，操作员输入特定的数据后，流水线上的车辆配件靠近不明障碍物时，特定智能闪光灯就会发出警报提醒工人，移除障碍物。

工业数字资源在模拟仿真和数字化工厂中的应用。在模拟仿真过程中，数字资源是仿真运行的关键基础，它能提升整个过程的运行效能；此外，在数字化工厂中，通过数字化技术和设备可以对数字资源进行再分类、分析，这有助于大幅度提高生产过程的效能，工厂通过三维数字记录的数字资源相比传统的二维人工数字记录的数字资源有着显著优势。例如，位于英国的劳斯莱斯工厂通过特殊的三维扫描仪和高分辨率数码照相机可以短时间内完成数据的测量、读取工作，获得的数字资料可以帮助工厂建立三维生产设备数据库，为设计、测量汽车零配件结构提供了有效的数据支撑，并且基于真实结构的计算机辅助重构图纸也不再需要，耗时费力的现场人工记录方式被淘汰。

工业数字资源在供应链体系运作过程中的应用。供应链体系中各个节点的企业可以利用相关数字资源实现信息、资源的共享利用，推动数字化供应链运行、发展。这个过程的最大特点是带动传统供应链结构从链式向非线性多元结构转变，供应链管理模式向着精准化方向转变，管理能力从以内部管理为主提升至内外协同、跨体系合作的更高水平，供应链运营从企业内向企业间协同转变，供应链体系由局部协同转变为全面协同，进而实现供应链整体效益最大化。

2.3.3.2 工业数字资源利用的效果

随着越来越多的设备、系统等资源不断加入现代化工业互联网领域，数字技术作为现代工业生产制造中的核心技术力量，基于互联网将信息数据与企业实体经济深度融合，使得数字资源成为工业生产制造中的关键要素。工业数字资源作为关键生产要素，能够促进工业经济发展和治理模式的创新与重构，这有助于促进社会经济朝着智能化、数字化高水平发展，进而推动社会孵化出更多新经济形态。本部分从以下四个方面来分析工业数字资源的利用效果。

第一，工业数字资源提升网络运营效率、优化网络安全空间。基于海量且高质量的工业数字资源，多家企业主体可以实现在同一个系统内各种设备和机器的实时互联互通，将安全且高质量的数据信息及时传输和共享，帮助企业之间高效率合作和提高网络系统整体的运营效率。例如，工业物联网能够将具有采集、感知和监控数据能力的传感器、控制器、无线电等技术与各类工业生产制造设备相连接，能够对操控运营中出现的各种动态数据进行智能化筛选、分类、分析和处理。然后系统按照不同工业领域将获得的数据进行归类整合，方便后续企业在生产过程中各个环节的高质量协调应用，进而在经营效率、产品质量和资源成本等方面发挥正向优化作用，促进传统工业向现代工业新阶段迈进。例如，不少国家在离散制造业领域，利用工业物联网技术对生产资源和制造过程进行联动和协同的集成管理，促进了该领域生产效率的大幅提高。

第二，利用工业数字资源可以优化设备和机器的运行维护，进而提升其运行稳定性。企业将设备、系统和机器与相关生产性数字资源库相关联，可以指导操控人员在合适的时间运用最正确的处理手段实现高效率生产，这个过程不但有利于对设备使用、库存需求、成本控制情况进行实时监控和安全维护，而且促进整个企业以低成本、高效率的状态运行。

第三，利用工业数字资源有助于缩短企业系统故障的恢复时间。外力因素导致网络系统遭到损坏后，通过海量的工业数字资源，可以帮助企业快速、有效的系统恢复。例如，因发生战争、海啸等其他不可抗灾害后，利用传感器、智能仪表等智能化设备对海量的数字资源进行有效筛选分析，进而快速检测被破坏的网络系统，并通过虚拟网络的形式将已发生故障的机器和设备与有害网络有效隔离，以防止二次伤害的发生进而加快系统故障恢复速度。

第四，利用工业数字资源可以促使机器自主学习、降本增效。相关人员可以将设备和系统的运作经验通过智能化技术转化为工业数字资源库，在该库中联合其他机器和设备能够自主分析、归纳和学习，降低人工教学成本，提高工厂生产效率，增加企业运营效益。例如，利用电磁和光学等引导装置的自动导引，运输车通过数据指令可以沿着规定路线有效完成一系列任务。

2.3.4 服务业数字资源的利用

2.3.4.1 服务业数字资源利用的领域

当前，服务业已成为世界各国经济增长的主要动力，数字技术和数字资源则为现代服务业的快速发展提供了坚实的基础，促使服务业数字化基础设施持续升级、服务领域资源配置效率显著提高、整体服务水平不断提升。服务业利用数字资源需要经过大数据的辨别—筛选—匹配—存取，进而促成不同资源的高效优化配置。本部分从数字资源在生产性服务业和生活性服务业、公益性服务业、体育服务业的应用展开分析。

首先，利用服务业数字资源提高生产性服务业与生活性服务业的融合发展质量。智能技术、媒体和软件的普遍使用使得数字资源深入渗透生活性、生产性服务业领域，在传统服务业模式下，供给端的生产性服务业与需求端的生活性服务业存在信息鸿沟，导致供给端存在生产盲区、需求端对服务水平满意度不高，而服务业数字资源将弥补其存在的信息鸿沟，并提供强大的数据支撑。生产性服务数据资源为需求端提供了商品相关信息，提高了消费体验满意度。生活性服务数据资源为供给端提供了消费偏好以及消费量信息，这为供给端提供了高质量的生产方案。由此看来，数字资源作为关键桥梁，为生产性、生活性服务业高质量融合发展提供强有力的数据保障。

其次，利用数字资源促进公益性服务业高质量发展。随着生活条件和认知水平的提高，民众对公共服务效率和质量提出了更高的要求，基于不断出台的政策和政府资金的支持，公共服务领域必然在不久的将来向社会化主办和市场化方向转型。相对于需求端而言，社会化、市场化公益服务的供给相比发达国家差距依然很大，通过数字化技术对公益性服务业的相关救助对象、基础设施等信息数据进行收集、筛选、匹配、存取，进而对传统公益性服务业进行深层次分析研究，加速现代化公益服务资源的发展。以养老服务为例，世界范围内91个国家进入了人口老龄化时期，其中日本、意大利、德国和法国已经进入超老龄化时期，但是养老服务供给并不能跟上老年人口的快速膨胀。利用服务业数字资源可以高效收集、分类和应用老年人口相关数据，针对不同区域老年人口数据制订不同的养老服务方案，从而有效克服养老资源不足、养老服务水平低等问题。

最后，利用数字资源拓展体育服务业的价值维度。其一，服务业数字资源激发体育业出现新模式新业态。服务业数字资源能够打通体育业与商业之间的屏障，将智能技术与体育业高度融合，不仅能够细分整个体育行业，而且能够重构体育业务体系和创新商业发展模式，从不同角度促进多行业、多业态融合发展。其二，数字资源促进体育服务业数字化转型，利用算法、统计等方法可以收集运动员比赛、训练等数据资料，利用云空间对运动员比赛动作进行高级化定制，从而有效突破物理环境对运动员技能进行高质量指导。在以不同运动员数据为集成的数字资源基础上，形成体育企业之间广泛的互联互通和协作互助，实现多主体共赢局面，减少行业壁垒，创造跨界融合发展的新机遇。

2.3.4.2 服务业数字资源利用的效果

服务业数字资源作为现代服务业发展的核心基础性资源，凭借其广覆盖、高质量的信息数据催生出更多新型服务业态和模式，有效促进传统服务业向智能化现代服务业方向发展。本部分从数字资源促进现代服务业创新升级、多业态融合发展、效率提升这三个方面展开分析。

数字资源促进现代服务业创新升级。首先，数字资源有效促进服务业线上、线下同步发展，激发现代服务业潜在价值，创造最大化商业价值。数字资源在智慧化服务、定制服务、绿色服务、共享服务和体验服务等不同业态联合发展过程中渗透率不断提升。其次，数字资源促进传统服务业向现代服务业转型升级。基于数字化技术，不同模式服务业全供应链生产、经营和管理信息都能得到充分整合、处理和优化，以不断催生更多商业服务新模式、新业态，在满足消费者多样化需求的同时，促进现代服务业高质量发展。

数字资源推动现代服务业多业态融合发展。首先，数字资源能够整合服务业供应链资源，促进各节点企业一体化发展。微观来看，服务业供应链下游可以利用数字技术将本环节相关数字资源高效、便捷地传输到中上游节点，为该节点创新研发提供数据支持。有效实现从需求挖掘、产品创造、研发创新、信息反馈与产品升级到实现需求的整体产业链闭环运营管理，营造"互联网+服务业"的数字化生态环境。其次，数字资源能够推动服务业与其相关产业跨界融合发展，提高服务行业在整个经济社会发展中的地位和影响力。最后，数字资源能够促进服务企业以及各相关企业之间的有效资源共享、合理分配，共建服务产业生态系统。消费者个性化、多样化需求促进服务企业积极利用数字化技术，拓展企业经营范围，积极应对市场个性化需求。在该生态系统中，多方合作模式能够积极响应用户需求，改善消费者体验感和保证消费者忠诚度。通过将数字资源应用到拉式供应链①中，能够倒逼供给侧服务创新发展，加速服务业和制造业融合高质量发展，实现虚实资源的最大化应用。

数字资源驱动现代服务业效率提升。首先，数字资源为相关服务企业管理者对不同模块进行分工和合作提供专业化指导，打造规模经济优势。比如，生产性服务业基于数字资源采用数字营销模式扩大消费者市场规模。公共服务业基于海量数字资源，利用互联网平台有效融合线上线下销售渠道，实现大规模订单带动公共服务业发展新趋势。生活性服务业利用跨境电商创造了数字贸易新形式，由此服务业产业链不断延长。其次，数字资源助力互联网共享经济发展，为服务行业间资源共享提供数据支持。通过数字化技术将线下闲置资源进行虚拟资源转化并共享，实现资源的高效应用和消除信息不对称壁垒，有效调节服务业全行业要素的供需平衡，提升服务业资源配置和使用效率。

---

① 拉式供应链是指信息流从产品链的下游向上游流动，行业内的库存备货动力由产业链的下游推动。

3
数字资源的市场分析

3.1 数字资源的需求分析

3.1.1 个人对数字资源的需求分析

3.1.1.1 个人生活对数字资源的需求

随着数字经济时代的到来，人们生活的各个方面都被数字资源潜移默化地改变着，这也反映了人们对数字资源的需求不断增强。从最基础的四个方面来说，就是"衣""食""住""行"。

在"衣"方面，数字资源可以满足人们对穿衣打扮的个性化消费需求。随着人们的经济条件和生活水平不断提高，对穿衣打扮不会一味跟随潮流而会产生独特的个性化需求，数字资源能够帮助人们实现这个愿望。例如利用3D 与 VR 技术，消费者通过上网"身临其境"地挑选各式各样的衣服，并依靠虚拟现实技术，使消费者站在电脑或手机屏幕前就可看到试穿新衣后的三维效果图像，实现真人 3D 虚拟试衣体验。消费者再也不用担心模特身上的衣服穿在自己身上不好看。数字资源和数字技术使消费者尽情试穿试戴网上相中的衣服、皮包、首饰、手表、帽子等服饰，满足了消费者足不出户挑选服饰、虚拟试穿的需求，有效破解了传统网购服饰时不能试穿的尴尬窘境。而服装生产企业在量体方面则运用人工智能技术，结合用户线上下单的场景完成对用户身体 3D 数据的采集，再将采集到的用户身体数据反馈给制衣工厂，最后"计算"出用户合身的衣服，就能实现服装的智能定制，满足用户的个性化需求。

在"食"方面，人们不再只满足于填饱肚子，而对食物的营养和健康有着更高层次的追求。从食物的生产、加工、运输、供应到餐桌，人们希望通过数字资源对其进行信息化、智能化全程"监控"。比如，给养鸡场生产的每个鸡蛋赋予一个特定的二维码，人们通过扫描这个二维码就能知道这个鸡蛋是哪里的鸡在何时产下的蛋。如果鸡蛋出现了质量安全问题，扫描这个二维码就能帮助食品监管部门追溯鸡蛋的来源，掌握鸡蛋产供销链条的各个节点，发现质量安全问题的根源，寻找相关责任人。与此同时，人们还可以利用各种智能穿戴设备收集和监测心率、睡眠、血压、血氧、血糖等身体健康数据，随时随地科学、全面地了解和评估自身健康状态，从而定制个性化菜单，让自己吃得更加健康和富有营养。

在"住"方面，人们可以利用数字资源实现智能家居，让居家生活变得更加智能、便捷、舒适、安全、环保和节能，提高生活质量。利用互联网、物联网、人工智能等技术，人们将各种家用电器连接到一起，通过手机、互联网、触摸屏、手持遥控器等就能对其进行远程控制，实现远程家电控制、照明控制、窗帘控制、暖通控制、防盗报警、环境监测等多种功能。而且智能家居内的各种设备相互间可以通信，不需要用户指挥也能根据不同的状态互动运行。比如，当环境监测类智能家居产品感应到室内外温度、$PM_{2.5}$ 等环境指标的变化后，就会联动空气净化器、新风系统等相关设备调节室内环境，使家庭环境舒适、安全又健康。智能家居还能满足人们健康检测、养老监护和娱乐健身的需求。比如最近在健身圈兴起的"云健身"。过去人们进行专业的健身训练，需要去线下健身房或者线上咨询专业的健身教练。而现在的"云健身"让人们只需要待在家中通过智能健身镜，跟着镜子中虚拟的 AI 教练就能同步进行健身训练。通过智能摄像头结合深度算法，AI 教练能实时收集用户的健身动作和运动情况，捕捉和比对模特教练的动作和用户的动作，利用视觉识别的人工智能技术准确识别动作的完成度和标准度，并及时通过字幕、语音来提醒用户当前动作的完美程度，指导用户纠正动作或姿势，或为每个用户定制属于个人的健身方案，让健身更加科学专业。AI 教练还会播放音乐、进行口头鼓励，让人们在运动时更投入、更有激情。

在"行"方面，随着现代社会出行方式的多样化，人们对于数字资源的需求更是随处可见。举一个简单的例子，在数字化生活没有到来之前，如果我们要去一个完全陌生的城市，需先查询各类纸质地图来制定适合自己的出行路线，在行进过程中还有可能因错过某个指示牌或高速出口站而需要重新规划路线，整个过程耗时费力。但在数字化时代的今天，无论身在何处，只需要一部智能手机，打开导航 App 并输入目的地，步行、公交、自驾等各种交通工具下的多条备选路线便迅速呈现在我们面前，并且能在行进过程中用语音实时导航，提示前方路况信息，大大降低了走错路或迷路的风险，提升了人们的出行体验。

3.1.1.2 个人学习对数字资源的需求

数字经济时代，以数据为载体的学习资源与传统学习资源相比具有超文本、资源共享、多媒体化、实时交互等优势，其产生、流动和消亡的速度也变得越来越快。数字资源的数量指数级增长，给个人的学习带来了前所未有的挑战。身处数字经济时代，个人要想提升学习效果和学习效率就必须更加充分合理地利用数字资源。

随着数字时代的到来，越来越多停留在线下、纸质版、受时空限制的"封闭式学习资源"正在打破时空限制转变为数字资源形式，成为随时随地可以获取的"开放式学习资源"。纸质学习资源盛行的时代，人们获取纸质资源进行学习的方式不是买就是借。数字化时代的到来，让更多的实体书店拥抱互联网，从而诞生了很多网上书店，让更多的书籍从线下走进线上。网上书店将图书搜索、收藏、评价、购买、在线支付、物流快递等功能整合起来，让消费者从选书到买书这一过程变得更加快捷精准，做到足不出户就可以买到自己想要的书。图书馆运用网络技术让读者通过计算机检索或联网检索就可以快速查找到自己想要借阅的书籍以及库存量，并利用射频识别手段实现自动化的图书条码识别与处理，让读者自助借阅和归还，有效简化了过去手工找书、借书、还书的烦琐流程，提高了整个借阅过程的效率。期刊的出版发行与网络技术相融合诞生了新的订阅方式，即读者按年订购期刊数据库的访问权限。不管读者在什么地方，只要能够上网并拥有某期刊数据库的访问权限，就可以检索、阅读和下载期刊文献。现在有很多报纸同步发行纸质版和电子版，读者通过上网就能免费阅读报纸的电子版。

数字经济时代让个人学习的资源从"纸质资源"拓展到"数字资源"。这些学习类数字资源来源丰富，种类繁多。既包括由出版商、数据库商和其他商业机构以营利为目的，运用商业化方式发行和提供的商业化数字资源，比如清华同方的中国知网（CNKI）、北大方正电子图书数据库、超星读秀学术搜索数据库、万方数据库、微信读书等阅读类 App 中的付费图书，也包括由个人和图书馆等机构不以营利为目的而自建的网络数字资源，比如基于传统的介质储存和传播的杂志书籍的数字化，与纸质版报纸同步发行、供网络用户免费阅读的电子版报纸，以及网络上用于传播观点、普及知识、免费获取的文字、音频、视频等数字资源。而且越来越多的人喜欢利用数字资源进行学习。中国新闻出版研究院 2022 年发布的第十九次全国国民阅读调查结果显示，与 2020 年相比，2021 年中国成年人通过各种媒介进行阅读的综合阅读率呈稳定增长态势，其中数字化阅读方式接触率和纸质图书阅读率的增加幅度相同。从数字化阅读的成年人群体分布来看，中青年（18 ~ 59 周岁）选择数字化阅读的比例超过九成，而老年人仅有不足一成的人会接触数字化阅读方式，中青年群体成为数字化阅读的主力。在数字化阅读方式和阅读工具的选择上，大多数成年人更加青睐手机，接触手机进行数字化阅读的平均时间也最长。2021 年，中国成年人每日接触手机的人均时长达到101.12 分钟，同比增加 0.38%；接触互联网的人均时长达到 68.42 分钟，同比增加 0.88%。在这其中，超过半数人更加倾向于数字化阅读，倾向于手机阅读的读者比例也明显上升。

数字经济时代，越来越多的人倾向于选择数字化学习，即利用网络在线进行学习，获取数字形式的学习资源。与传统的学习方式相比，数字化学习方式具有以下鲜明的特点：①以学生为中心，通过个性化定制满足特定个体的需要，实现因材施教。②师生、生生之间通过实时交互进行交流分享与协作探究。③学习可以随时随地、不受时空限制。在数字化学习中，学生不仅更易接触到丰富优质的学习资源，还能个性化选择学习时间，量身定制合适的学习计划。

3.1.1.3　个人工作对数字资源的需求

数字经济时代的重要特征是以人工智能、数字技术为核心，以移动互联网、信息技术和大数据等技术手段为基础，重构人和人之间、组织与人之间、人和机器之间的关系，其本质就是信息化。信息化是由计算机与互联网等引起的工业经济向信息经济转变的过程，这种转变给个人工作带来了新的机遇和挑战。为了更好地应对这些机遇和挑战，需要个人充分理解和熟练运用数字资源。

个人需要数字资源提升自己的数字化工作能力以适应工作岗位的变化。回顾历史，那些没有接受过高水平教育的技能型劳动者，因无法适应不断变化的现代化技术需求而很容易被市场淘汰。在数字经济时代，则是那些从事低复杂性、高重复性工作的劳动者很容易被淘汰，取而代之的是更加信息化、自动化、智能化的机器设备。大部分被替代的劳动力会转移到需要与数字资源打交道的灵活性、技能性和创造性较高的非程序性活动的工作岗位。这些工作岗位对劳动者的数字技能有一定的要求。与此同时，与数字经济的发展高度相关的无人机驾驶等新业态和直播带货等新岗位的涌现，对从业人员的数字技能也提出了相应要求。而且，数字经济让经济全球化程度不断加深，面临国内外激烈市场竞争的企业急需能够熟练运用数字技术对全球资源进行有效整合的高级人才。因此，处于数字经济时代的劳动者必须不断学习和掌握新的知识技能，尤其是从各种数字资源中获取有价值的信息的数字技能，提升运用数据信息来解决复杂问题的数字化工作能力，转变为数字型人才，才能胜任工作岗位对劳动者数字技能的要求，使自己与工作岗位的匹配度得到保持和提升。

个人需要数字资源提升办公效率。在数字经济时代，数字化办公是一种常态。数字化办公就是工作者使用计算机，通过信息的计算存储、传输及交互等技术手段把需要处理的办公内容数字化。这样既能通过网络技术摆脱物理空间的束缚，共享企业经营活动中不可缺少的一些信息，如财务数据、生产数据等断联的数据，还能把各种碎片化的企业沟通和协作整合到一起。其最终目的是在压缩办公成本的同时，大幅提升个人的办公效率。

3.1.2　企业对数字资源的需求分析

3.1.2.1　企业产品生产对数字资源的需求

企业需要依托数字资源进行数字化生产，实现降本增效。世界经济论坛发布的《第四次工业革命对供应链的影响》白皮书指出，八成左右的企业认为，如果不考虑金融的影响，数字化转型会对企业产生积极的影响。通过数字化转型，制造企业、物流企业和零售企业的成本将分别降低 17.6%、34.2% 和 7.8%，营收将分别增加 22.6%、33.6% 和 33.3%。另外，数字技术的应用可以帮助企业提高生产效率。数字化知识和信息具有的低成本复制、可共享、重复使用等特点，使其边际效益递增，也就是对数字化知识和信息的改进和使用越多，其创造的价值越大。互联网集中了大量的计算服务、信息服务和相关资源，通过广泛应用能产生巨大的经济价值。中小企业通过基于互联网的共享服务云平台能享受到先进的信息技术应用和服务，提高企业的生产能力和产品的品质性能。对于提供共享资源的大型企业而言，则使其资源得到充分使用，提高资产利用率。

对于处于数字经济时代的企业来说，生产过程中产生的数字资源就属于第一手资料。企业需要根据这些数字资源指导生产。比如，企业必须清楚每条生产线具体、详细的产能数据，才能在接单的时候了解月度负荷，初步安排设备和人员的排班计划，并且在接下来的生产过程中，制订精细的排产计划。否则，连一条产线每个班能生产多少产品都不知道，如何实现精细排产呢？智能硬件和万物互联让数字资源空前丰富。企业产品的使用者几乎每项活动都会产生数字痕迹，企业可以利用大数据、人工智能等技术从中提取越来越多有价值的信息用于指导生产。特斯拉在 2021 年上半年只卖出 4.7 万辆车，其市值却比卖出 470 万辆车的通用汽车还高，很大原因就是特斯拉可以从其自动驾驶汽车那里收集大量数据，用于改进自动驾驶技术。

企业需要数字资源实现数字化制造。数字化制造可以帮助企业提高设计规划和生产制造两方面的能力，从而使得整个企业的产品生产具备以下优势：第一，对产品生产采用一致的规划设计方法，使产品、流程和资源信息在整个变更过程中实现相互关联，并随时可查阅和处理。第二，可在一个受控的环境中优化产品零件生产流程。除了机器加工和工装指令外，还可以灵活地生成能够显示三维零件信息的工作指令。第三，数字化制造的仿真功能可以对机械手和自动化程序进行仿真检验，从而有助于企业降低调试成本。第四，利用数字化制造，企业可以更快地创建工厂模型，并确保它们在最佳的布局、物料流程以及生产量条件下运行。第五，通过数字化制造，可以实时利用产品生命周期数据来完成生产流程。

3.1.2.2　企业产品销售对数字资源的需求

数字经济时代，伴随着大数据、云计算等新兴技术的发展，企业获取的用户层面信息越来越多。市场营销理论的产生与发展历程显示，市场营销观念和方式的改变与生产力的发展同步进行。数字经济时代信息技术的高速发展也必将带来企业产品营销观念和营销方式的革新。在产品营销方面，除了采用传统的直营、分销商（经销商）和代理商等模式，企业更倾向于借助数字资源进行数字营销，实现对用户的精准营销。数字营销是使用数字传播渠道来推广产品和服务的实践活动，以一种及时、相关、定制化和节省成本的方式与消费者进行沟通的营销方式。数字营销的兴起，让更多企业对于数字资源的需求更加明显。

①企业需要数字资源进行数字营销来更好地适应个性化的市场。受限于业务的空间范围和触达能力，企业过去面对的往往是有形、狭窄、封闭的小市场。数字经济时代，新一代信息技术让企业有效拓展业务范围和业务触达能力，让企业面对虚拟、广阔、开放的大市场。市场中客户的需求日益个性化使得企业的目标市场变得更加多元。企业要想在激烈的环境中立足市场，

往往需要实现深度营销。深度营销需要企业从海量的数字资源中提取相关信息，有效分析市场和选择企业的目标市场，科学制定产品的市场营销战略和策略，进一步满足消费者的个性化需求和迎接更为广阔的市场，从而为企业创造更多的商业机会。

②企业需要数字资源进行数字营销来降低企业进入全球市场的壁垒。成本高和渠道窄往往是中小企业进入一个新市场时面临的主要壁垒和障碍。但在数字经济时代，多元而又便捷的信息获取方式让企业能够轻松获取更多的数字资源，从而使不同企业使用数字营销的技术和策略进入同一目标市场时面临较低的成本，拥有相同的渠道，这使中小企业拥有了与大企业抗衡的机会和能力，为中小企业带来了新的发展机遇。

③企业需要数字资源进行数字营销来顺应新的消费者导向和营销战略的要求。新的消费者导向要求企业将市场营销管理上的 4P（产品、价格、地点、促销）与 4C（顾客、成本、方便、沟通）充分、有机融合。而基于数字资源的数字营销正好契合 4C 理论的要求，即顾客主导、成本低廉、使用方便和充分沟通。同时，在通信技术和网络技术的加持下，4E（电子沟通、电子调研、电子促进、电子贸易）战略逐渐成为企业市场营销战略发展的新方向。4E 战略建立在数字化信息沟通的基础之上，把运用电子化手段获取有效的市场信息作为主要内容，用电子方式作为传统营销手段的重要补充和发展，将贸易的网络化确立为最高阶段。从中可以看出，离开了数字资源企业就无法实现 4E 营销战略。

不可否认，数字经济时代利用数字资源可以给企业的产品营销带来崭新的变化，改变企业的营销视角。但数字营销也存在一些问题：第一，前期需要企业进行大量的投资以建立和维护顾客数据库；第二，有些员工可能会抵制以顾客为导向的做法，不愿意使用所获得的信息；第三，考虑到信息泄露的风险，有些顾客并不愿意企业获取自己太多的信息，所以并非所有顾客都愿意与企业建立联系。

3.1.2.3　企业研发对数字资源的需求

数字经济时代，人们获取信息的速度变快，人们需求变化的速度也随之加快。这促使企业必须更快地响应市场需求，针对市场需要进行快速的产品创新或是对自身产品进行及时的更新换代。但是对于一家企业而言，新产品、新技术的研发往往受到资金、人才等诸多因素的影响，因而研发活动面临很大的不确定性，这就要求研发决策要有充分、可靠的信息支持。在这样的背景下，企业越发需要和依赖数字资源。

①企业需要利用数字资源指导研发计划的制订。首先，数据收集。利用社交平台、公司网站等收集来自市场的大数据，了解市场对于该产品的需求程度和认可程度，最好是直接接触客户，以掌握客户的真正需求点。其次，数据处理。对收集到的海量市场需求数据进行清洗、转化、提取和计算，找出真正对研发有用的数据。再次，共享知识和经验。激励员工分享并交流自己的研发知识和经验，提高研发数据的利用率。最后，形成研发计划。对数据进行分析和可视化呈现，并建立模型实施预测，完成新产品、新技术的研发计划。

②企业需要数字资源实现对研发活动的控制。一方面，利用数字资源进行成本管理。收集研发过程中人力、材料、机械设备、技术和资金等资源的消耗数据，及时追踪研发活动的成本耗费，并与预算进行比对，针对差异分析原因、发现问题，进而对研发活动或预算予以及时调整。另一方面，利用数字资源加强风险管理。在企业研发过程中，将会面临各种风险因素，如市场风险、技术风险、资金风险、组织风险等。一旦出现风险，必将给研发工作带来不利影响，阻碍企业研发目标和利润目标的实现。所以，在研发风险管理过程中必须充分利用数字资源，科学识别、估计、评价风险，并采取相应的风险防范对策，从而化解风险或将风险的损失降到最小。

③企业需要利用数字资源连接研发各个环节，以保证研发活动的顺利进行。企业在研发的过程中离不开多个部门的共同参与和协调配合，这就需要企业充分掌握研发过程中的各项数字资源，借助对数字资源的分析对各个部门的工作和人员进行合理安排，将研发指令、任务以及要求及时、准确地传递给相关部门和员工，同时及时收集各个部门和员工在研发过程中反馈的问

题和情况等信息，实现企业研发活动相关部门和人员之间纵向以及横向的联系与协调，确保研发活动顺利开展。

3.1.3 政府对数字资源的需求分析

3.1.3.1 政府民生服务对数字资源的需求

对于人民群众来说，民生问题是最现实、最直接、最关心的利益问题。保民生有助于保增长、保稳定、促和谐。所以，民生服务是政府的主要工作内容。数字经济时代，数字资源对促进政府为人民群众提供精细化、创新性、高质量的民生服务发挥着重要作用。

①政府需要通过数字资源精准获取群众需求，提升民生服务的群众满意度。在一些地方，虽然简政放权、便民服务等举措不断，但"办事难、出行难、看病难"等问题仍不同程度地存在。这其中主要的原因就是当地政府的民生服务碎片化，部门资源条块分割缺乏统筹，民生服务资源配置不合理，民生服务缺乏个性化等。要想解决这些问题，就需要当地政府大量收集、处理、分析相关数据，理解当下的群众需求，合理配置行政资源，优化民生服务的内容和流程，提供精细化、创新性、高质量的民生服务，从而提升群众对于政府民生服务的满意度。

②政府需要数字资源推动民生服务数字化，让百姓在民生服务中感受科技革新和数字化带来的便捷服务。比如，在过去，医保参保人员买药看病需要携带医保卡，而现在国家推行医保电子凭证之后就不再需要携带医保卡，只需要手机里的电子医保码就可以了。医保参保人通过下载国家医保 App，或者通过支付宝、微信等经国家医保局认证授权的第三方渠道就可以将电子医保码激活使用。而且，只要一部智能手机就能实现医保账户查询、医保业务办理、医保看病就诊和买药支付等各种功能，大大提高了人民群众看病的效率。类似婚姻登记、户籍业务等需要跨地区办理的业务，以前人们需要专门回到户籍所在地，来回奔波。而如今，一些地方政府部门利用数字化技术实现了很多政务服务的跨省通办，极大地便利了人民群众。如从 2021 年 6 月 1 日开始，辽宁、山东、广东、重庆、四川就开始实施结婚登记和离婚登

记"跨省通办"试点。

③政府需要数字资源提升公共文化服务水平。作为提升民生服务质量的重要一环，公共文化服务数字化的目的在于满足人民群众的精神生活需求。根据 2022 年发布的第 49 次《中国互联网络发展状况统计报告》，截至 2021 年底，中国的网民人数为 10.32 亿人，占全部人口的 73%，且呈逐年上升的趋势。不断增长的中国网民数量、持续创新的互联网模式以及各种服务线下和线上的加快融合，让数字化成为公共文化服务建设的必然选择。而要完成这一建设，数字资源不可或缺。通过对数字资源的有效利用，政府在提供公共文化服务时能精准掌握资源的分布情况、群众的喜好和潜在需求，从而更有针对性地开发新的资源和服务。比如，在建设图书馆时，利用相关数字资源就可以知道哪些书最受群众欢迎，从而制订相应的图书采购计划，防止书不对路、借阅需求得不到满足等情况发生。

3.1.3.2 政府社会治理对数字资源的需求

社会治理是指政府、企事业单位、社会组织和个人等不同的社会主体利用平等的对话、合作、协商、沟通等方式，依法引导和规范社会主体、社会生活和社会事务，最终实现公共利益最大化的过程。数字经济时代，政府传统的社会治理方式已经不能够满足当下的社会需求。为了更好地顺应数字化时代发展的需要，政府必须利用数字资源实现数字化社会治理。所谓数字化社会治理，就是建立一个集约化、一体化、网络化的综合型数据平台，通过该平台实现数据跨区域、跨业务、跨层级、跨系统的互联互通，以达到社会服务和社会治理体系数字化的目标。

①政府需要数字资源推进"智慧法治"，提升社会治理的法治化水平。法治化水平是衡量社会治理现代化程度的一个重要标志。云计算、大数据、人工智能等数字技术的广泛运用，为新时代社会治理模式创新提供有力的技术支撑，助力我们的社会进入"智慧法治"时代。通过对法治领域各类数据、信息和网络平台的优化整合，建设一个覆盖全地域、全天候、全业务的公共法律服务网络平台，推进网上立案、在线开庭、电子送达等智慧法院的应用，将促进社会治理法治化水平的提升。

②政府需要数字资源提升社会治理的科学化水平。依靠数据说话、依靠数据决策，可以更好地帮助政府提高管理的科学化水平，避免拍脑袋做决策的现象。数字经济时代，随着数字化技术下沉于社会的方方面面，以及政府通过建设远程医疗、教育、就业、养老、抚幼、文体、助残等公共服务平台构建的城市数据资源体系，与社会治理息息相关的数据资源呈指数级增长。这些海量数据资源客观反映了当下社会发展的现实需要和人民群众的普遍需求。在用户数据安全和隐私得到有效保护的基础上，对这些数据进行收集、整合和剖析，能帮助政府相关部门及时全面地了解真实的社情民意和老百姓的"急、难、愁、盼"，进而据此做出相应的社会治理决策，提升社会治理决策流程的科学化水平，制定合理有效的社会治理政策和措施，为人民群众提供更为精准、优质和满意的民生服务。政府还能通过对这些数据的整理、分析和研判，从中发现规律、预测趋势、识别风险，增强对社会需求、自然灾害、公共卫生安全事件等的预测能力、前瞻性和预见性，进而及时制定和实施防范预案与措施，使社会治理的科学化水平得到进一步提高。

③政府需要数字资源提升社会治理的效率。一方面，数字资源通过实现政务服务的智能化来提升政府的社会治理效率。数字经济时代，政府通过构建城市信息的运行管理服务平台，或者联合企业开发服务民生的小程序和软件，推进数字化政府服务的普惠应用，实现社情民意的表达电子化、政务服务的供给掌上化，让企业、个人等各类社会主体只跑一次甚至不用跑就能把事情办好，实现智能随身、高效便捷的数字化社会治理。另一方面，数字资源通过提高各部门间的协作能力来提升政府的工作效率。许多政府工作和决策需要横向或纵向跨越多个政府部门共同协作完成。数字经济时代，通过建立跨地区、跨层级、跨部门的政务云平台节点和数据中心，建成政务信息资源共享交换目录，明确政府部门间共享协同的责任和义务，从而让不同部门之间的业务系统更好地互联互通，不同组织部门之间的信息资源更好地融合共享，确保组织体系运转顺畅，沟通协调无缝衔接，协作配合更加密切，工作流程更加简化，审批速度加快，从而提升政府部门的工作效率，让"整体政府"的效果更加明显。

3.1.3.3 政府组织建设对数字资源的需求

"数字政府"这一概念在 20 世纪末首次提出后，不仅在学术界的研究逐渐兴盛，也成为发达国家推动政府转型的重要实践。英国、美国、德国、日本、韩国、新加坡等国家均制定了国家层面的数字政府战略，以技术治理和数据赋能加快政府数字化转型步伐。数字经济时代，大数据、云计算、人工智能等数字技术的广泛应用，不仅加快了社会的高效发展，也在潜移默化地改变着人们的生活方式和生产方式，为其带来便捷。而政府的重要职能就是维持社会的良性发展和民生服务，为了应对数字经济带来的种种变化，政府也亟待数字化转型，建设更加高效的组织体系，进而对数字资源产生很大的需求。

政府组织建设需要数字资源推进组织部门的工作协同，提升政府的工作效能。数字经济时代，利用信息技术、大数据、云平台等新兴技术对数字资源的整合利用，让不同组织部门的工作信息更加透明互通，建立统一的管理机制，明确统一领导和工作分工。对于以往需要跨部门协调的烦琐工作，通过数字资源的整合，可以更好地做到统一管理，避免政出多门、多头管理的情况。这就使得不同部门之间业务系统可以更好地互联互通，降低不同部门之间的工作沟通成本，有效提升工作效率。

政府组织建设需要数字资源完善自身管理体系，推进政府组织的扁平化改革。近年来，以扁平化管理为主要特征的政府管理体制改革日益受到瞩目，例如省管县体制改革、市管镇体制改革以及撤销街道办的改革，这些改革的主要内容是压缩管理层级，减少管理环节，构建科学、高效、灵活的管理体制。组织结构扁平化是通过减少行政管理层次，裁减冗余人员，从而建立一种紧凑、干练的扁平化组织结构。扁平化组织的优势是：行政管理幅度拓展，行政层次减少，组织成员积极性提高，促进资源整合；层次减少、冗员减少，使得管理成本降低，行政效率提高；组织内部信息通道缩短，信息磨损减少，信息更加畅通。政府组织的扁平化改革是大势所趋，如何扬长避短，数字资源的有效整合和充分利用在其中发挥关键的作用。

3.2　数字资源的价格分析

3.2.1　数字资源价格的特点

3.2.1.1　数字资源价格具有不确定性

不确定性指的是某个事件或某种决策的结果事先无法准确判定的情况。也就是说，只要某种事件或决策不止有一种可能结果，它就具有不确定性。那么，为什么说数字资源的价格具有不确定性？

首先，对数字资源容易实行价格歧视。价格歧视就是指同一消费者或不同消费者对相同的商品支付了不同的价格。在交易行为中，价格歧视可以针对单个的消费者，也可以同时针对多个消费者，这就使企业可以通过差别化价格来获得超额利润。举一个简单的例子——大数据杀熟。具有数据优势的企业会通过对用户进行"精准画像"，确定不同的用户所要支付的不同价格，造成同一件商品对不同的客户有着不同的价格。比如美团外卖的会员与非会员，即使在同一外卖商家点餐并处于相同的送餐地点，但会员的配送费会高于非会员。

其次，数字资源的供需双方存在较强的信息不对称。在市场经济活动中，交易各方拥有的信息往往是不同的。掌握信息比较充分的人员，往往处于比较有利的地位，而信息贫乏的人员，则处于不利的地位。数字经济时代，数据大多是由个体所产生的，他们在使用数据的同时也产生数据，但大多数人并不具备数据的收集能力和了解能力，这就使得有能力收集数据的一方在数据交易时掌握了更多的数据信息，处于有利地位，自然就具备了更高的议价能力。数字资源的交易价格常常随着买卖双方信息不对称程度的变化而变化，因而具有不确定性。

再次，数字资源具有时效性。数字资源的时效性导致其价值在不同的时间节点会发生很大的变化。因此，很难在某个特定的时间节点对其进行合理、规范的定价。而传统数据产品多是对数据进行简单的记录、存储以及信息筛选和提炼，所以它们对时效性的要求往往不高。但随着数字经济时代的到来，更多应用场景的数据分析从线下转到了实时在线。这就使得数据只有在特定的时间才具备更大的价值，如果没有及时让该类数据得到有效利用，那么该数据就有可能丧失其价值。

最后，统一、规范的数字资源交易平台和规则尚未形成。现阶段数字资源缺乏交易的平台，导致数字资源的价格很难实现统一评估、管理和交易。以往数字资源的使用大多数是机构、企业或者政府内部的自主调用，很少会涉及数字资源的市场化交易，所以关于数字资源或数据产品的标准化定价问题很少被提及。但数字经济时代的到来，让大数据应用得到了前所未有的发展。各个企业、机构和政府已经不再满足于自己内部所产生和收集到的信息，希望能够从外界获得更多高质量的数据产品，以使自身在数字经济时代迸发出新的生机和活力。但由于缺乏统一、规范的数字资源交易平台和规则，数字资源难以实现标准化和大规模的交易，也就失去了规范、合理定价的基础，其价格自然也就存在很大的不确定性。

3.2.1.2 数字资源价格不能由其价值量来决定

商品的价值量是指商品价值用货币计量的数量。马克思主义经济学理论告诉我们，社会必要劳动时间决定了商品的价值量，在劳动价值量相等的前提之下，商品价值量和社会必要劳动时间成正比，商品的价格以其价值量为基础。而西方经济学将商品的价格与价值量看成一回事，认为商品价格就是商品的价值量，是由需求和供给共同决定的。那么，数字资源的价格是否无法按照价值量的大小来决定？

一方面，数字资源的价格并不能简单以生产数字资源商品所消耗的社会必要劳动时间来衡量。数字经济时代，新兴科技持续高速发展，让社会生产率得到了很大程度的提高，相应的结果就是，生产某种数字资源商品的社会必要劳动时间变少，由社会必要劳动时间决定的价值量也随之变小了，但其实际使用价值却可能很大。例如，随着网络信息技术不断高速发展，省去了印刷、包装、配送和邮寄等社会劳动环节的电子读物，相比传统的纸质读物虽然投入的社会必要劳动时间减少了，价格也往往较低，但普及和使用范围却更广，所以其实际使用价值很大。因此，数字资源的价格并不能简单以生产单位数字资源商品的社会劳动量核算，需要更多地参考对需求方产生的实际价值。这就说明，可能存在数字资源耗费的社会生产劳动量并不高，但却拥有高价值的情况。

另一方面，数字资源商品生产过程中的劳动量往往难以被量化。前文提到，商品的价值量在很大程度上取决于生产该商品所耗费的社会劳动量，当数字资源耗费的社会劳动量很难被量化时，那么数字资源的价格自然而然就很难根据它的价值量来体现。传统商品的生产往往是一种标准化、重复性的过程，其价值由生产该商品的社会必要劳动时间所决定。数字经济时代，无论是数字资源的收集还是生产，生产者显然需要投入大量的物化劳动和活劳动。虽然数字资源商品的生产和传统的物质商品具有一定的共性，但其也具有复杂性和无规则性，例如知识型数字资源，其生产过程需要更为复杂的脑力劳动过程，而脑力劳动过程所耗费的劳动量难以被准确量化，这使得生产数字资源的劳动量也很难被量化，从而不能根据劳动量进行定价。与此同时，数字资源的产量也具有很大的不确定性，这就使得数字资源在定价时无法计算单位产品的价值量。对于无法计算单位产品价值量的数字资源，强行用统一的价格出售，显然是不合理的。

3.2.2 数字资源价格的影响因素

3.2.2.1 供求关系对数字资源价格的影响

数字经济是继农业经济、工业经济之后的主要经济形态，数字化运营、数字化生活和数字化治理正在成为人类社会的常态。数字资源作为数字经济的重要核心要素，同时作为一种可供交易的劳动商品，其价格受到多个因素的影响，其中之一便是数字资源供求关系的影响。

在了解供求关系如何影响数字资源的价格之前，我们先来了解一下什么是供求关系。供求关系是一定时期内社会提供的全部产品、劳务和社会需要之间的关系。这种关系包括数量的平衡性和质量的适应性，所以，从数量的角度，可以把供求关系理解为市场上商品供给量和购买量之间的数量关系。

所以，供求关系并不是直接决定价格的根本原因，它只是通过竞争机制调节商品供需之间的数量差异进而影响价格的波动程度。

需求是影响数字资源价格非常重要的一个因素。这里的需求是指在价格一定的情况下，消费者主观上愿意购买并且有能力购买的数字资源数量。如果用数学语言表达需求对数字资源价格的影响，那么需求数量是价格的函数（见图3-1）。图中D表示数字资源的需求曲线，曲线上的各点表示消费者愿意按某个价格购买数字资源的数量。从图中我们可以看到，随着价格的上升，数字资源的购买量减少，随着价格的下降，数字资源的购买量反而增加。图中D_1是指在价格相同的情况下，消费者愿意向市场购买更多数字资源的情况。

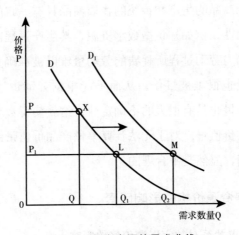

图3-1 数字资源的需求曲线

供给是影响数字资源价格的另一个重要因素。这里的供给指的是在价格一定的情况下，数字资源的厂商或者生产者主观上愿意提供并且有能力提供的数字资源数量。如果用数学语言表达供给对数字资源价格的影响，那么供给数量是价格的函数（见图3-2）。图中S表示数字资源的供给曲线，曲线上的各点表示生产者愿意在一定价格下为市场提供多少数字资源产品。从图中我们可以看到，数字资源供给数量与价格呈正相关。图中S_1是指在价格相同的情况下，生产者愿意向市场供给更多数字资源的情况。

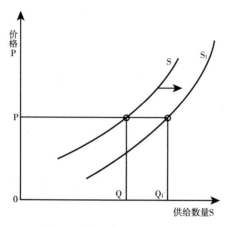

图3-2 数字资源的供给曲线

以上从数字资源商品的需求和供给两个维度阐述了供给关系对数字资源价格的影响，但供求关系对数字商品价格的影响其实是很有限的。因为数字资源商品的时效性很强，使其非常容易变得过时或作废，这与传统的物质商品有着较大的区别。因此，不能简单地从供求关系角度解释数字资源的价格影响因素。

3.2.2.2 时效性对数字资源价格的影响

数字资源的时效性是指同一数字资源在不同的时间具有很大的性质上的差异，我们将这个差异叫作数字资源的时效性，接下来我们将具体分析数字资源的时效性对数字资源价格的影响。

一方面，数据的发生和运用都是有提前期的。如果数据资源在传播的过程中失去了时效性，那么也就失去了价值。不同于普通商品，数字资源的时效性差异较大。普通商品，如一套家具的价格在短时间内不会发生多大的变化，但数字资源具有较强的时效性，处于某一时间段的数字资源往往能够带来更高的经济效益，那么其价格自然也就偏高。而不在这一时间段内的数字资源，则带来的经济效益较低，价格往往会大打折扣，甚至变得一文不值。例如，某企业需要上一季度的消费者数据来制订下一季度的销售计划，如果该数据在下一季度开始后才交给企业，那么该数据就失去了其原有的价值。

在这种情况下，数字资源的时效性对其价格的影响就十分明显，因为一旦错过了某个时间，数字资源的价值就可能减少或丧失，其价格就无从谈起。另一方面，数字资源时效性渐渐丧失的过程无法很好地被量化，这就让数字资源价格的制定面临许多困难。数字经济的发展时间并不算长，但数字资源就已经呈现爆发式增长。消费者对数字资源的时效性还很难做出正确的价值判断。另外，对于一些特殊的数字资源，其价值具有潜在性，在产生初期并不会显现出来。

综上所述，数字资源产品因具有时效性这一特点和在时效性缺失的过程中价值难以判断，其定价更加复杂、灵活和随意。

3.2.3 数字资源的定价策略

3.2.3.1 渗透定价策略

渗透定价策略就是企业在进入市场初期以较低的价格销售新产品，以实现薄利多销。这是一种生活中常见的定价方式。通过渗透定价策略，企业可以在前期吸引大量顾客并迅速打开市场和销路，短期内获得较高的市场占有率，为企业谋求长期稳定的利润奠定基础。我们所熟知的小米公司，其在前期的智能手机销售中使用的就是渗透定价策略，通过前期以低价出售高性价比的智能手机，为其在中低端市场赢得了较高的市场份额，大大提高了产品的市场竞争力。

对于数字资源前期的定价，渗透定价策略不失为一种不错的选择。一方面，数字资源不属于成熟产品，消费者对数字资源的生产者并不具备品牌的忠诚度。同时，很多消费者并没有使用数字资源这类商品的经历，很多潜在的消费者对数字资源具有较高的价格敏感度。利用渗透定价策略降低数字资源的销售价格，能够吸引更多的潜在消费者，提高数字资源的销售数量，为数字资源生产企业带来盈利。如果数字资源在前期定价过高，那么很可能会出现卖不出去的情况。毕竟，很少有人会因为好奇心而购买自己不熟悉的产品。因此，数字资源生产企业需要在前期以一个较低的价格销售数字资源，收获一批用户群体之后，才能更好地为以后"开疆拓土"。另一方面，通过渗透定价策略，数字资源可以更大概率地被市场所接受，在销售量得到扩大后，数字资源生产企业可以借助较高的销售量实现规模经济效应，有效地降低数字资源的单位生产成本。同时，低价也可以为数字资源企业在市场上建立一定的行业壁垒，浅薄的利润会阻碍竞争者的进入，大大提高自身产品的竞争力。

但数字资源的渗透定价策略也存在一些问题。首先，作为一种低价销售策略，其销售是低利润甚至是不盈利的，会给数字资源生产企业带来巨大的资金压力。其次，采用低价销售数字资源商品会在消费者心中留下低价低质的印象，影响数字资源生产企业塑造优质产品的形象，不利于企业进军更高端的市场。同时以低价吸引来的客户大多是对价格敏感的，如果企业后续想要提价实现更高的盈利，很可能会流失一部分客户。最后，如果对数字资源的定价过低，那么很可能会扰乱数字资源商品正常的市场秩序，导致数字资源生产企业之间相互压价、恶性竞争，大家希望通过更低的价格提高自己的市场占有率。

因此，在对数字资源使用渗透定价策略时，需要注意以下几点：首先，要结合自身和市场的实际情况，合理定价以保证产品质量和未来盈利；其次，要注意资金的控制和管理，保障正常的现金流；最后，要把握好定价的度，避免扰乱数字资源正常的市场秩序。

3.2.3.2 差别定价策略

差别定价策略是指同一个产品向不同的市场或不同的消费者索取不同价格的定价策略。数字资源经过差别定价之后，其产品种类虽然不会发生实质性的变化，但与同类产品又有所不同。比如一款软件，通过不断更新迭代产生了不同的版本。软件本身其实并没有发生多大的变化，但因为其版本变化了，也就提供了企业可以进行差别定价的机会。差别定价策略的目的就是使消费者按照其消费意愿，将自己归于不同的群体从而让消费者进行不同价格的消费行为。只要消费者对某一数字资源产品的价值判断有差异，那么这样的定价策略就是有利可图的。因此，对数字资源实行差别定价策略时，选择何种方式就显得尤为重要。

差别定价策略的主要方式有以下几种。

①按时效划分的定价方式。某些数字资源产品具有很强的时效性，比如股市行情、天气预报和市场利率等数字资源。这些数据只会在特定的时间段具有价值，而随着时间的推移，其价值很可能越来越低，甚至变得一文不值。对于这类产品，可以根据不同的时间制定不同的价格向不同的消费者进行销售。可以将这类信息产品及时地销售给那些愿意支付高价的消费者，而推迟销售给那些只愿意支付低价的消费者。

②按版本划分的定价方式。对可以进行更新迭代或功能拆分的数字资源产品，提供不同的版本，按照不同的版本收取不同的价格，让消费者根据自身需求支付不同的价格来获取适合自己的产品版本。比如，将某个办公软件具备所有功能的完整版本销售给那些愿意出高价的消费者，而把经过删减、只具备主要功能的简单版本销售给那些愿意出低价的消费者。

③按个性化需求划分的定价方式。基于顾客感知价格，对个性化定制的数字资源产品进行差别定价。顾客感知价格是指因自身偏好、知识结构、消费经验等多方面的差异导致不同的消费者对同一种产品的价格感知存在差异的现象。随着数字经济时代的到来，数字资源生产商比以往更能把握消费者的独特需求和消费偏好，并量身定制个性化的数字产品，所以能够针对消费者个性化需求进行差别定价。

3.2.3.3 捆绑定价策略和拆零定价策略

捆绑定价策略就是指将不同的产品组合在一起，通过制定统一的价格进行统一销售，以达到提高产品竞争力、提供价格折扣、集中消费等目的的定价策略。这种定价策略在过去常常出现在信息产品的销售中，比如微软把Windows 操作系统和 IE 浏览器捆绑在一起销售。对数字资源产品采取捆绑定价策略的优势在于，可以使数字资源的生产厂商获得比出售单个产品更多的利润。在单独对产品定价出售时，消费者会对不同的产品产生不同的边际消费倾向。对于消费者支付意愿低的产品，生产厂商只能以较低的价格进行销售。如果实行捆绑销售，特别是将竞争较充分的数字资源产品与垄断性较强的数字资源产品进行捆绑销售，生产厂商不仅可以获得更高的利润，而且可以提高竞争较充分的数字资源产品的市场占有率，进而获得规模效应。

拆零定价策略是与捆绑定价策略截然不同的定价方式，拆零定价是将销售标价的单位拆小、分解后进行定价。在拆零定价策略中，由于计价单位大小不同，顾客的心理感受也有所差异。大包装商品改为小包装商品，价格相应地拆零计算，其实价格是相同的，但顾客的感觉却不一样。前面提到捆绑定价的种种优势，那为什么还需要对数字资源产品进行拆零定价呢？这是消费者认知价值的差异性所导致的。例如，在现实购买场景中，有些消费者可能只需要使用微软的 Word 软件，而不需要使用微软的 Excel、Access、Outlook 和 Powerpoint 等其他软件。此时商家如果进行捆绑定价，消费者就不愿意为自己不需要使用的产品付费，从而降低了消费者的购买欲望，甚至会认为捆绑销售的产品估价过高而不会购买。

因此，生产商对数字资源产品是使用捆绑定价还是拆零定价的策略，需要考虑到消费者对该产品估价的差异和喜好程度进行合理选择。

3.2.3.4 固定费用定价策略

固定费用定价策略就是将数字资源产品按照固定的价格进行出售。固定价格是指数字资源产品的各个生产企业之间达成协议，同意严格按照协议上的价格销售产品，以避免各生产企业之间的价格竞争，达到有效维护自身利益的目的。对数字资源产品进行固定费用定价，就意味着消费者在支付固定费用后可以无限制地使用该产品。数字资源产品适合固定费用的定价策略，原因包括两个。第一，数字资源产品的成本结构使得固定费用定价策略更加可行。因为数字资源并不是一次性产品，它的成本结构决定了在一定条件下消费者的无限制使用并不会增加企业的成本。比如，对于付费的网站而言，在不发生网络"拥堵"的情况下，对网站进行浏览的用户数量并不会增加或者减少网站的运营成本。第二，从消费者心理学的角度来看，消费者也会更偏好这种定价方式。一方面，人们总是会认为"我付了钱这东西就是我的了"，可以随便使用，这有助于增加消费者使用数字资源的积极性。另一方面，固定费用定价比按使用量收费更具吸引力。因为数字经济时代，消费者对数字资源的需求庞大，固定费用定价方式能够避免突发性的大额缴费发生，也能避免在按使用量收费的方式下，顾客因为要控制使用时间而容易产生的焦虑。

3.3 数字资源市场的垄断分析

3.3.1 数字资源平台垄断的表现

3.3.1.1 数字资源平台对数字资源的垄断

数字资源平台对数字资源的垄断主要表现为数据收集隐蔽化、平台数据产权化、数据利用黑箱化以及锁定效应。[①]

（1）数据收集隐蔽化

数据收集隐蔽化是指数字平台利用各种不易察觉的手段，大规模收集平台内各种用户（消费者和商家等相关主体）在使用平台过程中产生的各种数据。例如，一些 App 利用极小的字体或在极不显眼的位置设置默认同意的选项，导致用户因不容易关注而忽略这个选择，从而向 App 透露了大量的个人信息；一些电商平台规定，如果客户要使用优惠券购买电商平台的产品，必须提交手机号码、生日、性别等信息，或打着办理会员的名义，收集客户姓名、身份证号、收货地址、购买记录等信息，大量采集与其功能实现根本不相关的用户数据；一些 App 在后台过度开发用户使用 App 过程中产生的行为数据，等等。利用各种隐蔽化收集数据的手段，数字平台汇聚了用户的海量数据，然后对数据进行自动化处理，分析、评估用户的个人偏好、健康状况、居住位置、经济状况、工作表现、可信赖度等，勾勒出不同用户的画像，并以此预测用户的行为，进而向其精准推荐想看的、想买的产品和服务，激发和增强用户的消费欲望，使用户处于平台的控制之下无法自拔，从而达到留住用户的目的。

---

① 雷楠、吴欢：《数字平台垄断问题及其治理策略研究》，《中国物价》2021 年第 11 期。

（2）平台数据产权化

平台数据产权化指的是数字平台把自身收集到的商家和消费者在数字平台产生的数据占为己有。平台数据产权化会导致不同数字平台之间的数据无法相互关联和共享，被各个平台据为己有的数据信息变成一个个零碎的数据，导致数据碎片化问题。很多数字平台企业试图通过平台数据产权化的方式拒绝为潜在的市场竞争者开放数据入口，让潜在的市场竞争者无法获得全面、必需的数据信息，从而形成数据垄断，构建行业壁垒，限制或禁止其进入相应的行业，这将对数字经济的持续发展产生不利影响。例如，QQ、微信等封禁抖音链接；在淘宝购物时不能使用微信支付等。数字平台企业通过数据垄断形成行业壁垒，将会影响数字经济的持续发展。

（3）数据利用黑箱化以及锁定效应

数据利用黑箱化指的是数字平台对利用数据的规则和方向不予公开，将数据的整个利用过程黑箱化。数字平台收集了相关主体在数字平台产生的数据之后，并不公布数据将会应用到哪些方面。也就是说，收集的数据可能被数字平台用于改进其产品和服务，提升其在市场中的竞争力和优势，也可能被用于大数据精准定价，还有可能被用于欺诈消费者或者被倒卖。比如，数字平台的内部人员倒卖 App 中的客户信息；数字平台对收集到的用户数据进行二次开发利用，作为细分市场、划分客户群体、制定营销策略的依据，进而向重点客户或重点人群实施定向强制销售，干扰消费者的平静生活；数字平台擅自公开、传播个人隐私或敏感信息，造成侵害他人人格尊严的后果，或者利用非法收集到的用户信息实施网络诈骗或电信诈骗等违法犯罪活动。

由于数据成为重要的利益载体，数字平台倾向于设置各种障碍以便让自己占有的数据不被他人利用。比如某个消费者习惯于使用某个社交平台与这个平台的特定标准后，即使出现一些使用更加简便、界面更加美观的新社交软件，消费者也很难在短时间内完成不同平台之间的转换。因为数字平台的转换会给消费者带来转换成本。一方面，消费者需要花费时间和精力学习新社交平台的使用操作并完成平台之间的转换；另一方面，消费者在转向一个新的社交平台时将面临较高的忠诚成本，如放弃在原有社交平台使用过程中所付出的金钱和物质、人际关系中断等损失。所以，即使两个社交平台的功能与目的相似，消费者需要付出一定成本才能实现同类型的转换。当转换成本不断提高，达到某一程度以至于不同平台之间的转换几乎不可能出现的时候，就会产生锁定效应。

3.3.1.2 数字资源平台对市场的垄断

数字资源平台对市场的垄断主要表现为"限制性交易行为""拒绝交易""自我优待行为"等。

（1）限制性交易行为

限制性交易行为是指处于市场支配地位的平台经济领域经营者在无正当理由的情况下滥用其市场支配地位对交易主体进行限定交易，以实现限制、排除市场竞争的目的。[①]"二选一"和"大数据杀熟"是一种典型的限制性交易行为。"二选一"是指合作商家在众多网络销售平台中只能选择一家入驻，而不能同时入驻两家或多家网络销售平台。"大数据杀熟"指的是互联网商家利用大数据技术分析用户的经济状况、消费习惯以及消费频次等信息，为消费者准确画像，并据此索取不同的价格。虽然提供的是相同的服务或商品，互联网商家对老客户制定的价格往往要高于新客户，以此挤占其消费者剩余。例如，已经成为生活中不可或缺的网约车就存在"大数据杀熟"的现象。很多人在同一时间、同一地点到同一个目的地预约打车时，价格却不相同，使用比较频繁的消费者往往被索取较高的价格。这些垄断行为很大程度上损害了平台经营的自主选择权及其经济利益和消费者权益，阻碍了生产要素的流动，同时抑制了数字平台的创新发展。

（2）拒绝交易

拒绝交易指的是处于市场支配地位的平台经济领域经营者在无正当理由的情况下滥用其市场支配地位拒绝与交易对象进行交易，以达到限制、排除市场竞争的目的。拒绝交易行为不仅违反了法律规定，使相关行业的产能遭

---

① 李雪娇：《平台经济反垄断步入 2.0 新局》，《经济》2021 年第 2 期。

受损失，还破坏了市场的竞争秩序，增加了交易对象的经济负担。

（3）自我优待行为

自我优待行为是指数字平台经营者通过制定平台规则或者利用自身的独特资源，实施一系列优待自身业务的行为。自我优待行为使具有市场支配地位的市场主体能够将自身在某一市场内的支配地位通过杠杆效应纵向延伸到另一个市场。谷歌广告案就是自我优待行为的典型案例。2021年，法国竞争管理局对谷歌滥用其在广告服务器市场的优势地位进行了罚款。执法机构的调查报告显示，谷歌滥用其在广告服务器市场的优势地位对其在广告交易所市场的业务实施自我优待的行为包括：①利用DFP在广告服务器市场的力量排挤除AdX之外的交易所。DFP原是DoubleClick旗下深受发布商喜爱的广告服务器。2008年，谷歌完成对DoubleClick的收购后紧接着推出了自家的广告交易所AdX。此后，DFP在推广谷歌自家交易所时，开始对通过其他交易所进行的交易实行差别对待。②在自家的广告交易所AdX开始壮大后，谷歌又将广告服务器DFP和交易所AdX进行捆绑，并规定发布商必须通过DFP才能接入AdX。③将DFP和AdX合并为AdManager。现在，广告发布商如果需要使用AdX交易所服务，必须同时使用DFP广告服务器，而如果需要使用DFP广告服务器服务，则必须同时使用AdX服务。①

3.3.2 数字资源平台垄断的原因

3.3.2.1 网络效应致使数字资源平台垄断

网络效应又称互联网外部性，是指当某一数字平台的用户数量增加时，相关产品或者服务的价值也随之增加。也就是说，节点构成扩大了网络，用户的数量越多，网络节点随之增加，市场为参与者创造的价值就越高。但建立网络的门槛效应非常明显，初期搭建平台基础设施需要非常高的投入，而

---

① 邓辉：《数字广告平台的自我优待：场景、行为与反垄断执法的约束性条件》，《政法论坛》2022年第3期。

一旦进入目标市场，其边际成本就几乎为零。行业内的领军企业能够依靠用户数量增加所带来的超额收益抵补前期成本，并不断巩固市场优势，产生规模效应，最终走向垄断。

按照作用方式，网络效应可以划分为直接网络效应和间接网络效应。直接网络效应是指因用户数量增加而导致产品的价值直接增加，比如脸书、微信等通信软件。而间接网络效应是指当某种产品的使用者增加时，会带动辅助品的消费，促使辅助品种类更加丰富、价格更加低廉，用户使用基础产品的效用就越大，从而间接提高了基础产品的价值。例如 iOS、安卓等操作系统鼓励第三方软件开发人员开发应用程序，从而提高平台价值。间接网络效应产生于基础产品与辅助品技术上的辅助性，这种辅助性是产品需求相互依赖的根源。

以线上打车软件优步为例，其网络效应体现在多个方面：大量司机加入平台使乘客更容易找到顺风车，就会吸引更多乘客使用该平台；乘客越来越多，司机停车等待的时间减少，收入增加，又吸引更多司机加入该平台，这就形成了平台与客户之间的良性循环。最重要的是，随着网络效应的出现，在某个点上达到一个阈值时，新用户加入最大的现有平台就更有价值了。优步拥有乘客和司机双用户的数据。在用户达到一定数量后，它可以通过大数据、云计算等数字技术根据用户打车地点、打车时间等信息改进平台产品，合理地优化司机出行安排、缩短乘客成功打车的时间，从而适时平衡司机和乘客之间的供需关系。由于这种正向的循环模式，乘客和司机都会优先使用优步平台。这种"赢家通吃"的格局，导致线上打车市场现有的和潜在的竞争对手都处于劣势地位，市场竞争被先行企业有效限制，形成市场垄断。

数字平台作为媒介连接着两方用户。当一方用户数量增加时，就会很好地吸引另一方用户的兴趣，另一方用户的增加反过来又使得最初增长的那一方用户数量继续增加。在相互驱动的过程中，越来越多的数据信息被数字平台收集。数字平台可能会利用这些数据来研究更好的定价策略，吸引越来越多的用户进入数字平台，但也可能把这些数据牢牢控制在自己的手中，形成行业壁垒，阻止潜在竞争对手的进入。也就是说，网络本身虽然具有自驱力，但是驱动力的方向不一定就是正方向，这也是网络效应导致数字平台垄断的原因之一。

3.3.2.2 定价算法致使数字资源平台垄断

数字资源平台中的经营者能够利用定价算法精准评估和预测消费者的支付意愿，使得定价与消费者期望更加匹配，增加成交数量，提高用户活跃度，增强企业竞争力，从而实现利润最大化，但也可能强化其对消费者剩余的攫取，形成垄断。比如，消费者享受相同的服务或者相同的商品时面对的购买价格却不尽相同，而且往往是呈现给支付意愿与预期价格较高的消费者更高的商品价格，这正是一些市场地位高的数字平台经营者在实施价格歧视、扭曲竞争的垄断行为。这些实施价格歧视的经营者通过平台收集的用户信息描绘出消费者画像，进而利用数据分析和数据画像精准地评估消费者的预期价格，预测消费者的消费行为，最后运用个性化定价算法缩小消费者支付意愿和经营者实际收取价格之间的差额，从而压榨消费者剩余。这种价格歧视一方面损害了消费者的剩余价值，另一方面对市场公平竞争产生负面影响，造成垄断。

定价算法的违法性主要来自价格合谋。我国《反垄断法》明文规定，禁止市场中有竞争关系的经营者实施价格合谋，也就是达成固定商品价格的协议。而定价算法有可能被用来协助达成这种合谋。如果事先没有达成合谋协议，单一企业运用算法检测跟踪市场价格的行为，本身并不违法，一旦构成价格合谋协议，运用定价算法达成价格协议的行为将很可能违反我国《反垫断法》第 13 条的规定。

3.3.3 数字资源平台垄断治理的困难及对策

3.3.3.1 数字资源平台垄断治理的困难

（1）数字资源平台市场支配地位的认定方法有待创新

我们常常根据企业拥有的市场份额高低来判断一家企业是否占据了市场支配地位。通常情况下，伴随市场份额及其持续时间的增加，企业占据市场支配地位的机会就更大。但在数字平台市场中，这一指标的适用性比较低，原因在于确定某家企业的市场份额首先要界定该企业所属哪类市场。但是对于以双边市场或者网络外部性特点为基础的数字平台市场而言，简单按照传统方法和标准划分市场类型并不适用。于是，常用的市场份额这一确定市场支配地位的初始性指标的作用就被削弱。同时，价格等传统量化指标的重要性也逐渐下降。原因在于数字平台间的竞争不再是静态的竞争而是动态的竞争，"大数据杀熟""定价算法"等数字行业特有的现象使得传统的量化指标反映现时市场的发展状况面临很大的挑战。

竞争分析是判断垄断行为危害性以及是否需要采取反垄断监管措施的基础环节，其目的在于界定产品或服务的市场势力，评估其对市场结构和市场竞争行为的影响。在数字平台市场，竞争分析需要考虑更多的变量和维度，需要对传统方法进行调整。产品或服务的价格、质量成为竞争的一个重要变量，但缺乏客观、准确衡量的指标。对市场支配地位及其滥用的认定主要集中在市场势力评估上。传统方法和大多数监管实践通过重点评估营业收入和市场份额来确定市场势力的阈值和适当的补救措施。而数字平台创造或维持市场支配地位涉及网络效应、数据垄断等诸多新因素，需要对侧重市场势力评估的传统方法加以改进，将服务差异化、数据访问、创新和进入壁垒等更广泛的指标纳入考虑的范围。[①] 所以，认定数字平台市场支配地位的方法需要创新。

（2）对数字平台缺乏有效的监管方法和监管手段

对数据和算法的规范在现有的反垄断法律法规体系中仍然不完善，其系统性、专门性和体系化有很大的提升空间。数字平台市场之间的价格竞争已经被极大地弱化，而更多的竞争则聚焦于流量、注意力以及跨领域间的交叉竞争等。这种新的竞争形式带来的负面影响可能更大，但目前还缺乏对这些

---

① 刘戒骄：《数字平台反垄断监管：前沿问题、理论难点及策略》，《财经问题研究》2022 年第 7 期。

竞争进行有效监管的方法和手段。而且现有监管手段过于依赖行政部门的事后监管、被动处罚。很多时候，一些数字平台被曝出相关问题，经过媒体的一番炒作，行政部门此时就在一种被动状态下不得不进行干预处罚。而这种被动的处罚模式，除了处罚的效果不佳之外，还会在很大程度上阻碍市场自我进化机制的形成。因此，仅仅依靠《反垄断法》与监管部门事后被动的监管手段难以有效地应对灵活多变的数字平台经济新业态、新模式及新场景，有必要对数字平台的监管方式进行完善和创新。

3.3.3.2　数字资源平台垄断治理的对策

（1）完善数字平台垄断治理的相关法律法规

①完善数字平台领域的相关数据立法。比如，通过立法明确规定企业收集数据和使用数据的权利，规定什么类型的数据可被收集，什么类型的数据不可被收集。一般来说，用户在使用数字平台时生成的数据可以划分为公共数据和个人数据两大类。像健康码、行程卡此类公共数据得到有效利用，不仅有利于管理社会、造福公众，而且易于为不同用户提供个性化服务。而对于个人数据，比如消费者的浏览搜索痕迹、消费记录、登录实名认证的个人信息等，则需要有相应的保护制度，避免数字平台过度收集与滥用数据，以保护公众的个人隐私。并且应针对不同业务所形成的数据建立"防火墙"，不能混用和共用，以避免集中管理带来的潜在风险。还要制定相关法律明确数据的所有权和使用权。通过区块链等数字技术明确每一份数据的产权归属，以确保数字平台在使用数据时，数据生产者对数据后续的使用具有知情权，并且不能再用于其他途径的分析和采集，更不能用于价格歧视的算法模型。倘若用户拥有数据的使用权和控制权，这些数据的流向以及是否向数字平台开放数据收集的窗口应该由用户来决定。

②应当积极推进数字平台领域的反垄断立法。通过完善《反垄断法》，制定相应的法律法规，将数字平台的流量、注意力以及跨领域间的交叉竞争等竞争新形式纳入法律监管范围，要求数字平台建立数据开放共享制度，以营造公平竞争、公开数据共享开放、鼓励创新的良好市场环境，为潜在的竞争对手创造合法的生存空间和公平的竞争机会。

③建立严厉的惩罚机制。提高对数字平台垄断行为的处罚力度。积极回应利益相关方对数字平台垄断行为的举报，并对数字平台的垄断行为给予严厉打击和惩罚。只有立法、执法两头都抓，反垄断的效果才能发挥出来。

（2）建全数字平台垄断的监管机制

①完善数字平台的监管方法和手段。对数字平台出现的如流量竞争、注意力竞争等竞争行为，目前还缺乏好的监管方法和手段，因此，必须对其加以密切关注，深入研究其特点，不断完善监管方法和手段。此外，应加大对于数字垄断平台交叉竞争行为的关注力度。比如，数字平台可能会依靠技术、流量等优势进入新的市场领域，并且通过不断强化其优势在新的市场中形成新的垄断地位。对于这种交叉竞争行为，应该建立交叉节点触发指令机制。当平台出现跨领域的竞争行为时，报警指令装置就会被启动并发出警报，从而有效避免数字平台跨领域交叉竞争行为的出现。

②将数字平台的监管模式由事后监管转变为事前、事中动态监管。现行的事后监管方式不仅效率低下，而且采取治理行动时已经为时已晚。相反，采取事前、事中动态监管能够有效避免事后监管的缺陷。事前和事中动态监管应将关注重点放在数字平台市场份额大小的变化和持续时间的长短，以及其所参与的市场竞争行为（如两平台间禁止分享链接、行业的开放程度以及进入的门槛高低等）是否违反了国家的相关法律法规等方面，从而尽早防止垄断现象的产生。值得注意的是，对初创企业的杀手并购行为往往很难达到申报的要求，因此很少受到监管部门的干预。但这种行为已经严重影响市场的创新活力，所以必须对此类并购行为的申报要求以及审查方式予以改变。通过降低其申报门槛，实现从事后审查向事前审查的转变。

③利用税收手段减少数据垄断行为的发生。数字平台产生的用户数据可以看作一种原材料，那么数字平台将用户数据作为原材料进行加工而产生的收入就应缴纳数字资源税，并实行阶梯税率，适用税率根据其创造的收入而有所差异。利用用户数据创造收益越多的数字平台适用的税率就越高，而对小微数字平台和初创数字平台，由于其收益不高或还处于亏损阶段，则可享

受免税或税收补贴。这样，利用税收手段建立起一套完善的数字经济转移支付方式，可以增加数字平台行业的竞争主体和竞争活力，保证行业中有新鲜的血液涌动，降低垄断出现的可能性，也可以让全社会享受数字经济带来的税收福利。

4

数字化信息对决策和博弈均衡的影响

4.1 数字化信息对委托—代理关系的影响

4.1.1 委托—代理关系的分类

经济学中，把源于法律的代理概念扩展到任何一种涉及非对称信息的交易活动，其中拥有私人信息的一方是代理人，另一方是委托人。委托人无法知晓代理人的行为或者即便知晓也不知道代理人的努力程度，由此产生了利益问题，我们将此类问题称为委托—代理问题。委托—代理关系在日常生活中大量存在，根据涉及领域的不同，我们将其归为三大类，即经济、生活、社会。

4.1.1.1 经济中的委托—代理关系

委托—代理关系是经济活动中普遍存在的现象。18 世纪，资本主义国家的科学技术不断进步和市场经济不断发展，使资本的积累不断增加，交易范围随之扩大，企业的规模也不断壮大。此时，资本所有者受到自身精力、时间、管理能力等条件的限制，无法亲自经营企业或者亲自经营企业却无法达到预期目标时，如期望的利润，就会将企业委托给他人——管理者代为打理和经营。作为不同的主体，他们有着不同的利益追求。股东作为企业的所有者，其个人财富与股票价格紧密相关。所以他们会更加关注公司的盈利能力和发展前景，以不断提高股票价格来实现个人财富最大化。而管理者作为企业的员工，其个人利益则表现为提升个人业绩、追求更大的升职空间、获得更多的报酬和闲暇时间等。管理者负责企业日常的经营管理，掌握更多的内部信息，导致股东与管理者之间存在信息不对称，从而产生了委托—代理关系。

4.1.1.2 生活中的委托—代理关系

委托—代理关系在生活中也普遍存在。当我们在生活中遇到自己无法解决，而需要寻求他人帮忙处理的问题时，双方便会签订合同，由此便建立了委托—代理关系，例如快递公司与顾客、老师与学生，恋爱双方也存在委托—代理的关系。

比如，这些年发展迅速且与人们日常生活息息相关的快递业就存在委托—代理关系。一旦快递公司承接了快递业务，顾客与快递公司之间便建立了委托—代理关系。顾客作为委托方，委托快递公司运输物品，快递公司则作为代理方，满足委托人的需求，将快件运输到委托方指定的地点。在此过程中，双方的权利义务受法律保护，一旦货物出现损坏或丢失，委托方则可以根据双方协议，利用办理快递业务时生成的凭证要求代理方进行相应的赔偿。

4.1.1.3 社会中的委托—代理关系

社会，是生物与环境形成关系的总和。人类的生产、消费、娱乐、政治以及教育等，都属于社会活动范畴。从宏观角度来看，整个社会是一个大的组织，个人、企事业单位和政府部门则是社会大组织的组成单位。每一个组成单位分别履行不同的职责，承担不同的义务，拥有不同的权利，从而维持社会的正常运转，与此同时，他们之间也存在委托—代理关系。例如，在我国的体系中，教育管理部门是委托人，学校是代理人，教育管理部门委托学校搞好基础教育，而在学校内部也存在学校和教师之间的委托—代理关系，学校是委托人，教师是代理人，这就形成了"教育管理部门—学校—教师"的委托—代理关系链条。

4.1.2　数字化信息对经济中委托—代理关系的影响

4.1.2.1　数字化信息对农业中委托—代理关系的影响

随着社会发展的脚步不断前进，数字化信息逐步深入各个行业，赋能传统产业转型升级，激发传统产业发展活力，催生新产业、新业态、新模式，助推经济高质量发展。我国人口基数大，对于农业生产有更大的需求、更高的要求，而传统的农业发展由于生产技术条件落后，已经无法满足我国人民对农产品日益增长的需求。因此，农业现代化与智能化是农业发展的必然选择。由此可见，在未来的农业发展中，将会有越来越多的数字化信息和技术被广泛应用于农业生产中，加快农业现代化发展的步伐[①]，为我国农业的高质量发展添砖加瓦，从而更好地满足人们的生活需求，提高人民的生活质量。

数字化信息的发展不仅带动了我国农业发展，对农产品市场中委托方和代理方之间存在的信息不对称关系也产生了一定的影响。

在农产品市场中，主要涉及三个主体，即农产品生产者、农产品经销商和消费者。农产品经销商和消费者作为农产品的买方，将农产品的生产委托给农产品生产者，他们之间存在委托—代理关系。例如，农产品经销商和消费者无法获取农产品生产者在农产品的品种选择、培育、种养、收获等方面的具体信息，而只能通过产品的外观，如形状、大小、色泽、新鲜度等外在特征对农产品的质量进行判断，不能了解农产品的实际质量情况，这就使得农产品经销商和消费者可能购买到一些劣质农产品。但在数字经济时代，人们可以通过数字化信息，及时、准确地了解农产品的品种、培育方式、采摘地或饲养地等情况，增强了农产品经销商和消费者对农产品质量的判断能力，从而有效减少了农产品生产者的道德风险问题。换个角度来看，农产品生产者和消费者作为委托方，分别将农产品的销售和采购委托给农产品经销商，他们无法获取充分的市场信息。而农产品经销商作为代理方，掌握了农

---

① 王菲：《数字化对我国农业经济发展的影响探析》，《南方农业》2019 年第 30 期。

产品市场大量的供求数量和价格等信息，他们可能利用手中的市场信息优势向农产品生产者压价收购农产品，再转手高价卖给消费者，从中获取收益，使得农产品生产者和消费者的利益受到损害。但借助数字技术，农产品生产者和消费者能方便、快捷地获取相关农产品的市场供求量和价格等信息，及时准确地掌握相关农产品的供需和价格变化等市场动态，大大减少了他们与农产品经销商之间的信息不对称现象，从而减少了农产品经销商的欺诈行为，保护了农产品生产者和消费者的利益，维护了市场交易的公平。①

数字技术在农业领域的融合运用不仅给农业发展插上了腾飞的翅膀，其产生的数字化信息对农产品市场也发挥着至关重要的连接作用，它为农产品市场的参与者及时提供大量有效的信息，使得他们可以有序、公平的交易，从而保障了农产品市场的稳定。

4.1.2.2　数字化信息对工业中委托—代理关系的影响

工业是一个国家经济发展的重要支柱，它为国民经济各部门的技术改造、满足国民经济各部门对生产资料的需求和人们对生活用品的需求提供物质基础，是加强国防的重要条件。工业的发展水平直接决定了一国的技术水平和经济发展水平。伴随着科技的飞速进步以及产业的不断变革，传统工业也逐步向网络化、数字化、智能化转型。数字化信息在为工业带来巨大发展机遇的同时，也对工业中的委托—代理关系产生了一定的影响。

例如，在汽车制造行业，消费者和汽车制造商之间存在委托—代理关系。汽车制造商接受消费者的委托，代为生产汽车，作为代理方，掌握着更多汽车质量、技术、性能等方面的信息；而消费者作为委托方，则对所要购买的汽车相关信息了解不多。汽车制造商在与消费者签订购买合同后，可能会为了自身利益刻意夸大汽车质量、隐瞒汽车存在的隐患等，最终导致汽车的成交价格远高于其价值。数字化信息则为消费者理性决策提供了依据。消费者可以通过网络搜寻信息，获取更多关于汽车方面的信息，如汽车生产技术的成熟程度、安全性能、质量状况、已有车主对汽车的评价、第三方机构

---

① 张颖：《农业信息服务体系中的委托—代理机制研究》，东北大学硕士学位论文，2008。

对汽车的测评等，然后据此对汽车制造商宣传信息的真伪进行判断，并在多个汽车品牌之间进行比价，最终做出合理的购买决策。

由上述例子不难看出，工业产品的消费者作为委托方通过获取数字化信息，保障了消费者的知情权，甄别工业产品制造商是否诚实可信，有效降低自己在消费过程中上当受骗的概率，同时在一定程度上限制了工业产品制造商损害消费者利益行为的产生，另外也为双方达成交易节约了大量的时间和精力，有助于工业的良性发展。

4.1.2.3 数字化信息对服务业中委托—代理关系的影响

随着我国经济的持续稳步发展，服务行业在国民经济中的占比逐步增加。在现代信息技术的驱动下，服务业与第一、第二产业融合加速发展，不仅提高了人们的生活质量，也为我国带来了巨大的发展机遇，新业态不断涌现，社会经济效益不断提高。

在过去选择服务，都需要我们"亲力亲为""实地考察"。这种方式虽然能让消费者实际感受服务的内容和质量等特征，但也受物理空间、出行方式等条件的限制，导致作为委托方的消费者无法进行多家或者多个场所的对比，不能掌握服务的具体行情。作为代理方的服务提供者就会利用这种信息不对称，夸大服务效果，抬高服务报价，欺骗消费者，让消费者利益受损的同时还不能拥有良好的消费体验。

数字经济时代，服务业与数字化信息融合，衍生出许多新业态。例如，蓬勃发展的电子商务行业，它的兴起在为大众创造就业机会的同时，也提高了人们的生活质量，促进了国民经济水平的提升。电子商务领域中存在委托—代理关系，如电子商务买方与卖方之间，买方作为委托方可以利用互联网和比价软件查看多个卖方提供的产品价格，通过网络查询消费者的评价，从而对产品的实际质量做出评估，最后决定购买哪家产品。商家为了实现产品的销售，自然会提高产品质量，制定合理的产品价格。由此看来，通过数字化信息，可以降低商家发生欺诈行为的概率，从而减少了委托方的利益损失。①

---

① 陈志林：《数字经济对服务业高质量发展的影响研究》，《统计科学与实践》2021 年第 1 期。

可以看到，数字化信息的发展为委托—代理双方提供了更多有效信息。一方面能避免因信息不对称而导致委托人利益受损的情况，另一方面还能使委托—代理双方更加坦诚地合作，有利于维持长久的伙伴关系，从而共同推动服务业的创新与发展。

4.1.3　数字化信息对生活中委托—代理关系的影响

4.1.3.1　数字化信息对物质生活中委托—代理关系的影响

数字经济时代改变了人们传统的生活方式，为生活带来了许多惊喜。生活中人们时常扮演着多重角色，不同的角色对应着不同的关系。其中委托—代理关系常伴我们左右，衣、食、住、行中都有其存在的影子。

突飞猛进的现代科技早已渗透到人们的日常生活中。每天打开手机或者电脑，屏幕上就会自动弹出来一些广告或者商品推荐。同样，当我们打开购物软件进行网购时，大数据也会根据平时浏览的网页或购买、搜索过的产品推荐商品。通过网络购买"衣食"时，买卖双方便形成了委托—代理关系，即买方为委托方，卖方为代理方。大数据可以分析出委托方在代理方店铺的购买习惯，进而通过平台为其推荐产品，这为委托方节省了大量挑选产品的时间，提高购物效率，同时也为代理方带来产品销售收入。委托方在购买前也可利用数字化信息，搜索相关产品并在同类产品或同种商品的不同商家之间进行对比，从而使自身利益实现最大化，避免被代理人欺诈而遭受损失。对于"住"而言，无论是买房还是租房，作为委托人，可以通过数字化信息，了解更广范围内的房源以及将要购买或者租住房子的价格、装修风格、居住环境等具体情况，由此降低了业主或者中介的欺骗概率，使代理人能够严谨地给出合理的价格，保障了双方交易的公平性。对于"出行"，数字化信息也影响了现有的交通系统。利用大数据技术，人们可以扫码乘车、智慧停车，这些智慧交通为人们的出行带来便捷。而在使用打车软件时，人们利用数字化信息可以比较网约车与出租车的价格，此时我们作为委托人，通过比较选择最优的出行方式，避免司机利用信息优势而漫天要价的情况，维护自己的利益。

经过对衣、食、住、行四方面的分析可以看出，数字化信息在物质生活的委托—代理关系中有利于保障双方的利益不受侵犯，提高了人们物质生活质量，为构建更加美好的和谐社会奠定了坚实基础。

4.1.3.2 数字化信息对精神生活中委托—代理关系的影响

美好的生活不仅仅需要物质生活的富裕，还需要精神生活的富足。物质富裕能够满足人们的日常需求，维系正常生活；精神富足则能滋养人们的心灵，维系精神健康，为物质生活提供价值引导和发展动力。数字化时代的到来，不仅使人们的物质生活更加舒适安逸，给衣食住行带来便捷，也使人们的精神生活更加丰富多彩，为精神世界带来欢愉。[①] 精神生活包括多个方面，而最主要的就是提升自我和休闲娱乐这两方面。

对于提升自我，最直接、最有用的方式便是阅读，阅读可以丰富精神世界、提高修养水平。数字化时代的到来使得阅读更加方便，人们可以通过手机、电脑、平板或电子阅读器查询、搜索和阅读各类电子书籍，满足随时随地阅读的需要。这给作为读者的委托方以及提供电子书平台的代理方都带来了巨大的效益，既为读者带来阅读的便利性，也为电子书平台带来收益。同样，随着数字化时代的到来，新商业模式不断涌现，抖音、快手等短视频平台就是其中之一，让人们释放压力、愉悦心情、增长见识。例如，刷搞笑类视频可以带来快乐，刷旅游类视频可以开阔眼界，刷学习类视频可以增加知识，进而丰富精神生活，满足人们的好奇心和求知欲，这正是数字化信息为作为委托人的消费者带来的效益。而对于作为代理人的电子书平台和视频平台而言，数字化信息为它们创造了网络平台这种开拓新商业模式的机会。各种网络平台吸引了大量的人流量，各大企业为吸引用户增加收益，纷纷转向网络平台进行产品宣传，进而为网络平台带来了巨大的广告收益。

正是数字化时代的到来、数字化信息的迅速传播，才让人们拥有更多的精神生活方式，让人们的精神世界更加多姿多彩。通过以上分析可以看出，

---

① 杨金华、李梦圆：《论美好生活的精神维度及其建设之道》，《长江论坛》2020 年第 6 期。

数字化信息改变了精神生活中委托方和代理方常常处于对立面的关系，给双方都带来了良好的效益，产生了积极的影响。

4.1.4 数字化信息对社会中委托—代理关系的影响

4.1.4.1 数字化信息对社保中委托—代理关系的影响

社会保险为丧失劳动力、暂时失去劳动岗位或因健康原因造成损失的人群提供了基础的补偿，它强制某部分群体将其收入的一部分作为社会保险费，从而形成社会保险基金，在满足一定条件的情况下实行再分配。数字技术的不断进步与发展降低了社会保障工作者劳动权利的压力，提高了社会保障档案管理工作的效率和准确率。[①] 由此可见，数字化信息对社保工作有着积极的影响，那么它对社保中的委托—代理关系是否也产生影响？

在社会保险基金管理中，基金持有人作为委托人，将基金的投资、管理等财产权利委托给基金管理人。基金管理人与基金持有人之间存在严重的信息不对称。基金管理人作为代理人，对基金的投资风险以及基金市场状况的了解程度要远远高于基金持有人。与此同时，由于基金持有人大多是没有学习过基金管理相关金融知识或者金融专业知识欠缺的普通人，而基金管理人则是拥有基金管理相关知识储备或受过相关金融知识培训的专业人士。这两类专业知识不平衡的人群之间进行交易，极大可能会导致代理人产生道德风险行为，使委托人因不了解基金的具体情况造成利益损失或收益降低。[②] 数字化时代的到来，使得委托人可以通过获取数字化信息及时、准确地了解基金相关知识及其市场运行状况，降低信息不对称程度，从而缩小了委托人与代理人之间的信息鸿沟，基金投入市场后获得的收益就能够在基金管理人和基金持有人之间得到合理分配。

由此可见，数字化信息能够增进委托人对于社会保险基金运作情况的了解，为其投资提供帮助，降低了委托人的投资风险，提高其效益，同时也对

---

① 朱敬芝：《社保基金投资委托代理运作风险研究》，河北大学硕士学位论文，2011。
② 乔庆梅：《社保基金中的委托代理关系》，《经济论坛》2004 年第 2 期。

代理人起到了一定的监督作用，参与主体之间的竞争关系更加明确，这对于充分利用社会资源也起到了促进作用。因此，对整个社会而言，数字化信息对于社保中的委托—代理关系具有促进作用，产生正向的影响。

4.1.4.2 数字化信息对教育中委托—代理关系的影响

在传统的教育中，人们作为教育受体只能被动接受教育施体传授的教育内容、教育方法、教育形式，无法自主选择。数字经济时代要求进行教育信息化建设，运用信息技术改变传统教学模式、手段和方式，开发更多的学习形式，促进学生通过数字化信息获取更丰富的学习资料。在线教育、在线阅读、在线授课等多种教学方式不断涌现，促进了我国教育事业的蓬勃发展。数字化信息对教育中的委托—代理关系也产生了一定的影响。

数字经济时代应用大数据、云计算等技术，改变了传统的以"授"为主的教育方式，让学生以"学"为主，自主获取知识，多渠道拓宽知识面，提升学习能力与知识水平。教育中存在多种委托—代理关系，以高等教育为例，最主要的有三大类：政府—高校、高校—院系、老师—学生。政府把教书育人的工作委托给高校，从而形成双方的委托—代理关系。政府作为委托方，在进行教育资源分配时，可能无法准确考核高校的实际教学育人质量，从而导致分配不公。而数字化信息的出现，使得政府能及时了解相关信息，降低信息不对称造成的不利影响，为高等教育高质量发展奠定基础。在高校—院系的委托—代理关系中，同样也可能因信息不对称而导致一些善于钻营但缺乏管理才能、在教学或科研方面没有突出表现的人员被任命为院系领导，这对于院系的发展是极其不利的。而数字化信息帮助高校领导在任命之前对候选人员进行更为全面的考察，从而降低错误决定的出现概率。在老师—学生的委托—代理关系中，老师是委托方，学生是代理方。老师在课堂上讲课，希望学生认真听讲，但学生有没有认真听讲老师并不清楚。数字化信息的出现，使得学生可以通过在线阅读、在线提问、在线讨论、在线观看教学视频等多种数字化学习方式开阔眼界，加强自主学习意识，拓宽知识面，寻找自己的兴趣爱好，由之前的被动学习变成了主动学习，学习效果大幅提升。而老师利用数字化信息，改变以前单向灌输的授课方式，利用网络媒体技术制作丰富多彩的教学微视频、习题库、案例库等让学生自主观看学习，教学效率也得到了极大提高。①

由此可见，数字化信息在教育领域发挥了至关重要的作用，其无论是对委托方还是代理方都产生了正向影响。

4.1.4.3 数字化信息对环保中委托—代理关系的影响

"绿水青山就是金山银山"，环境保护始终是我国要长期坚持的一项基本国策，是实现可续发展战略的重要内容，也是实现人类与环境和谐共存的重要保障。因此，数字经济时代，可利用信息化手段整合政府各级环保部门的政务资源，提升政府各级环保部门的监管能力，提高全社会对环保的重视程度，使环保政策得到有效落实。数字化信息的快速传递，不仅有利于整个环保领域更加全面地发展，对于环保领域存在的委托—代理关系也具有一定的影响。

我国坚持绿色发展的理念，并制定了许多政策措施促进我国生态环境的可持续发展，在此过程中，中央政府起到主导作用，为各地区指明正确的发展道路和方向。但与此同时，中央政府无法逐一解决复杂的环境问题，因此需要下级政府来代理相关的政务工作，这就形成了以中央政府为委托方、地方政府为代理方的委托—代理关系。环境保护不仅需要政策扶持，还必须有相应的资金、人才等其他多种资源的支持。地方政府在中央政府的顶层设计下制定具体的环保实施细则，并在预算约束下向环保领域投入相应的人力、物力和财力。但由于存在信息不对称，可能出现出台的政策不切实际、资源分配不合理等情况，从而阻碍我国环境保护工作的有效开展。数字化信息恰恰能够降低这些问题发生的概率。数字化信息能够将中央政府的政策准确地传达给地方政府，地方政府对于资源的配置、资金的走向以及政策的落实情况也能够以数据等形式直观地呈现出来，并及时反馈给中央政府；中央政府在收到各个地方政府的反馈后，可根据数据信息对资源做出合理的配置以及积极的调整。由此可见，数字化信息对于环保中的委托、代理双方都起到了

---

① 余璇、蒋逸群：《我国高等教育中的委托代理关系》，《读天下》2016 年第 16 期。

积极的作用，从而保障我国环保工作的顺利开展，推进生态环境的可持续发展。

4.2 数字化信息对决策环境的影响

4.2.1 数字化信息对政府决策环境的影响

4.2.1.1 数字化信息提升政府获取信息的能力

数字技术以及数字化信息的普及推广与快速演进，大大提高了政府获取信息的能力。政府数字化信息主要应用于城市治理、公共服务、产业发展等领域，政府在数据收集过程中利用大量数字化手段实现信息的高效、实时、全面收集。以中国的交通安全信息和防灾减灾信息为例，数字化信息可帮助政府更加快速、高效地获取准确、实时的信息。

（1）数字化信息提升政府获取交通安全信息的能力

政府交通管理部门可以依靠数字技术对"两客一危"等重点车辆建立起"事前—事中—事后"的监管闭环，通过对驾驶员、车辆、道路和天气环境数据的监测分析，快速获取车辆监管信息，实现对人的不安全行为、车辆的不安全状态、道路的突发事件、自然界的突发灾害等异常状况的主动监测。当监测到异常状况时，将异常状况及时发布在道路上安装的电子显示屏等设施上，此外还可以利用互联网平台、智能地图系统、交通广播等信息发布平台发布最新交通信息，实现第一时间将交通信息传递给各个交通参与人员，降低道路交通安全突发事件风险。

政府管理部门可以借助传感器、云计算、人工智能、物联网、北斗卫星系统、远程感知设施等大数据智能技术手段，实现对桥梁、路基、隧道、边坡等交通基础设施安全状态的感知、检测、数据分析、安全性能评估等。数字化信息能够帮助政府管理部门在第一时间获得基础设施结构危险的预警信息，并且能够在基础设施建筑发出预警信息后快速采取科学有效的预警措施从而规避风险，保障基础设施在施工阶段以及正式运行阶段的安全。例如，海南海文大桥建设采用的综合监测管理平台，通过对海文大桥桥梁基础设施结构部件的状态进行在线的安全检测，将检测到的数据实时反馈给数据分析中心，再由专业人员结合数据分析，对桥梁基础结构物的健康状况进行评估并及时反馈给管理单位。当出现结构部件健康状况异常的情况，系统会第一时间向管理单位发布警告信息，并提醒管理单位及时采取预警措施，从而减少桥梁安全事故的发生，保障桥梁上通行车辆的安全。

（2）数字化信息提升政府获取防灾减灾信息的能力

数字化信息具有信息量大、传输速度快、处理智能化程度高等优点，可以大幅提升政府获取防灾减灾信息的能力。例如，福建省郯城县应急管理局建成的"最强大脑"和"创新引擎"——数字智慧应急云指挥中心，研发了安全生产、森林防火、防汛抗旱等六大系统。这些系统同时运行，构建了郯城县生产、森林、河流等各项安全的第一道坚实防线。此外，郯城县应急防汛部门抓住数字化时代特点，利用数字技术，不断研发与优化防汛决策支持系统，加强各种防汛技术基础设施建设，建成了防台风实时监测、卫星云图信息、县级洪水预警预报等系统，为郯城县有效防范自然灾害做出了突出贡献。

数字化信息能实现灾难信息的实时共享，帮助政府获得更多的相关信息，从而第一时间制订降低灾害损失的方案。例如，数字化信息赋能河南暴雨灾害抗灾减灾，体现了数字化信息在抗灾减灾中的重要作用。2021 年 7 月当河南发生暴雨灾害时，网络通信技术为河南暴雨灾情信息的传递、救援通道的搭建、救援方案的决策以及抢险举措的实施等提供了重要的技术支撑。政府利用数字化信息及时决策，紧急出动救援人员，在抢救受灾群众的同时以最快的速度减少灾情带来的损失。同时，各大互联网科技公司也利用互联网平台及时发布暴雨信息、上线避难所地理位置以及救援信息发布平台、上线医疗急救系统及时救治伤员、即时定位危险点警示群众等，这些举措为政府获取防灾减灾信息、救援受灾群众提供了重要的信息支持。

4.2.1.2　数字化信息提升政府处理信息的能力

信息技术和数字化信息可以大幅提升政府处理信息的能力。例如，我国东部地区一些发达城市的政府通过大力发展数字化业务处理系统、大规模建设数字化基础设施，不断扩大和完善政府网络建设，政府部门90%以上的核心业务实现了数字化处理。以我国的政务服务信息和政务沟通信息为例，数字化信息可帮助政府提升处理信息的能力。

（1）数字化信息提升政府发布政务服务信息的能力

数字化平台既是数字政府建设的重要基础，也是应用数字化信息提升政府发布政务服务信息能力的强力支撑。政府各部门的数字化水平提升会带来政务服务效能的整体提升。国家互联网信息办公室发布的《数字中国建设发展进程报告（2019年）》显示，全国一体化政务服务平台整体上线试运行以来，共纳入地方政府部门360多万项服务事项和一大批高频热点公共服务，有效提升了服务效率，各地区一网通办、联通联办、协同共办逐渐成为发展趋势。通过数字化手段传播数字化信息，政府能够实现7×24小时不间断地为企业和个人提供服务，企业和个人能够随时从政府部门获得社会生活、财政福利、法律咨询等各种服务，企业和个人能够向政府即时反馈服务水平，从而提高了政府的整体服务水平。政府通过网络平台向公众发布数字化信息，可以推动社会公众参与社会活动和经济活动，为他们提供具体的指导；还可以将社会上分散的一个个主体有效组织起来，从而形成有序的共同体。政府利用电子政务的规范程序向社会主体提出行为规范要求，每一个社会主体都必须遵守基本道德要求以及相关法律法规，如果有所违反，其主张或诉求就会被拒绝，其偏差行为也会受到政府的矫正提醒甚至法律制裁。

（2）数字化信息提升政府信息沟通的能力

电子政务的建设使得政府也变成了网络上的个体，打破了政府与社会公众交流沟通的时空界限。社会公众能够通过电子政务平台与政府进行实时互动、交流和沟通，社会公众的意见能够快速地反映给相关的政府职能部门，政府通过筛选、考证进而采纳公众好的意见和建议，让公众感受到政府对自己的意见、建议和诉求有所回应，这会激励更多公众表达自己真实的想法和意见。政府通过电子政务平台可以快速发布政策信息，做到政府信息公开透明，也能够第一时间了解公众的意见与建议，同时根据收集到的公众反馈意见对政府决策和措施进行及时调整和更正，提升政府应对突发事件的快速反应能力。过去上下级政府之间传递行政信息的方式程序烦琐，并且时效性不高，而实行电子政务有效解决了传统行政信息传递方式存在的问题。通过电子政务形式，上级政令能够很快地传递给下级政府，而基层政府也能够快速地反馈信息。通过网络传递数字化信息的方式，能够节约大量的人力、物力和财力，具有容量大、储存成本低的特点。而且数字化信息灵活多样的呈现形式受到公众喜爱，也能让公众快速接收信息。政府作为第一发布人，信息的可信度高，即使遇到虚假信息，政府也能够在第一时间以当事人身份澄清是非、辟谣清诽、恢复真相。政府利用数字技术办公，拉近了政府与公众之间的距离，促使政府组织结构向扁平化发展，上下级信息传递的通畅性使得信息能够更加快速正确地传递到各个角落，打破了过去政务信息传递过程中遇到的部门隔阂和跨地区隔阂，让群众少跑腿、数据多跑路成为现实，减少了群众办理政务的时间[1]，从而提高了政务服务效率。总而言之，数字化信息大大提升了政府信息沟通的能力，有利于构建和谐社会。

4.2.1.3 数字化信息增加政府可选策略的数量

数字化信息的采集渠道多、数量大，可以增加政府决策时可选策略数量。以监管车辆交通违法行为的决策选择为例，数字化信息可帮助政府增加可选策略的数量。在过去，交通监管部门通过安排工作人员到现场进行交通违法行为的监控，存在覆盖面窄、监控时间短以及需要投入大量人力物力等问题。因为过去的数字技术、信息技术没有发展起来，在政府政务工作领域还没有得到融合运用，政府部门只有现场监控这一项策略可选。到了数字经济时代，政府部门除了在重点区域安排工作人员到现场监控的策略之外，还可以通过运用信息技术等手段获取数字化监控信息，增加政府部门监控交通违法行为的可选策略数量。

①建设道路智能交通系统的策略。中国许多城市已实现对桥梁、立交桥、匝道、隧道的出入口等拥堵节点进行视频监控的全覆盖，并纳入城市的

---

① 王待递：《利用信息技术进行政府能力建设的路径探究》，《市场论坛》2013 年第 11 期。

智能感知系统，全面提升了道路交通事故、拥堵等突发情况的快速发现和处置能力。

②利用智能交通相机加以监控的策略。交通部门在道路上设置的智能交通相机具有多种交通监控功能。行人检测功能可以对人行横道上的行人进行实时监测和统计。一体化抓拍功能可以实现对行人不礼让行为的取证。内置的不礼让行为智能检测算法可以动态检测行人与机动车的时空分布。当道路上出现行人时，智能交通相机能自动跟踪行人和机动车的运动轨迹并记录运动方向。该相机支持图片合成功能，内置的大容量硬盘可以短期存储违法证据的图片及简短视频。另外，该相机还具有图片断点续传、图片录像检索等功能。一旦机动车发生违法行为，该相机就能够获取完整的违法证据，为执法部门对驾驶人进行教育和处罚提供强有力的证据支持，从而达到有效遏制交通违法行为、强化道路安全的目的。

③建立交通违法行为举报平台的策略。近年来，许多地方的交警部门推出了交警平台 App 来推动群众对交通违法行为进行举报。例如在上海，举报人登录"上海交警" App 的违法视频举报页面，利用手机选取本地视频或直接拍摄交通违法行为的视频，然后将其上传，并填写违法行为的具体内容和地点等相关信息就可以完成举报。杭州的"警察叔叔" App 举报平台、北京的"随手拍"交通违法举报平台、贵州的"贵州交警" App 举报平台，以及有些地方推出的微信公众号都是群众举报交通违法行为的平台。

4.2.2　数字化信息对企业决策环境的影响

4.2.2.1　数字化信息增强企业数据分析的能力

伴随着大数据逐步渗透到社会经济生活的各个领域，世界各国逐步迈向数字经济时代，中国政府也正式提出了"加快培育数据要素市场"的战略。在此背景下，越来越多的企业开始将数据作为一种战略资源，重新定义数据的价值并努力挖掘数据的潜在价值，通过数据分析随时随地掌握市场变化趋势，进而制定科学合理的策略。在过去，企业使用笔、纸对数据进行测算分析，或者将数据手动输入 Excel 这类电子表格软件上完成对数据的收集、处理和分析。这样的操作比较复杂，而且得到的数据分析结果也很零散，无法对数据分析结果进行整体性展示。而利用数字技术搭建的数据中台和数据可视化大屏工具等企业数据分析平台，既有利于企业数据分析师高效快速地获取、分析企业海量数据，更有利于准确、全面、直观地展示其数据分析结果。数据中台帮助企业对海量数字化信息进行采集、计算、存储、加工，同时实现标准和口径的统一。数据在经过数据中台的统一之后以标准形式被存储，最终成为大数据资产，为数据可视化分析提供强大的支撑。数据可视化分析则通过创建可以及时传达故事的视觉效果，将拥有的数据转换为更为直观、更易理解的形式，提高了企业筛选数据的效率，从而增强了企业数据分析能力。

4.2.2.2 数字化信息提高企业决策的效率

企业决策是企业为了解决面临的各种问题或者实现经营目标，对多个备选的行动方案进行分析、判断，选择出最优行动方案的过程。企业做出的决策是否科学合理会对企业的生产经营活动产生影响，甚至可能决定企业的经营成败和生死存亡。而客户数据、成本数据、交易数据等各类数据是企业正确决策的重要保障。

一方面，从企业管理者决策所需的依据来看，利用大数据技术，通过对数据的采集、清洗、分类、建模，全方位统计物流、商流、资金流、管理等数据，为企业提供产能预测、库存监管、商品销量、员工绩效、成本控制、客户分布、销售占比等多维度的数据分析，提供实时数据查询、纵向、横向数据比较，并通过柱状图、趋势图、饼状图等多种直观的展示方式，帮助企业提高风险管控能力，提升企业管理决策的质量。比如，数字化信息可以帮助企业轻松应对客户需求。移动互联网时代，不管是企业客户还是个人消费者，都可以随时随地表达自己的想法，个性化、不确定性需求增加。客户需求方面的数字化信息能帮助企业快速做出生产、采购等决策以及时响应越来越多的小批量、多品种、临时性、快交付的订单。另一方面，从企业管理者决策所需的时空来看，企业管理者无论是出差、度假还是在上下班的路上，都可以随时随地查看企业数字化的经营数据。还可以通过企业的社交平台、音视频会议系统，以数字化信息的形式及时、准确地收集、了解员工对企业经营运作的想法、意见和建议。这些数字化信息为企业管理者及时、高效做出相应的决策和部署提供了强有力的支持。

总之，数字化信息让公司的内外部环境的变化和经营过程在管理层面前实时、全面、准确地呈现，助推决策层更加高效地做出正确的决策。

4.2.2.3 数字化信息增加企业可选策略的数量

数字经济时代，运用数字技术所产生的数字化信息辅助企业管理层做出发展战略决策、企业生产决策、企业营销决策、企业财务决策、企业管理决策、企业组织决策、企业人事决策等，增加了企业可选策略的数量。下文以企业的营销信息传播渠道可选策略为例进行说明。

过去，企业通过电视、广播、报纸、杂志、户外路牌、电子显示屏等传播营销信息。视频营销信息主要通过电视、电子显示屏传播，音频营销信息主要通过电台传播，文字营销信息主要通过报纸、杂志、户外路牌等传播。传统营销渠道成本普遍较高，买卖双方经常出现信息不对称问题。

数字经济时代，随时随地上网已经成为人们生活的常态，企业和消费者之间的距离越来越近。企业可以通过网络为消费者提供更加具体、生动、快捷、准确的数字化品牌信息。数字化信息让企业可选的营销传播渠道策略越来越多。

①建立企业官网展开营销宣传。通常想要了解一家企业，人们都会先在搜索引擎上查找该企业的官网，企业官网一般都会利用音频、视频、文字或图片对企业的发展历程、业务范围等情况进行全面、详细介绍。

②打造自媒体平台，如小红书、微信公众号、抖音平台等，对企业产品进行营销传播。企业通常会入驻第三方平台，并实时发布产品的相关动态或者进行直播带货，企业与消费者之间可以实时互动。

③开发企业微信小程序或 App 对企业产品进行营销传播。如今很多企业投资开发了扫码点餐、外卖、网上商城等微信小程序或 App，建立自己的粉丝群并在其中对企业产品做线上的营销推广。

④搭建微信群聊对企业产品进行营销传播。通过搭建微信群聊做线上的

营销推广，既可以加强消费者之间的交流，又可以留存忠实消费者，达到推广产品的目的。

4.2.3　数字化信息对个体决策环境的影响

4.2.3.1　数字化信息提高个体掌握信息的能力

在人们的日常生活中，信息每时每刻都发挥着巨大的作用，可以帮助个体了解外部环境，掌握生活技巧，满足心理需要，它的重要性毋庸置疑，它的价值不可小觑。在大数据时代，个体掌握的信息越多，获得学习、就业、晋升、择偶等方面的机会就越多。学会利用信息，是实现个体人生价值的关键。

人们通过传播媒介来实现信息的传递，同时这些传播媒介也是人们获取信息的途径。在过去，人们依靠信件、书籍、杂志、报纸、广播、电视等传播媒介来传递和获取信息，传递和获取信息的渠道狭窄、信息量小、速度缓慢，存在滞后性。数字化信息的飞速发展助推了数字化时代的到来。在数字化时代，不断加快的生活节奏导致人们对信息传递和获取的途径和及时性有了更高的要求，从而推动传统信息获取途径不断升级、完善，新型信息获取途径不断衍生、涌现。

（1）受众面广的在线社交平台有助于个体获取实时互动信息

传统的信息获取途径普遍存在滞后性的问题，并且无法保证信息在传递过程中的准确性，信息失真现象严重。而在大数据时代，层出不穷的在线社交平台让人们的沟通方式变得简便、及时、高效，例如朋友社交使用的微信、青年人社交使用的QQ、企业社交使用的钉钉、知识分享社交使用的小红书等。利用这些在线社交平台，发出信息的瞬间，对方几乎同时接收到信息，大大提高了信息的传递速度。人们通过在线社交平台实现与亲朋好友的交流沟通以联络感情，与同事搭档的交流沟通以协调工作，并实现双方信息的准确交换。而且人们还能通过在线平台查询、收集自己需要的信息，发布自己愿意分享的信息或对某些事件的看法观点，其他用户则通过转发、点赞、评论等方式对信息进行二次或多次传播，使信息的传播面更加广泛。相较于传统的信息交流方式，这些新型的在线社交平台传递信息速度快、获取方式便捷且互动性强，吸引了大量网民的参与，成为当前十分热门的一种信息获取途径。

（2）信息储存量大的互联网有助于个体获取多样化信息

作为 20 世纪最伟大的发明，互联网具有信息传播速度快、数字化信息储存量大等特点，能够随时随地满足个体各种各样的信息需求。开展学术研究时，人们可以通过互联网的搜索引擎或学术资源库来寻找各类文献资料以获取研究所需的理论、数据和事实；产生衣食住行等生活需要时，人们能够通过各种购物网站获取大量有用的相关信息，实现足不出户购买需要的商品或服务；求职或招聘时，人们能通过求职招聘网站发布求职和招聘信息，迅速找到满意的工作或员工。还可以通过互联网搭建的 C2C 电子商务网站或网上展会开展经济贸易活动创造利润，或利用网上银行进行投资理财实现财富自由等。而且互联网可以满足人们对信息种类和形式的多样化需求，它提供的信息不仅内容广泛全面，而且形式丰富多样，包括文字、图片、视频、语音，甚至可以是二次元世界等。

（3）门槛低且发展迅猛的自媒体有助于个体获取个性化信息

书籍、报纸、杂志和电视节目等传统信息传播媒介的运作流程烦琐复杂，常常需要耗费大量的人力、物力和时间等。自媒体作为数字经济时代出现的一种新型媒体形式，与传统的信息传播媒介相比，其运作流程则简单得多。只要拥有一部手机就能在快手、抖音等自媒体平台上注册，利用这些平台提供的操作简单、易于上手的功能在网络上发布文字、音频、图片、视频等信息。人们通过自媒体平台可以成为信息的发布者和宣传者，也可以通过自媒体平台获取自己喜爱的个性化信息，例如，通过旅游自媒体视频可以了解各地自然人文景观，通过美食自媒体视频可以掌握各种美味佳肴的做法等。自媒体的发展与应用在大数据时代是大势所趋。也正是由于进入门槛低这一原因，自媒体在最近几年才能发展得如此迅猛，逐渐成为人们获取信息以及分享信息的一个新途径。

4.2.3.2 数字化信息增强个体对信息价值的判断力

自人类社会进入信息时代，信息便开始呈现爆炸式增长态势。但信息存在的虚假、杂糅、可信度不高等问题严重影响了个体对所获信息的价值判断。数字化信息的发展促使各种判断信息价值的工具出现，提高了个体对信息价值的判断力。下文以判断数据信息价值的两种工具来说明数字化信息如何提高个体对信息价值的判断力。

（1）MATLAB对数字化信息进行可视化运算，提升个体对信息价值的判断力

MATLAB是用于处理数据的多范式数值计算的一种开源软件，可以进行矩阵计算、算法执行和数据统计建模。MATLAB被广泛应用于财务建模和分析、信号与图像处理、控制系统设计、测试和测量、通信以及计算生物学等众多领域。在数据科学中，MATLAB用于模拟神经系统的原理。利用MATLAB图形库，可以实现惊人的可视化效果。MATLAB还用于图像和信号处理，这使得它成为数据科学家的一种多功能工具，帮助他们处理从数据清理分析到进一步深度学习算法中的所有问题。MATLAB高效的数值计算及符号计算功能，能使用户从繁杂的数学运算分析中解脱出来；其具有完备的图形处理功能，能实现计算结果和编程的可视化；其友好的用户界面及接近数学表达式的自然化语言，使学习者易于学习和掌握；其功能丰富的应用工具箱，为用户提供了大量方便实用的处理工具。MATLAB将数据信息变得可视化、简单化，利用MATLAB对数字化信息的处理结果，个体可以观测大量数据的可视化运算，从而根据图像以及可视化结果对数据信息价值进行判断。

（2）SPSS对数字化信息进行科学统计分析，增强个体对信息价值的判断力

SPSS是世界上最早的统计分析软件，是世界上最早采用图形菜单驱动界面的统计软件，它通过简易的操作界面、美观的数据分析输出结果赢得消费者的喜爱。SPSS具有完整的数据统计分析的过程，包括数据的输入、编辑、统计分析、输出报表、制作图形等功能，并且SPSS涵盖齐全的数据统

计分析方法，如数据的探索性分析、偏相关、方差分析、非参数检验、多元回归、Logistic 回归等。SPSS 的使用门槛低，只要用户能够掌握一定的电脑系统操作技能并且熟悉统计分析原理，就可以使用 SPSS 进行数据分析统计，为特定的科研工作服务。通过导入获取的数据信息，计算分析数据的可信度、相关关系、发展趋势等来增加个体对所获数据信息价值的判断依据，从而增加个体对数据信息价值的判断力。

4.2.3.3　数字化信息增加个体可选策略的数量

数字化已经渗透到人们日常生活的各个方面，数字化信息使得个体的可选策略数量也有所增加。

（1）数字化信息增加了职业的可选策略数量

数字化的蓬勃发展，促使企业决策家改变传统的商业逻辑，也驱动传统产业的融合创新，带来传统产业的改革发展，推动传统岗位升级。数字经济时代，除了传统职业岗位，数字化信息帮助人们在职业选择方面新增了很多可选决策数量。例如专注于数据分析的大数据分析师、数字化管理师、大数据工程技术人员；将大数据手段运用到工程建设的物联网工程技术人员、人工智能工程技术人员、云计算工程技术人员、建筑信息模型技术人员；服务于数字娱乐的电子竞技运营师、电子竞技员；服务于数字化硬件设备研发的物联网安装调试员、无人机驾驶员、工业机器人系统操作员、工业机器人系统运维员等。

（2）数字化信息增加了个体沟通的可选策略数量

数字化信息增加了个体的沟通渠道数量，也扩展了个体的沟通范围。数字经济时代，人们在保留传统沟通渠道如信件、电话、传真等的基础上，增加了电子邮件、网络电话、网络传真、即时通信、社交 App 等创新型沟通渠道，人们通过新增的网络沟通渠道大大降低了沟通成本，利用视频聊天方式实现立体直观化，并且这些沟通方式能够跨平台实现，信息也更容易集成，极大地扩展了人们的沟通范围。在互联网没有普及的时代，人们日常沟通仅限于身边的人，随着网络通信技术的发展，数字化信息帮助人们把沟通的范围扩展到全世界。

（3）数字化信息增加了娱乐方式的可选策略数量

传统娱乐方式大致有琴棋书画、唱歌跳舞、养花垂钓等，但多数人无法通过这些方式得到娱乐满足感。现在，随着新技术、新产品的不断涌现以及更新迭代，当代都市人快速接受信息技术带来的娱乐模式，数字娱乐的发展已经全面超越了传统娱乐方式。与传统的娱乐方式相比，数字娱乐通过数字技术几乎覆盖了为人们"制造快乐"的各个领域，例如提供视听享受的交互电视、电子网络游戏、网络影院等，这些网络娱乐产品逐渐成为现代娱乐方式的时代潮流。个体在选择业余时间的休闲娱乐方式时，不仅可以选择传统线下休闲娱乐方式陶冶情操，也可以通过线上数字娱乐方式释放压力。

4.3 数字化信息对博弈均衡的影响

4.3.1 数字化信息对不完全信息博弈均衡的影响

4.3.1.1 数字化信息可以使博弈方的不完全信息转化为完全信息

双方进行博弈时最重要的就是获取与决策相关的信息。在过去，人们依靠信件、书籍、杂志、报纸、广播、电视等途径来传递和获取信息，传递和获取信息的渠道狭窄、信息量小、速度缓慢，存在滞后性。而数字技术的发展催生出社交平台、网站、自媒体等许多信息获取的新途径。对于在线社交平台、互联网、自媒体等新兴信息获取途径的具体应用及其优势已在前文介绍，这里不再赘述。与传统的信息获取途径相比，这些新兴的信息获取途径帮助人们广范围、大规模、快速地获取实时互动、多样化、个性化的数字化信息。

数字化信息能对不完全信息博弈均衡产生影响，使博弈一方对另一方情况的了解从不完全信息转化为完全信息。以二手车交易市场为例，假设在进入二手车交易市场前，买方、卖方都需要填写一个绝对真实的问卷，买方填写的是关于购买能力和购买意愿（这里的购买意愿指想要的车辆类型和对使用车辆的需求程度）的信息。卖方填写的是关于自己车辆的所有信息以及自己想要卖出的价格。① 在二手车交易中，买方和卖方对出售车辆的信息掌握是不完全对称的。对于卖方来讲，卖方比买方拥有更多关于待出售车辆的质量、性能等信息，很清楚待出售车辆的实际价值和能卖出的价格，但是对买方的购买能力和购买意愿的信息则掌握较少。如果卖方知道市场会根据之前填的问卷将买卖双方进行匹配，又或者卖方通过支付一定的费用来获取关于客户的信息，那么卖方所掌握的信息就能从不完全信息转化为完全信息。对于买方，他虽然清楚自己的购买能力和购买意愿，但对于卖方的出价和待出售车辆的信息了解不多。② 如果买方通过数字化信息渠道提前知道关于待出售车辆的所有信息和卖方想要卖出的价格、信誉程度等，那么买方掌握的信息便从不完全信息转化为完全信息。所以，数字化信息使买卖双方的信息不对称程度降低，双方掌握的信息也从不完全信息转化为完全信息。

4.3.1.2 数字化信息可以使不完全信息静态博弈转化为完全信息静态博弈

在博弈过程中，为了公平性，也为了让博弈更加有意义，常常会要求博弈双方同时决策，没有先后之分。有些博弈中虽然双方并不是同时进行，但是双方在做决策之前并不知道另一方的策略，或者即使知道了对方的策略也不能改变自己的决策。我们将这些可以同时或者可以看作同时进行决策的博弈称为"静态博弈"。静态博弈分为完全信息静态博弈和不完全信息静态博弈两种。完全信息静态博弈是指各博弈方不仅要同时决策，而且对各方得益都有所了解的博弈。不完全信息静态博弈则是指至少一个博弈方不完全清楚其他某些博弈方得益信息情况的静态博弈。数字经济时代，信息的获取方式更加多样、内容更加丰富、速度更加快捷，这必然会对博弈双方以及决策产生一定的影响。

---

① 童佳、关忠良、刘小刚：《非对称信息下二手车交易市场博弈问题研究》，《生产力研究》2008 年第 20 期。

② 白会芳、窦璐璐：《信息不对称下二手车交易行为博弈分析》，《交通企业管理》2017 年第 1 期。

静态博弈在社会中大量存在，如田忌赛马、各项工程的投标决策、政府投资项目的最优策略选择以及两家企业的竞合共存。这里，我们以企业的竞合共存为例来分析数字化信息对企业静态博弈的影响。我国坚持走"绿色发展，低碳环保"的可持续发展道路，最直观的表现就是当人们需要在城市内部短距离出行时，随处可见的自行车成为可选的交通工具。目前，为公众服务的两大类自行车分别为公共自行车和共享单车。公共自行车以政府投资为主，在一定时间段内免费；共享单车以企业投资为主，按时计费。这两种自行车的运营方式各有利弊，那么这两类主体到底是应该竞争还是合作呢?[①] 之前，为了在市场上占有一席之地，双方会通过不同的渠道来获取另一方以及市场上的重要信息，从而为双方进行静态博弈奠定基础，但是，可能因信息获取的渠道狭窄或者信息传播的速度缓慢而导致双方不能更好更快地有效决策，这不仅不利于双方业务的发展，也不能实现更好的利民惠民。而数字化时代的到来，拓宽了信息获取的渠道，提高了信息获取的速度，这两类主体通过全面、迅速地获取数字化信息，进而决定是选择竞争策略还是合作策略，促进自身效益最大化，并让老百姓更好地享受使用自行车出行服务所带来的便利和好处。

　　由此可见，数字化信息能够极大地丰富博弈各方获取信息的数量，加快博弈各方获取信息的速度，使得不完全信息静态博弈转化为完全信息静态博弈。

4.3.1.3　数字化信息可以使不完全信息动态博弈转化为完全信息动态博弈

　　现实生活中，许多策略往往都是依次做出而非同时发生的，即后行动者可以看到先行动者所做出的策略，进而再选择自身策略。例如拍卖活动中的轮流竞价、市场上的收购兼并等，都属于博弈双方轮流做出策略选择。当博弈双方不能同时做出决策进行博弈时，我们将其称为动态博弈，其主要分为

---

①　张国强、刘亚洲:《静态博弈下公共自行车和共享单车共存模式探析》,《现代营销》(经营版) 2021 年第 1 期。

两种类型：完全信息动态博弈和不完全信息动态博弈。完全信息动态博弈是指博弈各方都对其他博弈方的特征、策略空间及得益有准确的认识，在行动上有先后顺序之分，后行动者可以观察到先行动者的行为与决策，然后根据先行动者的行为采取相应的策略，而且持续时间一般较长。不完全信息动态博弈则是指博弈各方没有完全掌握其他博弈方的特征、策略空间及得益的动态博弈。随着人们获取信息的渠道不断增加，种类和数量日益丰富，动态博弈中的博弈双方必然会受到一定的影响。

动态博弈中决策有先后，先行动者可以利用先行决策的优势获利，使得后行动者处于劣势；与此同时，后行动者可以根据先行动者的实际行动，调整自己的策略从而更好地应对先行动者。当双方获取的信息不完全时，其决策就会受到影响。数字化信息的不断发展则刚好弥补了这个缺陷。它使得信息的获取量以及获取速度得到大大提升，让博弈双方获取的不完全信息向完全信息转变。比如，我们以存在动态博弈的企业与其供应商为例进行分析。供应商要使自身利润最大化，就要通过保证产品或服务的质量，争取最有利的产品或服务价格；而企业要使自身成本费用最小化，就要尽力压低采购价格。由此，形成了以供应商为先行动者、以企业为后行动者的动态博弈，双方都从自身利益最大化的角度出发进行决策。在数字化时代未到来时，企业与其供应商可能通过产品市场、零售市场、竞争者等获取信息，进而根据这些信息做出决策，可能因为获取信息延迟、信息量少、准确度不高等问题，博弈双方都无法及时了解对方各种策略对应的得益情况，从而导致决策出现偏差，对双方的利益造成损害。数字化信息的存在，让大量信息能够准确、迅速地广泛传播，无论是供应商还是企业都能够在对方做出决策后精准、快速地掌握对方的策略及得益情况，然后及时采取一定的措施应对，形成对自身有利的局面，这种积极应对对方决策的行为更加有利于双方了解市场情况，从而推动整个市场的进步与发展。①

---

① 刘钧锋：《供应商与企业之间的行为选择——基于完全信息动态博弈下的分析》，《河北企业》2020 年第 6 期。

数字化信息加快了信息的传播速度、扩大了信息的覆盖面积、增加了信息的载荷量，使得不完全信息动态博弈逐渐转化为完全信息动态博弈，从而促进整个社会的进步与发展。

4.3.2　数字化信息对完全但不完美信息动态博弈均衡的影响

4.3.2.1　数字化信息可以使不完美信息转化为完全且完美信息

在动态博弈的过程中，对整个博弈过程非常了解的博弈方就是"完美信息"博弈方；相反，对博弈过程不了解的博弈方则是"不完美信息"博弈方。如果动态博弈中的各方都拥有"完美信息"，对整个博弈过程都完全了解，那么这个动态博弈就称为完美信息动态博弈；相反，如果存在某个或某些博弈方对博弈过程不清楚或不完全了解，则这个博弈过程就是不完美信息动态博弈。

博弈双方如果不完全了解整个博弈过程的所有信息，就可能会造成决策失误，给博弈双方的利益带来不利影响。而数字化信息的出现，在一定程度上降低了这种情况发生的概率，它能够将博弈过程中博弈双方错失的信息以最快的速度传递给彼此，从而使得不完美信息动态博弈转化为完美信息动态博弈。例如，处于互联网时代的大学生早已成为网络平台的主要消费者，这为互联网消费信贷的崛起奠定了坚实的基础。大学生的收入主要来源于家庭且具有金额不确定性，因而，互联网消费信贷平台对大学生消费的信贷情况并不完全了解，即究竟是预算内消费还是过度消费无从得知，双方属于不完美信息动态博弈。[①]　随着数字化渗透到社会经济生活的各个领域，数字化信息得到广泛传播和运用，消费信贷平台在决定是否对大学生放贷之前，可以通过对数字化信息的收集和分析了解大学生前期的消费情况，判断该学生的家庭是属于高收入群体还是低收入群体，进而对学生的消费类型，即是预算内消费还是过度消费做出判断。同时，在博弈中，消费信贷平台与大学生都

[①]　李根：《大学生消费信贷市场的完全但不完美信息动态博弈分析》，《广西质量监督导报》2019 年第 3 期。

会获取相关信息以掌握对方在博弈中每个阶段的行动，所以，该博弈过程为完全且完美信息动态博弈。[1]

数字化信息使得博弈双方通过获取大量有用信息从不完全了解彼此逐渐转变为完全了解，从而使得不完美信息转化为完全且完美信息。

4.3.2.2 数字化信息使完美贝叶斯均衡向子博弈完美纳什均衡转化

完全但不完美信息动态博弈在满足一定条件下求解出来的均衡叫完美贝叶斯均衡，完全且完美信息动态博弈均衡求解出来的叫子博弈完美纳什均衡，是指一个策略组合满足在整个动态博弈及其所有子博弈中都构成纳什均衡。通过前面的分析我们不难发现，随着数字技术的发展，数字化信息可以使不完美信息转化为完全且完美信息，那么其对应的均衡，即完美贝叶斯均衡就可能转化为子博弈完美纳什均衡。

在现实生活中，我们面临的许多问题都是基于完全但不完美信息展开博弈分析的，得到的是完美贝叶斯均衡。例如，对于小额信用贷款的风险分析、运输货物超载的控制分析等。[2] 在这些博弈中，信息的掌握非常重要，包括信息获取的速度、质量以及数量等都可能使博弈双方的策略不断发生改变与转换，同时也会使博弈均衡发生转变。例如医疗类事故赔偿问题，医患双方的谈判过程实际上就是一场动态博弈。在此过程中，医患双方的信息是不对称的，尤其是患者家属，他们很难了解医院和医生的所有实际情况，但医患之间最终要达成一个双方都认可的协议，即达成唯一完美贝叶斯均衡，实际上这对于患者家属是不利的，因为他们获取的信息非常有限。然而数字化时代的到来，使得他们之间的均衡发生了转变。患者家属可以通过获取数字化信息了解更多关于医院和医生的信息，如医院的背景、医生的医术情况、以往医患之间谈判的最终结果、患者家属对于谈判结果的评定等。通过获取这些关于医院和医生的数字化信息，患者家属由不了解医院和医生的真

---

① 李根：《大学生消费信贷市场的完全完美信息动态博弈分析》，《广西质量监督导报》2019年第4期。

② 张文君：《小额信用贷款的风险管理：基于贝叶斯均衡的博弈分析》，《福建金融管理干部学院学报》2011年第1期。

实情况到逐渐充分了解，其与医生在更加公平、公正的基础上进行医疗事故赔偿谈判并达成赔偿协议，最终实现子博弈完美纳什均衡。[①]

通过上述医患之间博弈的例子我们可以看到，数字化信息让博弈方及时获取大量信息，了解事件发生的全过程和所有方面，从而进行公平、公正的博弈，有助于更快地达成一致或者促成合作，使得完美贝叶斯均衡向子博弈完美纳什均衡转化。

4.3.3　数字化信息对静态博弈均衡的影响

4.3.3.1　数字化信息使静态博弈转化为动态博弈

如前所述，静态博弈是指双方同时做出决策，或者虽然不同时进行决策但决策前不了解对方的决策，或者即使知道了对方的策略也不能改变自己决策的情况，而双方轮流进行策略选择的博弈则为动态博弈。无论是静态博弈还是动态博弈，获取信息的能力都尤为重要，它对博弈过程中的策略选择起到关键作用。那么，在数字化飞速发展的今天，静态博弈与动态博弈之间是否存在一定的关系呢？

近年来，越来越多的经销商凭借规模、成本等优势不断提高其市场份额，还有一些经销商联合起来利用其优势地位对上游供应商施压以获取更大的利润。当几家大经销商坐拥市场，拥有强大的谈判能力时，它们之间的关系就可以看作寡头垄断市场的结构。虽然这些大经销商是为了避免资源获取的不确定性而选择与竞争对手合作，抢占市场份额，但其最终的目的是实现自身利益最大化，因而各经销商之间是一种"竞合"关系。在数字化时代未到来前，各个经销商通过市场获取销量信息、消费者偏好、竞争对手营销策略等，但是信息收集速度慢、获取数量少，因而经销商可能还未收集到足够多的相关信息就要进行策略选择，即经销商之间进行静态博弈；数字化时代的到来，使得信息快速、大量传播，各经销商通过数字化信息能够及时准

---

① 张泽、高宏生、解宏伟：《利用完美贝叶斯均衡讨论不完全信息的医疗事故赔偿金的谈判》，《数理医药学杂志》2008 年第 3 期。

确地了解产品的销售情况、消费者需求、供应商产品性能和质量等信息以及竞争对手采取的营销策略等，其可以根据上述信息对自己的决策进行相应的调整，例如，结合消费者购买情况对产品价格做出相应调整，进军新的市场扩大销售地域，针对竞争对手的营销策略及时出台优惠促销举措等。由此，各经销商之间便是进行有来有回的动态博弈，通过不断调整策略来巩固自身在市场上的地位。[①]

从上述经销商之间博弈的例子可以看出，数字化信息可以使静态博弈转化为动态博弈。同时，这种博弈类型的转换能够增强企业针对瞬息万变的市场及时调整策略的能力，推动企业和市场更好地发展。

4.3.3.2 数字化信息使静态纳什均衡转化为动态纳什均衡

上文提及数字化信息可以使静态博弈转化为动态博弈，那么它对于博弈中达到的均衡是否产生影响？即数字化信息能否让静态纳什均衡也转化为动态纳什均衡？

金融活，经济活；金融兴，经济兴；金融强，经济强；金融稳，经济稳。经济与金融共生共荣。金融市场的行为主体主要有金融监管部门与金融市场参与者，两者均追求自身利益最大化。金融市场参与者无法准确掌握监管部门做出的决策和采取的行动，但受利益的驱使，可能会产生机会主义行为选择违规，同时由于金融市场参与者的行为具有隐蔽性，金融监管部门对其违规信息无法全部获悉，因而两者之间存在静态博弈，在博弈中存在纳什均衡，使二者"正常运营"。金融市场参与者和监管部门无法及时调整策略的重要原因是获取信息的数量少、速度慢，而数字化信息刚好弥补了这些缺陷。当金融市场参与者发生违规行为时，金融监管部门能够迅速获取相关信息，及时掌握违规行为及其产生的后果，据此对违规者进行相应的处罚；同样，金融市场参与者也能通过数字化信息快速掌握监管部门的决策，为追求自身利益最大化，及时对企业经营做出调整以应对监管部门的策略，由此，

---

① 陈洁、何伟：《营销渠道经销商战略联盟动态和静态博弈形成机理比较》，《上海交通大学学报》2006 年第 4 期。

双方轮流进行策略选择，开展动态博弈，在博弈中达到纳什均衡。①

　　通过上述对金融市场中存在的两类主体行为的分析，我们可以看出，数字化信息凭借传播速度快、信息承载量大、覆盖范围广等优势，可以使静态纳什均衡转化为动态纳什均衡。通过这种转化，金融市场参与者针对监管部门的策略能够及时调整其决策，而监管部门也可以及时出台政策或采取措施对金融市场参与者的行为进行规范，双方相互约束制衡，从而共同维护了金融市场的稳定，促进国家经济的发展。

---

① 牛玲玲：《金融违规与金融监管的静态均衡分析》，《特区经济》2006 年第 2 期。

5

经济数字化及其对产业升级的作用

5.1 数字产业化的特征与现状

5.1.1 数字产业化的构成及特征

5.1.1.1 数字产业化的行业构成

在 2020 年 12 月中央政治局的会议中，"需求侧改革"的概念第一次被提出。在宏观层面，新基建、数字产业化以及产业数字化共同构成了数字经济的三大基石，同时，三大基石对于数字需求侧改革也将产生巨大的积极效应。这不仅关系国家的经济发展情况，还关系各国的经济竞争能力。2019年 4 月中国信息通信研究院发布《中国数字经济发展与就业白皮书（2019年）》这一研究报告，在报告中首次提出可以将数字经济分为两部分，即数字产业化和产业数字化。

数字经济的根本为数字产业化，数字产业化是指为了使产业数字化实现更好突破与发展，为产业数字化提供数字相关技术、基础设备、相关问题解决方法、服务、商品，以及完全以数字技术、数据要素为根本基础的各类经济活动，最终形成一种具体产业的趋势。即数据要素的产业化、商业化、市场化趋势。① 也可将其理解为随着数字技术的发展，如人工智能、大数据、云计算、区块链等，需求的相关技术逐渐走向成熟、完备，通信技术以及数据提供的能力加强与信息相关领域的规模化、产业化发展而逐渐形成新型产业体系的趋势。在数字化时代实现全面高质量发展、创造自身数字经济新优势的主要选择方向便是加快推动数字产业化。② 数字产业化最为典型的例子便是阿里巴巴、高德地图、华为等各大互联网数字企业，通过将通信技术、云服务、云计算、区块链、大数据等数字技术做成最终的功能性产品，形成了最终的数字化产业。

数字产业化测算主要涉及数字产业划分和数字经济增加值核算。2021年6月，我国国家统计局发布的《数字经济及其核心产业统计分类（2021）》，对数字经济产业的范围进行了划分：第一类是数字产品制造业，第二类是数字产品服务业，第三类是数字技术应用业，第四类是数字要素驱动业，第五类是数字化效率提升业等，这五大类产业下分32个中类产业，以及156个小类产业。并明确划分出前四大类产业属于数字产业化部分，也是数字经济核心产业；第五大类产业是产业数字化部分。其中属于数字产业化部分的四大类大致分类如下。

（1）数字产品制造业，包含6个中类：计算机制造类、通信及雷达设备制造类、数字媒体设备制造类、智能设备制造类、电子元器件及设备制造类，以及其他数字产品制造业。

（2）数字产品服务业，包括5个中类：数字产品批发类、数字产品零售类、数字产品租赁类、数字产品维修类，以及其他数字产品服务业。

（3）数字技术应用业，包括5个中类：软件开发类、电信/广播电视和卫星传输服务类、互联网相关服务类、信息技术服务类，以及其他数字技术应用业。

（4）数字要素驱动业，包括7个中类：互联网平台类、互联网批发零

---

① 石建勋：《加快推动数字产业化和产业数字化》，中国共产党新闻网，2021年10月15日。
② 石建勋：《加快推动数字产业化和产业数字化》，中国共产党新闻网，2021年10月15日。

售类、互联网金融类、数字内容与媒体类、信息基础设施建设类、数据资源与产权交易类，最后便是其他数字要素驱动业。[①]

按照目前公开的信息数据，中国的数字产业化市场规模为 7 万 ~ 8 万亿元。在国资委网站公布的《2020 年国有企业数字化转型典型案例》中，列出了数字产业化包含的产品与服务创新、生产智能化运营、数字化营销服务、新一代信息技术、数字生态、工控安全、两化融合管理体系和综合等 8 类 100 个典型案例，从中我们可以看出，数字产业在市场竞争与商业运营中呈现日益发展壮大的趋势。

5.1.1.2 数字产业化的特征

（1）数字产业是设备技术要求高、创新能力强的产业

数字产业快速发展要求建设高水平的数字基础设施。新型数字基础设施建设包括传感技术终端、5G 网络连接、超算中心、工业互联网等。数字基础设施建设也早已成为各国数字化发展的战略焦点，如美国的万亿级"重建更美好未来"基础设施计划，制定了促进 5G 和人工智能等关键技术发展的系列政策。2021 年欧盟委员会发布《2030 数字罗盘：欧洲数字十年之路》，提出高速、可靠、强大的数字基础设施是关键基石。

在创新活力体现上，数字产业则是全世界最具有创新能力的产业，而强大的创新能力则从根本上保障了产业应具备的竞争力。中国信息通信研究院的数据显示，2018 年全球创新企业前 1000 名的榜单中，一共有 335 家是数字产业相关企业，研发投资金额合计超过了 3000 亿美元，占总研发投入比重近 40%，平均研发强度为 7.6%，是上榜企业中其他行业的两倍多。[②]

（2）数字产业是高渗透产业

具备高渗透性是数字经济领域、信息技术领域尤为重要的特征之一。所谓的高渗透性是指可以使其渗透、应用到市场上各个不同行业部门，由此促

---

① 国家统计局：《数字经济及其核心产业统计分类（2021）》（国家统计局令第 33 号），2021 年 6 月 8 日。
② 《2020 数字中国产业发展报告：信息通信产业引领全球经济创新发展》，人民网，2020 年 5 月 22 日。

数字经济学
理论与应用

进了各行业的生产运营活动。同时，信息技术领域的渗透性还可以帮助提高应用部门的生产力。

信息技术所具备的渗透性建立在信息技术具备普遍性和开放性的基础上，进而使得数字产业与传统产业之间的渗透融合成为可能。马健利用模仿行为经济学的基本思想发现信息产业是一种高渗透性的产业。[①] 郭美晨等则通过实证方法证明了信息产业具有强大的渗透效应和倍增效应，这已经被多数的数学学者证实及认可。[②] 如大数据、区块链、物联网、移动互联网、云计算、人工智能等数字技术都具备一定的渗透性和倍增效应，助力了传统产业向多元化、整体化、全方位转型升级。再加上产品服务的多样性和广泛应用，其也在很大程度上促进了数字产业与传统产业之间的持续渗透和整合。

在规模形式上，数字产业所具备的渗透性也实现了数字技术从消费端向生产端的转化、从线上活动向线下活动的转化，最终形成了如今的平台经济、微观经济、共享经济等全新的经济模式、业态形式。同时其也助力了传统产业实现不断更新迭代的智能化、网络化、数字化转型，随着数字技术的不断发展，传统企业的生产管理效率实现大幅提升，成为传统企业发展的新动能。

（3）数字产业具有先导性和战略性

数字经济的基础在于数字产业化，数字产业不断为产业数字化的更好发展提供数字相关技术、产品、服务、基础设施和问题解决方案。正如交通运输产业成为蒸汽技术革命、电力和电气工业成为电力技术革命的引领者一样，数字产业是数字经济时代促进人民生活和生产变革的基础性、引导性、战略性产业。互联网、大数据、区块链、云计算、人工智能等多种数字技术对于实体经济而言，无论是在广度上还是在深度上都进一步实现了相关的渗透融合。

数字产业的发展能够不断扩大开放式创新体系，加速智能化新生产模式

---

① 马健：《信息产业融合与产业结构升级》，《产业经济研究》2003 年第 2 期。

② 郭美晨、杜传忠：《ICT 提升中国经济增长质量的机理与效应分析》，《统计研究》2019 年第 3 期。

的实现，推动平台化产业迅速壮大起来。伴随新技术、新服务、新产业以及新业态的蓬勃发展，传统产业相继转型，经济加速发展，社会取得快速进步。数字产业的发展不断为人们的生产方式和生活方式带来新的变化，与此同时，经济社会的生产要素、生产力和生产关系也实现全面化系统性变革。

（4）数字产业化具有不确定性

数字产业在技术、市场和国际环境方面都充满了不确定性。

在技术方面，数字产业快速发展需要技术创新的支持，但重大的技术创新初始时往往伴随着高风险和不确定性。例如，5G刚问世时，其目标是要实现万物互联的重大变革，但却面临巨额投资和巨大的社会挑战等高风险问题。5G独立组网作为海量机器互联（mMTC）、超低延时通信（URLLC）的关键，也有较多的技术瓶颈尚未突破。在终端芯片方面，5G独立组网模式的终端芯片并未成熟，影响了中国部署5G独立组网模式的步伐。

在市场方面，很多的技术和产品早期都并不被消费者所知晓或者认可，要经历一定时间的沉淀才能发现产品还有更多方面的应用功能，如早期区块链技术仅仅被广泛应用在数字加密货币领域，而随着市场的成熟与技术的发展，区块链技术能够应用在更加多元化的场景之中，其中包括政务民生类应用、司法存证、税务、产品溯源等领域。甚至人们发现区块链技术可以在钻石行业中得到应用，通过区块链技术，能够帮助消费者实现钻石的全程追踪溯源功能，从钻石被某座矿山开采到某座商场柜台售卖，这些信息都能为消费者所了解。在组织层面，企业或个人实现技术革新是不确定的。当传统领域某一产业出现本质性变革时，往往会有个别企业并不能及时识别一些变革趋势。例如，计世资讯（CCW Research）的调研报告显示，直到2010年第1季度，中国移动飞信服务业务以22.4%的市场占有率仍位居第2，但由于中国移动飞信产品定位未跟上互联网发展趋势，飞信已经被微信所取代，现在微信占据了即时通信市场的主导地位。①

_____

① 《中国移动飞信业务（飞信遭中国移动"放弃"!）》，环球信息网，2021年9月4日。

在国际环境方面，复杂的国际形势增加了数字产业发展的不确定性。世界发达国家都十分重视数字产业的发展，这也使得中国数字产业发展首先就面临同发达国家的竞争压力。早在 20 世纪末就已有国家就数字经济展开了相关的策略布局，促进数字产业发展。美国更是于 20 世纪 90 年代已经开启了"信息高速公路"的战略部署。此后，各国为了抢占数字产业的竞争高地，尤其是发达国家，不断颁发、更新数字产业相关的战略规划与措施。同时，中国数字产业发展还面临着新兴国家的追赶。比如，印度于 2015 年颁布了"数字印度"战略计划，巴西于 2016 年发布了《国家科技创新战略（2016—2019 年）》，大力促进数字产业的快速发展。除了各个国家之间的追赶，中国同时面临着持续增大的外源风险。例如，美国对中国华为、中兴通讯等数字企业进行打压，增加了中国数字产业发展格局的不确定性，阻碍中国数字技术进步与完善。

5.1.2　数字产业化的现状

5.1.2.1　全球数字产业化的现状

全球新一轮的科技革命和产业革命正在加速兴起，以新一代信息技术为代表的数字产业正在成为实现创新驱动的重要推动力量。截至 2021 年底，全球有 60 多个国家和地区相继完成了 AI 战略部署计划，超过 15 个国家和地区颁布了量子技术战略。2021 年全球主要国家关于数字产业战略的文件达到了 2017 年的 1.5 倍，由此可见数字产业的战略部署不断加快。近几年，全世界的数字产业规模实现了持续的发展壮大，并呈现以下三大特点。

第一，全球主要国家都积极参与到数字产业大发展的浪潮中。2020 年全球数字产业化占数字经济的比重达到了 15.6%，为全球 GDP 的 6.8%。其中亚洲国家的数字产业规模为 2 万亿美元，在洲际板块中排第 1；美洲国家的数字产业规模为 1.9 万亿美元，排第 2；欧洲国家的数字产业规模也达到 1.1 万亿美元，位居第 3；大洋洲国家的数字产业规模为 387 亿美元，非洲国家的数字产业规模为 83 亿美元, 分别位居第 4 和第 5。[①] 在数字产业大发展的背景下, 各国企业加大了研发投入。2020 年全球研发投入 TOP 2500 榜单中, 美国有 779 家企业入围而独占鳌头, 总研发经费高达 3436 亿欧元。中国紧随其后, 有 594 家企业进入榜单, 但总研发经费只有 1410 亿欧元, 不敌入围企业数量只有 401 家的欧盟总研发经费。日本有 293 家企业上榜, 研发资金高达 1111 亿欧元, 与中国相差不多。

第二, 各国数字产业发展领域较为一致。近 5 年来, 人工智能、5G/6G、自动驾驶、量子技术以及半导体等成为各个国家数字企业的重点布局领域, 占全球数字产业发展领域的比重分别为 27%、20%、16%、13% 以及 11%。

第三, 全球主要国家在数字产业发展研究方面加强了合作。2010 年以来, 美国与欧盟、中国、英国、加拿大和德国等在 AI 研究领域的合作程度深入且稳定。合作数量上, 2021 年美国与中国 AI 研究合作数量就达 18113 篇, 占美国与其他国家合作总数的 38%, 美国与欧盟 AI 研究合作数量也达到 16928 篇。

数字产业化已经成为各个国家和地区展开产业竞争、经济竞争的主要领域, 综观全球, 许多国家为实现数字经济、数字产业化的快速发展, 不仅投入了大量的人财物, 还结合本国国情出台了一系列数字产业发展的战略规划。在不久的将来, 全球将会有更多企业在 5G、人工智能、区域链等多项数字技术领域展开合作, 也会更加注重企业的产品标准、服务规范、限定范围、基础技术、设施建设、发展战略等问题, 加快推进数字产业化的发展。

5.1.2.2 我国数字产业化的现状

近年来, 我国高度重视数字经济的发展。党的十九届五中全会明确表示, 我国需要大力促进数字经济的发展, 推动早日实现数字产业化和产业数字化, 加强数字经济与实体经济之间的深度融合, 创建具有较强国际竞争力

---

① 智研咨询:《2022-2028 年中国数字经济行业市场发展调研及投资前景展望报告》, 2022 年 1 月 13 日。

的数字产业集群。同时，我国还在国家数字经济战略中提出：要将产业作为立足的基础，极大地发挥市场所具有的活力，实现有效市场与有为政府互相促进发展；还要充分利用并不断扩展国内统一大市场，完善我国的工业体系，不断实现数字化创新。

我国数字产业规模不断扩大，数字产业增加值不断提升，总体呈现稳步向上的发展趋势。相关研究表明：我国数字产业化实现了稳步发展，基础得到进一步夯实，数字产业结构也实现了持续优化，我国的软件行业、互联网行业占比得到持续提升。[①] 中国信息通信研究院发布的《中国数字经济发展白皮书（2022年）》显示：2021年，中国数字产业经济规模高达8.4万亿元，在GDP中比重达到7.3%。在数字产业的内部结构中，软件与信息技术服务业、互联网与服务业的占比持续升高，电信业、电子信息制造业的占比呈下降趋势。从城市来看，我国大城市的数字产业发展更为迅速，《中国城市数字产业发展报告（2021）》显示，数字产业化及产业数字化综合发展能力较高的城市主要为北京、上海、深圳、杭州、广州、南京、合肥、武汉、苏州、成都等大城市。从城市群来看，珠三角、长三角城市群的数字产业整体发展水平高、协同效应强；京津冀城市群的数字产业发展不均衡；中西部城市群的数字产业整体发展水平有待提升。

与此同时，我国越来越多的实体企业也不断顺应数字经济的发展趋势，加快了自身的数字化转型步伐。在上市公司的相关数据中我们可以发现：2012~2017年，实施数字化变革的企业数量实现大幅度上升，2017年已有677家实体企业开展了数字化变革，覆盖了大部分行业领域。同时，数字化变革也显著提升了实体企业的经济效益。[②] 目前我国数字产业还实现了各子行业的共同发展：①电信业不断强化基础保障能力。2021年，电信业务收入1.47万亿元，同比增长8%，持续呈现快速上升的趋势。②电子信息制造

---

① 宋旭光、何佳佳、左马华青：《数字产业化赋能实体经济发展：机制与路径》，《改革》2022年第6期。

② 何帆、刘红霞：《数字经济视角下实体企业数字化变革的业绩提升效应评估》，《改革》2019年第4期。

业不断打破瓶颈界限。我国电子信息制造业产业链现代化、数字化水平不断提升，加速补齐核心技术短板，市场份额逐步提升。根据最新数据，2021年我国规模以上电子信息制造业增加值同比增幅达到15.7%，增速与上年同期相比上升了8个百分点。③软件和信息技术服务业的发展日新月异。我国软件和信息技术服务业规模以上企业超过4万家，2021年软件业务收入就达到9.5万亿元，较上年增长17.7%。④互联网和相关服务业规模不断壮大。工业和信息化部公布的数据显示，2019年中国互联网和相关服务业业务收入实现12061亿元，实现营业利润1024亿元。2021年中国规模以上互联网和相关服务业实现业务收入15500亿元，同比增长21.2%。同时，互联网企业投入研发资金670.1亿元，同比增长5.6%。①

　　总体来看，我国目前在5G技术、移动支付、网上交易等方面具有优势，但在数字经济基础设施中仍存在不少薄弱环节。第一，我国推进数字产业化实现高质量发展仍存在较大的进步空间。第二，在跨国交易、人民币结算等环节应用的数字技术还未达到完全的互联互通，仍需进一步完善相关技术服务。第三，数字产业化新兴应用领域创新力度仍需加大，同时缺乏完善的治理体系、法律法规等。与以美国为首的西方经济体相比，我国对于新基建的投入仍相对较少，制定相关的数字经济战略规则、与其他国家达成联盟贸易关系，抢占数字技术、数字经济发展鳌头等方面，仍是我国亟须奋起直追的发展方向。②

5.2　产业数字化的特征、现状及困境

5.2.1　产业数字化的含义和特征

5.2.1.1　产业数字化的含义

许多学者从自身的研究视角出发提出了产业数字化的含义。肖旭和戚聿

---

① 《2021我国数字产业化发展趋势》，《信息化建设》2022年第1期。
② 卓翔、陈丽娟：《数字全球化与数字中国建设因应之策》，《理论视野》2021年第10期。

东认为，产业数字化是指在现有三大产业中，利用最先进的数字技术，对现有产业的数据进行采集、传输、存储、处理和反馈，目的是打通不同层级、行业间存在的数据壁垒，使得供给侧提质增效明显，创造全新的产业、业态与商业模式，进一步满足需求侧的同时带来全新体验新需求的一种特殊的数字化转型活动。[①] 王静田和付晓东认为，数字化就是将数字技术应用于三次产业发展，提高网络化、智能化水平，实现产出增加和效率提升的过程。[②] 汪祖刚提出，产业数字化是指传统产业在经营模式、风险管理、成本控制、行政管理等所有方面全面运用大数据、区块链、人工智能等新一代信息技术，从而从整个产业总体上提高效益、降低成本、严控风险、节约资源。徐阳洋提出，产业数字化主要是指通过技术的创新和运用对产业产生积极影响，从而使得低级产业不断向高级进行进化和转变的应对过程。陆岷峰提出，产业数字化是以技术的创新与运用为基础的，产业数字化过程在一定意义上是技术创新与运用的过程。很大程度上来说，产业数字化会产生试错风险。此外，一些数字经济研究机构也提出相应观点。中国信息通信研究院指出，在数字技术的运用下，生产的数量、质量和效率都得到了提高。综合以上观点，可以看出：产业数字化指的是传统产业为应对生产力变革而利用数字技术对业务进行改造和升级的过程。从宏观角度来说，工业数字化就是在大数据、5G 等新一代技术手段的支持和引导下，以数据为支撑，对整个产业链进行数字化升级、转型和再造。从微观角度来说，产业数字化指的是企业利用数字技术智能化、定制化地处理市场信息，加强企业对信息的即时价值捕捉，从而降低企业处理信息的难度，提升企业业务效率的过程。[③]

5.2.1.2 产业数字化的特征

（1）数据成为产业最重要的生产要素

数据作为信息最重要的载体，有着可复制与共享、无限供给与使用等特

[①] 肖旭、戚聿东：《产业数字化转型的价值维度与理论逻辑》，《改革》2019 年第 8 期。
[②] 王静田、付晓东：《数字经济的独特机制、理论挑战与发展启示——基于生产要素秩序演进和生产力进步的探讨》，《西部论坛》2020 年第 6 期。
[③] 周琳：《为企业转型"数字焦虑"开药方》，《经济日报》2020 年 7 月 26 日。

点，是数字经济社会中各产业不可或缺的生产要素。通过对数据进行深度分析，生产者可以进一步挖掘多种数据类型以及体量巨大的数据下所蕴含的商业价值，实现从数据到价值创造的有效转化，从而使数据成为业务创新、产业升级、社会变革的重要源泉。在电商行业中，淘宝、京东、拼多多等利用用户使用数据，调整用户推送，激发用户需求，使得整个电商行业高速发展。以淘宝为例，通过后台数据发现 2020 年后老年群体的线上购物用户剧增，于是淘宝选择在 2021 年"双十一"活动中，开展老年购物专场，"双十一"销售额由 2020 年的 3723 亿元剧增到 2021 年的 5403 亿元，打破了疫情背景下电商行业低迷的现状。在智慧交通产业中，百度地图、腾讯地图以及高德地图将用户出行路线变成数据，很大程度上阻断了疫情传播。在农业数字化中，农业大数据理念被广泛应用。例如，信丰依托国家现代农业（脐橙）示范区、国家现代农业（脐橙）产业园、中国赣南脐橙产业园等平台，建成了信丰国家现代农业产业园大数据平台，在检测种子发育情况后开始耕地、播种、施肥、杀虫、收割、存储、育种等农作物必要的生长环节，形成农作物生长的标准数据，帮助后期的生产。

（2）产业与互联网高度融合

在数字经济时代，生产思维模式被互联网改变。产业发展由传统工业规模性思维转变为数字经济的互联网化思维。人们不再通过单一的规模化生产寻求经济增长，而是利用数据的集成、处理和分析进行定制化生产，从而产生巨大的集约效益。产业互联网平台的出现则是产业与互联网高度融合的表现。生产者利用产业互联网上的共享数据对产业链进行资源整合和流程优化，从而实现对产业生产关系的改造和生产效率的提升。例如，上海钢联通过钢铁网发布的 Myspic 价格指数消除了信息不对称，为钢铁贸易的三合一，即大宗交易、金融服务和物流整合等提供了基础；海尔集团的 COSMOPlat 平台、华为公司的 OceanConnect IoT 平台、西门子集团的 MindSphere 平台等产业互联网平台为制造业发展提供支持。

（3）以区块链技术为基础进行产业大规模协作

区块链具有去中心化、开放性、共享性、透明性、私密性等特征，能够提供区块链式数据存储、防篡改等服务。基于双方或多方的共识、透明和可信的信任协作机制，为产业大规模协同发展提供技术支撑。区块链有助于企业实时了解商品的状态，有效避免信息的失真和扭曲，有利于实现联盟企业之间的利益。区块链打破传统封闭的运营模式，优化生产运营和管理，提升运行效率和产出效益，形成开放共享的产业生态，在供应链领域发挥着重要作用。比如，京东区块链的安全溯源公开系统，可以解决全流程、全零售商品的溯源和防伪问题；马士基是世界知名的交通与后勤公司，率先在全球范围内引入了一个以区块链为基础的跨国供应链解决办法；另外，一些区块链技术公司与各大券商联手推出了"以区块链为基础的信贷风险增信平台"，为中小企业提供了一种全新的金融增信方式。

5.2.2　产业数字化的现状及困境

5.2.2.1　产业数字化的发展现状

（1）全球产业数字化发展现状

产业数字化持续引领全球数字经济的发展。从规模上看，各国产业数字化均在数字经济中占有一定比重。2020年全球产业数字化占数字经济比重为84.4%，占GDP比重达到36.8%。2018~2020年，各产业数字化渗透率不断上升，一二三产业数字化渗透率由7.0%、22.8%、37.9%增长到8.0%、24.1%和43.9%（见图5-1）。从国家发展水平来看，不同收入水平的国家在一二三产业数字化渗透率上差别很大，高收入国家三次产业数字化渗透率均远超中高收入国家和中低收入国家（见图5-2）。就产业来看，第一产业数字化渗透率普遍较高，第三产业数字化渗透率普遍较低。

（2）中国产业数字化发展现状

传统产业数字化转型是中国经济实现高质量发展的关键所在。2020年，我国产业数字化总规模达到31.7万亿元，占数字经济比重高达19.1%，占我国GDP比重达到31.2%。根据图5-3中2016~2020年产业数字化相关数据，可以看到在增速放缓的情况下产业数字化仍处在蓬勃发展的状态。此外相关数据显示，三大产业的数字化渗透率也不断提高。第一、第二产业的数

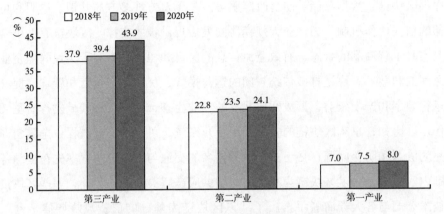

图 5-1　2018~2020 年全球三大产业数字化渗透率

数据来源：中国信息通信研究院，《中国数字经济发展白皮书（2020 年）》。

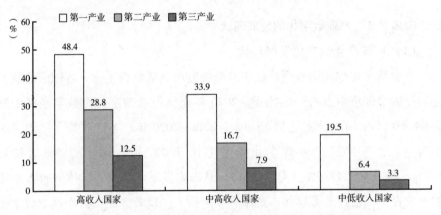

图 5-2　2020 年不同收入国家的三大产业数字化渗透率

数据来源：中国信息通信研究院，《中国数字经济发展白皮书（2020 年）》。

字化渗透率稳中有升。第一产业的数字化渗透率由 2016 年的 6.2% 提升到 2020 年的 8.9%。第二产业的数字化渗透率由 2016 年的 16.8% 提升到 2020 年的 21.0%。第三产业的数字化渗透率由 2016 年的 29.6% 提升到 2020 年的 40.7%，持续高速提升（见图 5-4）。

数字经济学
理论与应用

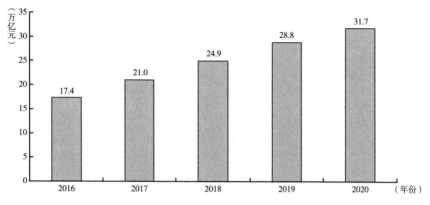

图 5-3　2016~2020 年中国产业数字化规模

数据来源：中国信息通信研究院，《中国数字经济发展白皮书（2020 年）》。

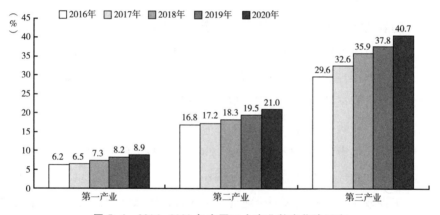

图 5-4　2016~2020 年中国三大产业数字化渗透率

数据来源：中国信息通信研究院，《中国数字经济发展白皮书（2020 年）》。

5.2.2.2　产业数字化发展困境

（1）要素供给不充分

产业数字化转型离不开数据要素、资本要素和技术要素的支撑。在数据要素方面，要素价值未充分释放。数据是新型生产要素，是数字化时代交换信息、洞悉规律、挖掘价值的重要来源，但目前还未形成市场化的数据确权、定价、交易机制，也没有建立数据参与收益分配、股权投资的相应制度，激励制度和保障措施的缺失使得大量数据尚未投入企业运营和产业发展中。在资本要素方面，数字化转型的难点是周期长、投资大，从必要的软硬件购买到日常系统运行维护，再到设备更新换代以及人力资源培训等环节，都需要源源不断的资金投入。巨大的投资将一批中小企业拒之门外，在经济下行压力和疫情的双重冲击下，我国一些大型国企、央企也无力承担数字化转型的资金投入。经济形势的变化影响产业数字化的进程。在技术要素方面，目前许多传统行业的信息化程度相对较低，核心数字技术供给不足、相关经验缺乏，难以依靠自身实现数字化转型。而数字技术行业提供的转型方案多是通用型解决方案，难以契合传统行业自身的业务发展需求，也难以帮助传统行业实现成功转型。

（2）平台寡头垄断

伴随着数字经济的迅猛发展，平台企业快速崛起，传统行业企业则借助平台力量有效破解数字化投入能力弱、技术门槛高、维护成本高等难题，缓解"不会转、不能转、不敢转"的困境。建设产业要素的流通平台，对产业健康发展有着至关重要的作用。但是，网络平台与生俱来的快速规模化与市场集中化，在获得规模经济效益的同时，也不可避免地出现了平台垄断妨碍良性竞争、侵害消费者权益等问题。例如，一些平台会在后台收集消费者的私人信息如地址、生活偏好等。一些小型平台企业可能会选择将这些信息卖出，来谋取收入。一些大型企业通常会选择保密来维护自己和消费者之间的信任，但也会面临信息被动泄露的风险。与以往的竞争格局不同，数字资源通过网络打破了地域限制，竞争模式会逐步转变成"赢者通吃"的局面，也就是第一名的市场份额远远超过其他竞争者。

（3）产业数字生态圈难以形成

"数据孤岛"尚未打通。各个企业的系统数据相互独立、隔离，无法实现用户所需数据的实时共享，由此造成"数据孤岛"问题。随着各行各业产业数字化的不断深入，企业对外部信息的需求不断上升，包括上下游产业链相关的企业信息等。这些资源需要重新整合、排序并呈现产业间的相关性，实现行业信息共享。信息的行业共享决定了产业数字化的发展质量和效率，因此亟须解决"数据孤岛"问题。

企业数字生态圈之间相互排斥。在过去的几年中，为适应数字化转型发展，各个大型企业纷纷建立独有的生态圈。这些企业生态圈的发展道路各不相同，很大一部分企业建立的生态圈以自身发展为重，为此不吝投入巨额资金。单一的过量资本竞争造成多个企业生态圈重合矛盾，冲突加剧。以互联网平台为例，微信作为腾讯生态圈的主要支付工具却无法在阿里系生态的电商平台淘宝中使用，想要在微信上分享抖音视频需要特定口令，一些中小企业的竞争信息会被这些大型网络平台自动排除等。

（4）产业数据治理有待加强

数据作为产业数字化最重要的生产要素，尚存在以下问题，亟须加强治理。一是数据产权界定不清晰。首先，各行各业尤其是一些涉及国家安全的行业产生的数据要素，是否可以合法公开地自由流动与公平交易，存在一定的法律空白。其次，数据本身易传播与复制的特点带来难以估量的网络外部性影响。数据本身就可以分为原始数据、二次加工或深加工数据、衍生数据等，一般来说数据加工层次越多，数据的产权主体越复杂，价值自然越高。但数据应该以什么形式在全行业流通，相同或不同层次的数据之间如何交易，交易的标准是什么等，都是尚未解决的难题。二是数据交易的非法性质难以辨别。一方面，缺乏对产业数字化产生的数据要素进行度量的标准，无法确定数据价值。例如，针对数码平台业务交易量、广告费、点击率、弹出率、销售额、市场价值、利润率、用户数量等，无法确定其价值。另一方面，官方数据交易平台尚未搭建，数据交易多在私下进行，交易时间与数据内容无法及时确定，这会增加产业数据泄露的风险。[1]

---

① 王丹丹、单志广、唐斯斯：《我国产业数字化的"五大风险"和"五大对策"》，《中国经贸导刊》2021年第1期。

5.3 数字化对产业升级的作用机理及效果

5.3.1 产业升级的含义

《中华人民共和国国民经济和社会发展第十四个五年规划和 2035 年远景目标纲要》提出：要坚持将实体经济作为我国大力发展经济的着力点，加大力度、早日实现我国成为制造强国、质量强国的相关建设，加强先进制造业与现代化服务业在更深程度上的融合。同时，还要求实现基础设施具备更大程度的支撑引领作用，建造实体经济、科学技术、科学创新、现代金融、人才资源等多方面的融合性现代产业体系，以及增强金融的普惠性，其实践路径便是提升创新能力和金融服务能力，这也是推动产业升级的关键。

在微观层面，产业升级是指企业通过相关技术提升、管理模式改善、企业结构变革、产品品质升级等，实现企业产品的附加值提高。在中观层面，产业升级是指同一产业中所有企业都不断提高产品附加值，提高产业的生产边际效率和整个产业的利润率。在宏观层面，产业升级是指产业结构升级，即实现国家经济增长方式的转变，比如由劳动密集型逐渐转变为资本密集型和知识密集型的增长方式。宏观层面的产业升级，不仅使旧产业结构得到升级，还意味着产生了新的更为先进的产业形态。综合而言，产业升级是一个综合性的概念，不仅包括产业结构的优化、价值链的高端化，还包括环境保护程度的提高，是全面性进步与升级的体现。[1]

学术界对于产业升级进行了狭义和广义的界定。以 Gereffi、Poont、孙文远、许楠为代表的国内外学者，坚持从企业的微观角度和较为狭窄的层面对于产业升级进行界定，他们普遍认为产业升级是企业顺应全球价值链价值阶梯逐层提高的过程，需要企业在全球产业分工中实现低端、劳动密集型制

---

[1] 杨永兵、唐新妮、赵梓伊：《基于空间面板数据模型的数字金融与产业升级关系研究》，《南昌航空大学学报》（社会科学版）2022 年第 2 期。

造向着中高端、资本和技术密集型制造转化。更多学者将产业升级界定为产业结构变化这一更为广义的概念，他们认为在信息时代，人们借助互联网、数字技术实现跨行业合作，改进技术、不断创新，以新产品满足人们日益提升的消费需求，这正是一个产业"协同效应"的形成过程，即产业升级过程。一些学者在研究中就表明，某一产业的升级将会对相关的周边产业升级起到推动作用。比如，以孙晶和李涵硕为代表的学者就从银行、证券和保险业金融产业结构角度进行了实证研究，研究结果表明金融对于产业结构具有显著的促进作用，并且在银行、证券、保险业中，银行业对产业结构升级的积极作用更加显著。[①]

当前产业升级的路径大致有三个方向：第一条路径，产业内价值链提升型。学者们从产业领域出发，研究如何实现产业各环节附加值更高，从而制定产业结构升级的策略。第二条路径，产业间跃迁式。朱瑞博就曾指出我国产业升级应该学习全球领先科技，加大研究和投入力度，形成开放式创新，打造全新产业链，形成顺应新时代产业升级发展的新发展模式。第三条路径，高质量技术型。有学者指出，产业应当以顺应市场需求为根本，从生产、管理、市场、技术等方面实现全方位的创新，以技术创新来推动产业结构升级。

5.3.2 数字产业化对产业升级的作用机理及效果

5.3.2.1 数字产业化对产业升级的作用机理

数字产业化通过促进产业间技术融合来推动产业升级。数字产业化是实现经济高质量发展的基本保障，在新的经济形态下，数字产业化致力于将大数据、云计算、物联网、区块链、人工智能、5G 通信等新兴技术融会贯通，突破不同产业间的技术壁垒，并依托数字技术强有力驱动，将数字化理念融入产业生产、运营、管理的全过程中。数字产业化是引领产业结构升级的新动能，能够有效解决工业经济时代边际报酬递减的问题。在数字经济时代，

[①] 李荣胜：《信息技术驱动产业升级研究》，西北大学博士学位论文，2020。

大数据是生产资料，云计算是生产力，互联网是生产关系，数字技术是未来生产发展的武器。与农业、服务业相比，制造业是与数字经济融合发展的主要领域，能够最大限度地推动经济发展。① 科技部门通过加速数字技术研发，促进农业、制造业、服务业等不同产业间数字技术的相互融合。

数字产业化通过降低产业升级的建设成本和运营成本来促进产业升级。数字产业化具备独特的数据优势，可以将数字化的知识和信息转化为生产要素，推动数字产业形成和发展。通过建立数字化平台，缩短产品与客户的距离，减少非必要的流通环节，降低在产业升级中需要耗费的研发、资本重置、员工引进与培训等建设成本。与此同时，数字产业化发展也避免了由产业升级而导致生产的设备、技术、员工大部分无法继续生产带来的损失。数字产业化发展从目标、规划、策略、经营、途径等方面综合考量，进而对数字产业化的发展过程进行统筹规划，通过应用新的技术、建设新的数字基础设施，为新型发展模式服务，促进新基建供给与需求的动态平衡，有利于推动数字产业优化升级。数字产业化能够在发展的过程中不断挖掘数字技术隐藏的功能，将数字技术应用于供应链的各个环节。充分利用数字技术建立智慧工厂，帮助企业在生产运营方面提高效率、降低成本、精简生产流程、提升管理水平。例如，通过 5G 和互联网、应用系统、营销等方面的相互对接，组建跨界融合各行业的数据共享、数据流通、数据交易平台，保证供应链均衡性、一致性，缩减产品设计研发的时间，做到设计即生产、生产即交付、交付即运营，提高产业升级效率，达到成本降低的目的。

数字产业化通过实现规模经济来促进产业升级。数字经济时代，企业的生产活动具有固定成本高、边际成本低的特点。新一代信息技术的出现，将数据信息作为最重要的生产要素，推动数字经济蓬勃发展，克服了传统企业生产要素边际报酬递减的固有缺陷，有助于实现规模效应。数字技术的发展给数字型企业带来了巨大的福利，它削弱了企业内各部门间的信息壁垒，加强了企业内部的联系，通过网络更加方便快捷地获取相关信息，而且为此付

---

① 陈晓东：《数字经济影响产业结构演进的方向路径》，《经济日报》2021 年 5 月 21 日。

出的成本大大降低，随着加入的主体逐渐增多，网络效应也将不断增强。规模经济和网络效应意味着边际收益递减规律不再有效，企业在信息流通方面付出的成本将大大降低，在生产经营中获得的利益将逐渐增加，从而促进要素流动，推动数字经济高质量发展。数字化平台将数据、数字技术和智能算法聚为一体进行综合性运用，这有利于零散用户随时接入，而且数字化平台能够根据个性化需求即时、高效、智能地匹配相对应的供给，充分发挥平台的"聚合器"作用，展现出经济发展的规模效应。数字产业化可以赋能国有企业和大型企业，发挥这些企业的产业数字化引领作用，鼓励企业推动数字化转型升级。

数字产业化通过催生新的市场需求，刺激新兴产业的产生，促进产业升级。数据是数字经济发展过程中新的关键性生产要素，贯穿在整个社会生产过程中生产、分配、交换和消费四个环节。各行业传统的知识壁垒和经验壁垒被数据共享打破，在优化市场供需适配的同时，也畅通了产供销循环。数字技术正在改变创业过程、创业方式，将数字技术与制造和服务相结合，有助于开发新型产业。将数据资源、数字技术作为数字产业化发展的要素，有助于推动市场平台化、多功能发展，促进产业服务模式向个性化、定制化、创新化转变。智能机器人、AR 眼镜、自动驾驶等将广泛应用到人们的生活之中，人工智能技术的进步将为消费者带来更多不同的场景体验。

5.3.2.2 数字产业化对产业升级的作用效果

数字产业化激活新要素，充分释放了产业的数据资源价值，为产业升级提供持续动力。数字产业化进程不断加快，在信息技术创新的带动下，新产业、新格局、新模式不断涌现，新动能不断推进新发展。数字技术不仅可以使客户更容易获得信息，而且可以聚集用户的需求，创造新的市场，并将大规模的数据资源转化为生产资料。传统的商业模式以企业价值为核心，但随着数字技术的发展，产生了一种以客户价值为核心、以互联网创新为基础的商业模式。其在缓解资源配置不足和信息不对称造成的社会福利不必要损失的同时，增加了企业利润，激发了企业活力，还发展成为一种新的产业形态。随着信息技术的发展，电子信息制造业、软件业和信息技术服务业越来越成熟，数字经济被物联网、大数据、云计算、人工智能等的飞速发展所引领，充分发挥数据作为关键生产要素的作用。建立健全产业一体化数据资源管理与应用体系，能给企业带来一系列好处，主要表现为数据资源的开发利用更加深化，推进数据资源市场化，促进数据要素高效流通，壮大数据要素市场，充分释放数据红利。比如，字节跳动科技有限公司通过获取用户的数据信息，了解用户的需求与偏好，给用户推荐感兴趣的内容，从而产生流量，给数字化企业带来巨大的收益。这充分体现出数据的潜在价值不容小觑，数字产业化发展会加快企业前进的脚步，为增强市场竞争力而不断优化升级。

数字产业化推动了产业智能化升级。数字化企业以数据流驱动业务流、服务流，构建组织扁平化、业务协同化、服务智能化的运营模式，并通过数字赋能提高企业生产、运营、服务效率，促进新兴服务业智能升级。数字技术的进步推进了数字产业发展进程，扩大了数字产业化的规模，促进了数字产业智能化发展。"发展数字经济，提高智能化水平"是时代的主题，大力发展数字服务业，形成全数字产业链条的生产、商业以及管理模式，加快服务方式、服务质量、服务规范优化升级，提供符合人民对美好生活需要的个性化产品和服务。将数字技术与传统产业相结合，能够实现生产过程自动化、智能化、可视化，有利于对生产过程进行监督管理并统筹协调生产全流程，从而节约生产成本、缩短生产制造的时间，有助于提高企业管理效率和生产效率。[1]

数字产业化推动了产业技术创新。数字产业化促进了数据资源的自由流动与共享，打破了产业发展过程中区域分割的局限性，建立了服务融合、跨界融通的产业体系。数字技术在发展初期，主要应用于生活、服务、教育等领域，当数字技术逐渐与实体经济相融合时，人们将在生产制造的过程中找到更优的改进方式，弥补传统技术的不足，从而推动产业技术创新。数字产

---

① 刘洋、陈晓东：《中国数字经济发展对产业结构升级的影响》，《经济与管理研究》2021 年第 8 期。

业化加快了个性化定制、智能化制造等新模式的应用，通过数字化场景建设，以规模化的市场应用拉动数字化前沿技术、基础技术和融合应用技术的研发与成果转化。[①] 信息通信、软件服务、互联网等数字产业的发展，推动了数字化平台建设，使得数字产业蓬勃发展，衍生出许多诸如抖音短视频、电商平台、第四方物流企业等大数据服务业务。互联网平台充分整合了线上线下资源，通过知识提取、关系挖掘、数据分析了解消费者的需求，促进了高效精准、动态及时的供需对接，数字化发展有利于产业技术创新与互联网平台功能开发，建立产业核心技术优势。随着人工智能以及自动驾驶技术的发展，企业为了创建新的营收渠道，给用户带来独特的体验，满足用户的多样化需求，提升客户满意度，开始研发送餐机器人、无人机、无人汽车等新型产业，逐渐走向技术创新之路。

数字产业化为产业营造了良好的数字环境，为产业升级提供了保障。数字经济发展速度快，涉及的行业和领域越来越广，数字产业化发展逐渐形成了一套完整的业务系统与管理体系。通过数字技术获取行业的数据资产，打造高效数字管理系统，充分利用数字技术的分析挖掘功能，分析企业自身的优点缺点、优势劣势、机遇风险，从而制定最佳的发展策略，极大地提高了数字化企业的科学决策水平和服务效率。数字产业化促使市场朝着资源共享和信息公开的方向转型，通过系统量化的数据和真实可靠的大数据评价，大大降低了企业的决策风险。数字产业化建立了科学先进的数字经济监管体系，优化了监管模式，丰富了监管手段，有利于探索适应数字经济新形势的监管模式，促进了产业发展与经营管理的统一，创造开放、共享、健康、安全的数字生态。可复制、高效率、低成本、海量复杂是数字化时代数据资源的特点，弥补了传统生产要素低效率、高成本、难获取的缺陷，基于平台的运作模式可以集中供求关系，建立多元主体参与的协同管理体系，从而有助于加大监督力度，为数字经济提供良好的发展环境。[②] 数字产业化发展创造

---

① 吴德进、张旭华：《以产业数字化赋能高质量发展》，《贵阳日报》2021 年 10 月 11 日。

② 陈晓东、杨晓霞：《数字经济发展对产业结构升级的影响——基于灰关联熵与耗散结构理论的研究》，《改革》2021 年第 3 期。

了一个清晰有序的网络消费环境，加强了微信、支付宝、中国银行 App 等一系列支付平台的安全建设，营造了安全可靠的数字交易环境，为产业升级提供了保障。

5.3.3　产业数字化对产业升级的作用机理及效果

5.3.3.1　产业数字化对产业升级的作用机理

产业数字化推进产业结构高级化、合理化。产业数字化能够促进产业间结构层次逐渐高级化，推动农业劳动人口数量下降、工业和服务业劳动人口数量上升。随着第三产业的比重不断增加，产业体系中的主导产业将会发生改变，由简单单一的低级产业向复杂多样的高级产业转变，由劳动密集型产业向技术密集型产业发展。产业数字化也能促进产业内部结构的合理化，推进传统产业走向智能化、集约化。

产业数字化通过促进产业间协作实现产业升级。传统制造业、服务业、农业等相关产业能够紧随时代发展步入数字经济时代，得益于互联网、人工智能、大数据、云计算、物联网等信息技术的飞速发展。在数字经济的推动下，产业间的壁垒开始松动，各产业之间跨区域、跨领域的相互促进、互补互助、携手共进，使得产业间合作协同发展成为必然趋势。数字技术的应用降低了交易成本，进一步促进了企业之间线上与线下的合作，通过建立数字化连接，为企业从组织外部获得要素资源创造了条件，促进了数据实时共享，实现了业务无缝化衔接，提高了响应速度，有助于推动不同产业间的合作共进。

产业数字化通过合理配置人力资本和科技创新等相关要素促进产业结构升级。首先，在人力资本方面，数字经济的发展促使人们的生活需求发生改变，对人力资本提出了更高的要求，倒逼人力资本的提升。新技术的发展打破了获取知识的时空限制，在提升知识水平和人力资本方面为居民提供了更多的选择和渠道，人与人之间的交流学习方式也更为便捷。数字化时代的教育增加了在线教育这一新的学习模式，一定程度上弥补了贫困地区教育资源稀缺的不足，缓解了不同地区人力资本不均衡的问题。其次，数字技术对产业科技创新具有放大、叠加和倍增作用。创新资源的流动性和可用性增强得益于数字经济时代各项技术的飞速发展，信息的传播速度变快且传播成本下降，各项主体间交流互动的频率、深度、广度都得到拓展，企业获取资源的途径更加广泛，有利于探索更加丰富的创新要素，加快创新速度。企业可以通过互联网及时快捷地了解消费者喜好及市场需求信息，进而根据客户的需求情况进行生产，极大地降低了企业创新失败的风险，有利于促进企业积极创新。

产业数字化通过催生智能生产模式实现产业升级。在信息流通方面，生产制造企业通过互联网平台加强供应链上下游、供应商与消费者之间的联系，通过建立各主体间合作协同的数据通道，加快信息开放、共享、流通速度，将用户需求连接到整个生产制造过程，使得企业通过感知客户的需求来推动生产，为客户提供个性化的产品和精细化的服务。在生产技术方面，通过数字技术和工业软件技术的综合应用，突破传统产业因技术落后导致产量低、速度慢的缺陷，逐步形成规模化、高效率的生产状态。在生产工具方面，随着数字技术的迅速发展，现代化的机器设备逐渐具备自我感知、判断和决策的能力，即向着自动化、智能化、无人化趋势发展。在产业数字化过程中，依托相关数字技术，构建良好的反馈机制，推动产业的再生产和再升级，使其在数字经济转型背景下迸发新的生机和活力。

5.3.3.2　产业数字化对产业升级的作用效果

产业数字化推动了传统产业升级改造。中国地大物博，人口数量众多，产业种类齐全且规模庞大。近年来，通过广泛使用大数据、互联网、云计算、智能算法、物联网等新型数字手段收集整合有用的数据信息资源，有利于提高多样化生产要素的配置效率，同时有利于优化传统农业、制造业、服务业的产业结构，并及时调整产业发展策略。制造业是国家发展壮大的基础产业，事实表明：随着数字技术的发展和渗透，高技术、高附加值和新兴产业在制造业中的比重不断提高，传统产业必须适应新技术和新经济的内在要求，适应高新技术的发展趋势，遵循数字经济的发展规律，走向数字化转型升级的道路。为了跟随时代发展的脚步，我国传统产业在数字化的推动下加快了转型升级的速度。如今，我国农业逐步推进智能化、现代化，服务业数字化水平持续提升，工业数字化转型速度加快，企业生产设备数字化水平也有了明显提高，越来越多的企业迈上"云端"。2021 年，我国产业数字化规模达到 37.18 万亿元，同比名义增长 17.2%，占数字经济比重为 81.7%，占 GDP 比重为 32.5%，产业数字化转型持续向纵深加速发展。

产业数字化塑造了可视化的产业生产流程，推动了产业优化升级。互联网是数字技术为传统产业提供动力的平台和载体，它实现了生产者、消费者、供应商、设备和产品之间的互联，建立了人、机器和物品之间的联系纽带，成为信息的"汇集池"和资源的"匹配器"。[①] 数字技术的出现使产业的生产模式和运行状态处于一种能够实时观测，可以根据社会经济情况随时调整的状态。在企业数字化进程中，它们能够统一相关数据信息标准，通过整合大量数据促进行业间的互联互通，并通过互联网平台，推动数字技术在产业链各个环节的应用。在产业链中，每个个体不仅能够直接了解合作伙伴的详细信息，还可以直接清楚地识别与自身有间接关系的实体。此外，各主体能够随时监测生产运行过程、了解设备的运行情况，从而在关键时刻做出最优的决策，优化产品生产过程，促进产业智能化发展。例如，一些生产企业使用智能化设备，可以全周期、全要素了解产品生产进度，同时快速确定区域内所有材料的使用情况，实时掌控生产情况及所要面临的风险，高效推进生产管理项目，及时改进生产中不足的环节，推动产业升级，提高企业生产效率。

产业数字化有效缓解了信息不对称问题，对产业升级产生了推动作用。随着大数据、云计算、人工智能等新型技术的发展，依托数字技术建立的大数据平台开始得到广泛应用，制造企业、农业、政务中心、教育机构、物流业等各行各业的数据齐聚于此，推动了各产业信息跨地区、跨部门、跨层级共享，打破了信息孤岛、解除了数据壁垒，促进了各产业持续协调发展。产

[①] 刘洋、陈晓东：《中国数字经济发展对产业结构升级的影响》，《经济与管理研究》2021 年第 8 期。

业互联网平台的建立让信息资源在平台内实现了共享，保证了交易双方的信用，消除了信息不对称，降低了交易成本，促进平台与潜在客户的有效交易，最终让企业、商家、消费者实现共赢。数字技术把各产业的生产经营要素关联在一起，数据收集、存储、传输、筛查、处理和反馈等多个环节被串联起来。通过共享有效的数据信息，有利于消除各层级与各行业间的信息鸿沟，推动了全新数字经济体系的构建，有效缓解了信息不对称问题，实现了业务系统的功能重用、敏捷开发、高效交付，从而减少信息不对称导致的资源错配，提高产业生态链的协同效率。例如，德邦快递的下单、电子面单、AR 量方称重、支付等业务都已经实现了数字化，客户在手机上就能够完成上述环节。业务的处理效率高、成本低，客单利润高。德邦快递将快递业务流程以数字技术加以优化，实现了传统业务模式的升级改造。

6

数字化推动区域高质量发展

6.1 数字化推动区域经济高质量发展

6.1.1 数字化助推区域基础设施和产业结构提档升级

6.1.1.1 数字化助力区域基础设施升级改造

加快推动区域基础设施升级改造、建设新型基础设施，是重塑区域经济双循环格局、实现区域经济高质量发展的迫切需求。数字化将从以下五个方面助力区域基础设施升级改造。

①数字化推动区域内通信基础设施和算力基础设施的升级。信息通信基础设施建设是推进区域数字化的基础条件。在全球 5G 基站建设领域，截至 2021 年 12 月初，全球范围内已经建成超过 165 万座 5G 基站，而中国建成超 115.9 万座 5G 基站，占全球已建成 5G 基站总数的 70%，这些 5G 基站已经将全中国地级以上市和重点县区全覆盖，形成了一个超级网络系统。5G 信号高性能、低延迟和高容量的特点需要更强大的算力和数据处理系统。超强算力是各行各业应用 5G 的基础平台。构建数云协同、数网协同、云边协同和绿色智能的多层次算力设施体系，将大幅提升算力水平，从而显著增强人工智能、区块链等信息基础设施的服务能力。

②交通数字化加快公路、铁路、城市轨道等区域大动脉基础设施数字化升级改造。首先，智慧交通建设推动基础设施智能化升级改造，构建先进、泛在的交通信息基础设施，在此基础上推行智慧航运、无人驾驶等智慧技术的发展和试点运行。其次，数字化技术提升交通基础设施的运营管理水平。利用数字化技术对分散在交通运输各个环节的大量数据进行分析和整合，对交通运输的整个系统进行精细化感知、分析和研判，开展全局的即时分析，有效调配各项资源，推动交通运输运营管理水平实现"质"的提升，也就是联合打造基于数字化交通运输基础设施的"数字大脑"。比如，利用车载定位、视频监控等技术，可以对区域内公交车辆的状态、车厢客流等数据进行实时采集和秒级传输，然后运用大数据技术进行剖析，从而实现对区域内公交线路的远程指挥和智能、合理、高效地统筹调配车辆、人员、场站等资源，提升交通运输的运营管理水平和市民的出行体验。最后，智慧交通可以推广先进交通装备的应用，比如我国自主研发的北斗导航系统，这将在很大程度上提高交通运输效率。

③数字化助力区域物流基础设施建设升级。数字经济时代，需要建设综合、智慧、绿色、平安的物流运输体系，构建区域现代化综合物流网络。建设现代物流体系不但是支撑电商快速发展的关键性基础，而且是促进智慧物流园区和现代仓储设施升级改造的主要推动力。现代物流体系建设需要完善邮政、仓储物流等"通道+枢纽+网络"基础设施体系，新增数字化、智能化交通物流新型基础设施。另外，还需要建立区域物流枢纽公共信息平台，要充分利用物联网、区块链、大数据、云计算等技术，搭建以物流行业政策发布、物流业务、电子政务和物流增值服务四大板块为核心的智慧区域物流枢纽公共信息平台。

④数字化推进物联网新型基础设施建设。加速物联网产业向规模化、集约化、高价值发展是我国在《物联网新型基础设施建设三年行动计划（2021—2023年）》中明确提出的目标。这个目标的实现，离不开相关数字技术的加持。第一，具有高安全性、低延时、宽链接特点的5G网络丰富了

通信技术的供给，有效拓展物联网的应用场景，实现物联网新型基础设施的高质量发展。第二，大数据与物联网的融合应用有助于实现产业数据的低风险、高效益和协同化处理，挖掘和激活现实世界的数据价值。第三，利用区块链技术去中心化和不可篡改等特性，叠加运用物联网技术，可以建立感知终端的信用体系，实现数据的确权及其价值的记录和流转，保障数据安全和流通价值，根治数据滥用现象。第四，在人工智能和物联网融合运用的基础上构建的"感知终端+平台+场景"智能化服务，能实现万物数据化和智联化，在智慧零售、智慧交通、智慧城市、智慧家居等诸多领域发挥无可替代的作用。

⑤数字化推动区域智慧能源建设。加快智能微电网的建设和电网基础设施的智能化改造，构建电力、热力、燃气等各种能源数据互联互通的平台，增强不同能源网络之间柔性互联和协同调控的能力，建立安全高效、低碳环保的现代能源体系是我国能源建设的目标。数字化能够促进区域能源系统中生产、消费、传输、存储等各个环节形成智慧化的能源互联网，其具体表现在以下三个方面：首先，数字化推进源于智能材料智能传感的区域能源设备的智能化升级；其次，数字化促进区域能源网络与物联网的联动合作，实现能源网络的灵活接入；最后，边缘计算技术促进区域智能化能源终端的构建，推动区域智能化能源终端的自动、高效运行。比如，在数字经济时代，电网输、变、配、用等场景终端设备逐渐增多，产生的数据越来越多，对数据智能分析的需求也随之大幅度增加。而边缘计算能够缩短数据传输的距离，大幅度降低网络的时延和信息损耗，同时本地化处理也增强了数据的安全性，大大提升了电网算力的服务能力。

6.1.1.2　数字化提升区域全要素生产率

数字化技术影响全要素生产率的理论研究，最早可以追溯到1987年索洛提出的"索洛悖论"。此后，经济学家们一直用全要素生产率来衡量资源的使用效率，即全部生产要素的投入量都不变时经济仍能持续增长的能力。运用数字技术全链条、全方位改造传统产业能提升区域全要素生产率，发挥数字技术对区域经济发展的放大、倍增和叠加作用，有助于区域经济实现动能转换和高质量发展。

①区域数据要素以数字技术进步为依托，与脑力劳动相结合进而提高区域经济的生产效率。数据量大、来源与类型多、增长速度快、价值密度低和真实性强是数据要素最明显的五大特点。正是这些特点使得数据渗透到区域工业、交通、医疗、教育等各个领域，成为区域各行业价值增值的战略性资源，进而提高区域生产运行效率。针对数据价值密度低这一特点，它不能单独创造价值，数据必须与脑力劳动相结合，由脑力劳动者发挥创造性甚至天才性的解读分析，经过"数据—信息—知识"的一系列转化过程，产生大量新颖的商业洞见，才形成了区域生产力，推动区域经济的发展，并在此过程中又产生、积累了大量的区域数据。依靠区域数据积累的正反馈机制，"数据—信息—知识—数据"的良性价值增值闭环得以形成。即在这良性的价值增值闭环中，随着生产力的提高产生海量数据，通过利用数字化技术获取和分析海量数据，为知识创造提供不竭的源泉，人类智力水平得以不断提高、大量创造性的商业洞见得以涌现，助推区域生产力的持续提升和区域生产效率的不断提高。

②数字化催生的新业态新模式助推区域全要素生产率的提升。伴随着物联网、VR和人工智能等新技术的不断突破和应用，在线教育、无人经济、互联网医疗、灵活制造、定制化服务、产业链联合制造、"虚拟"产业园和产业集群等一批区域新业态、新模式不断产生并得到快速发展。数字化浪潮也使得就业模式由传统的"公司+雇员"转变为"智能化平台+个人"，这为个人提供了多样化、低门槛的创富机会和无限的发展可能。具有知识密集型、生产效率高、高附加值特点的新业态新模式能够盘活区域内闲置的要素资源，提升要素资源的利用效率，激发数据要素流通新活力，进而促进区域全要素生产效率的提高。

6.1.1.3 数字化推进区域产业结构优化

随着数字化科技成果的市场化、产业化和模块化，高技术水平和高集约化程度的高端产业引领、带动其他产业共同发展，使区域传统产业结构不断优化、升级、改造。

①数字技术推动生活服务行业管理数字化和服务智能化。生活服务行业利用大数据、智能算法等技术监测、分析生活服务的供需情况，促进生活服务业资源的高效组织和供需的精准匹配。比如，数字技术帮助农产品经销企业建立大数据供应链指挥中心，利用大数据看板精准收集农产品市场的供需信息，然后根据对这些供需信息的整理和分析结果指导农产品种植基地定量生产、集配中心智慧周转、冷链物流分拣配送以及零售终端统一销售，从而实现农产品经销全过程的数字化管理。数字化甚至可以直接改变生活服务行业的一些服务和产品。比如教育培训从面授方式改变为人工智能的方式，房屋中介、酒店入住等提供服务的主体由人改变为机器人，甚至还能实现无人化，这些改变让消费者享受到更加便捷、智能的服务，提升了消费体验。

②数字化拉动制造业的升级转型。数字经济利用智能制造从要素供给、基础设施、政策环境、市场竞争、产业集群这五个方面为区域内传统制造业向现代制造业转型提供支持。制造业企业使用数字化技术使自身具备数字化、智能化、自动化等明显优势，该优势发挥过程中以海量有序数据呈现，传统制造业向现代制造业转型的过程既是数据流动的过程，又是该企业全要素、全链条全面链接的过程。此外，制造业利用数字化技术与相关产业形成一个资源集成、信息循环运行的数字生态系统，进而实现传统制造业生产方式等的深刻变革。

③数字化赋能传统农业升级为智慧农业。首先，通过推进建设数字农业园区、农业大数据平台、乡村数字化物流基础设施以及数字化、智能化的监测、监管、调度、运营等系统，使数字技术融入从田间地头到消费终端供应链管理的整个流程，实现农业产供销的数字化和智能化。其次，对农业生产、经营、管理、服务等领域的数据中心和云平台进行高速互联、融通共享，为农业产业各经营环节的决策提供精准数据支持，实现农业决策管理的数字化和科学化。最后，通过对农民进行数字化技能培训，让既懂数字技术应用又会农业生产经营的新型农民不断涌现，为发展智慧农业培养必需的应用型人才和技能型人才。

6.1.2 数字化拓展区域经济发展场景

6.1.2.1 数字化促进区域间要素禀赋的协作共享

各区域内的要素禀赋，也就是区域内拥有的劳动力、资本等生产要素的数量都是有限的，在长期的经济发展过程中，必然会出现区域要素资源匮乏的情况。这时基于自身利益需要，区域之间的企业会共享一些要素禀赋，使其发挥出最大的效用和价值，这种协作共享的模式符合企业可持续发展战略，也会让企业有动力使用最好的手段维持并推进要素禀赋的协作共享。区块链、大数据、云计算等数字技术已成为区域间要素禀赋互补和共享的关键推动力，这也为区域经济发展提供了强劲动力。

①数字化赋能区域间资本市场，促进区域间资本市场的高质量融合发展。这种科技赋能的作用主要体现在以下几个方面：首先，数字化增强服务功能、改变服务模式。数字技术能够打造专业、优质的智能客服，优化核心服务流程，提高不同区域间资本交流的准确率和服务效率，提升客户体验；数字技术能突破区域间的时空限制，极大拓展了区域资本流通渠道和资本市场边界。其次，数字化根据投融资双方的需求优化投资方案。大数据分析和机器学习能够有机整合不同区域的投融资需求信息，并对区域数据进行有效、充分的挖掘，创建能自动更新迭代的智能投资体系。利用模型训练、因子选择等科学预测区域间投资机构的最佳组合和交易时机，进一步优化区域之间投资机构的投资选择、量化交易等。最后，数字技术提高了资本市场的信息披露质量。数字技术能够有效整合、优化、分析区域间企业采购、生产、营销等环节的数据资源，大大优化和重构区域间企业信息披露机制，信息披露质量也就随之提高。

②数字化助推的灵活用工是区域间人力资源优化配置的有效手段。在数字化、智能化浪潮的推动下，许多传统行业加速数字化转型升级，越来越多的岗位实现了机器换人；新冠疫情让整个国民经济运行按下了慢速键，不同行业的劳动力市场处于截然不同的状况，有些行业面临"用工荒"，有些行业面临"闲得慌"。而依托数字技术得到快速发展的灵活用

工模式借助灵活用工平台，打通了有用工需求的企业和有就业需求的劳动者之间的连接途径，在平台上实现不同区域和区域内企业与劳动者资源的对接与整合，大量应用于代驾、外卖、自媒体等行业。灵活用工不仅使企业能够快速找到合适的短期专业人才，而且能够为劳动者提供利用零碎、闲暇时间工作的机会，增加了劳动者的收入，还解决了人力资源配置扭曲的问题，极大地促进了区域间人力资源的有效配置和协作共享。比如，2020年7月，中国东莞税务局推出"税收数据+专员"精准辅导的新服务模式，通过"税收大数据分析平台"，主动为缺人企业匹配合适的"共享员工"。

6.1.2.2　数字化提升区域间资源统筹配置能力

数字化资源具有交易流程周期短、资产处置效益高和交易成本低等方面的显著优势。比如线上拍卖处置，平均竞拍次数是线下拍卖次数的6倍，参与竞拍的范围更广、成本更低。数字化是数字经济时代区域间资源配置的最优手段。在大数据、云计算等数字技术的加持下，资本、土地、科技、人才、信息等资源在区域间的配置规模、结构、路径和方式得到升级和优化，促进了区域间资源统筹与配置能力的提升，有利于区域间形成高效协同的产业创新体系。

①数字化提升区域应急资源的系统性集成能力。人力、资源、信息、政策、科技等各个要素通过一定规则形成复杂、动态的系统，该系统也是各个区域应对突发事件时应急资源集成能力的体现。数字技术从科学角度出发将这种复杂系统的运作性能、速度、准确性等进一步提高和完善。它摒弃"有资源就有能力"的落后思维，通过对现有应急资源和突发事件的严重程度进行科学预测，建立区域间系统集成与应急能力的相互反应机制，将各项资源高效率地变为能够救灾的能动因素，实现了区域间应急资源的优化配置，进而提升区域间应急资源的系统集成能力。

②数字化促进区域间企业价值链、产业链、资源链的协同。数字技术能够促进区域间技术、人才、资金等资源的自由流动，加强区域间政府与数字平台企业的合作。依托区域企业既有资源交易平台的开发成果，数字

技术有助于加速完成地方资源交易平台部署，实现零成本或低成本建设，有效降低建设风险。在充分考虑各区域条件、产业结构、经济布局的基础上，将数字技术应用于产业链和价值链的分工，促使其发挥市场的导向作用，并通过资金投入、政策制定、制度建设等方式推动区域间资源统筹和优化配置。数字化能够完善区域间的资源布局，促进区域间协同发展。

③数字化有助于推动传统区域城市公共资源交易中心和平台的数字化转型。通过数字技术可以精准找到区域间政府、企业、平台资源配置的短板，进而有针对性地加强建设和优化区域资源配置环境、配置对象、配置过程。在此过程中不但可以提升区域间资源数字化配置能力，而且可以充分发挥区域资源的最大价值。

④数字化有利于构建区域间一体化资源要素统筹配置机制。将数字技术应用于战略性资源的区域间统筹和一体化配置，可以有效预防和控制区域性垄断或其他"不确定"风险的出现，推动区域间的空间布局向更加均衡的方向发展。我国区域间资源配置数字化水平还处于初级阶段。2022 年 2 月，清华大学互联网治理研究中心联合伏羲智库数字发展研究中心发布了《中国城市资源数字化配置指数研究报告（2022）》，创新构建了资源数字化配置指数，对全国 59 个城市进行量化评估。评估总体结果显示，仅有杭州、北京、上海、广州、深圳、宁波、成都和重庆 8 个城市超 60 分，整体还有较大提升空间。

6.1.2.3 数字化提高区域间经济发展的联动效应

要实现区域经济一体化、经济效益最大化，就必须重视区域经济联动发展带来的积极效应。数字化推动区域间经济联动发展的本质在于突破传统时空限制的情况下，打破政府、企业管理体制的界限，将企业作为市场主体，以市场为桥梁，建立区域间资源相互流动和合理配置、产业间联动发展、科学技术相互融合渗透的现代化区域经济联动发展模式。

①数字化促进培育区域经济发展的"新增长极"。"新增长极"是以数字化技术手段为核心，以数字经济大环境为依托扩散和集聚各个区域内的人才、技术、资金等各项资源，在带动周边城市发展以及各类经济发展的同

时，有效增强区域竞争力、带动区域间经济快速协调发展。由于各个区域的经济、文化、相关产业等发展侧重点不同，万物互联形成的城市群能够打破长期以来存在的地方行政壁垒，促进各种生产要素的自由流动，推动区域经济增长及多元化发展，成为引领高质量发展的新增长极。这种新增长极的发展形态既可以是内聚型城市群，也可以是网络型城市群，还可以是依存型城市群，它们从不同方面共同促进不同区域之间的协调发展。以广东省数字经济发展为例，按照"立足珠江三角洲、面向粤港澳大湾区、辐射带动全省"的空间发展战略，以广州、深圳为核心节点，发挥广深科技创新走廊创新引领和示范带动作用，推动"珠江三角洲国家大数据综合试验区"与"中国制造2025国家级示范区"两区联动发展，形成"双核引一廊、一廊引两区、两区带全省"的数字经济发展总体格局。

②数字化有效推动不同区域之间合理分工。不同区域之间经济联动发展、缩小区域间经济发展差距需要合理的分工合作，数字技术能够从技术层面深入集聚和整合区域间经济发展需要的数据资源，这不但能够扩大区域间市场规模、深化区域间分工合作，而且能够从现实经济、政策条件出发，利用数据要素引导各区域合理有效地选择适合本区域发展的主导产业，全方位维持和提高各个区域经济竞争力和联动发展动力。

③数字化推进区域之间实现联合与互动。一是实现资源联动。利用数字技术将资源进行合理开发，突出不同区域资源拥有量优势，在一定条件下将落后市场转化为具有资源优势的市场，这不但能有效平衡不同区域之间有效资源转化情况，而且能够促进不同区域经济联动发展。二是实现区域间产业联动。在不同产业优化升级过程中，数字化程度相对较高的区域比其他区域拥有较强的发展能力。所以，在一定条件下，可以利用数字技术将部分优势产业转移到欠发达地区，进而发挥带动本区域其他产业发展的作用，实现不同区域间产业的优势互补和联动发展。这种产业联动不但可以缓解不同地区发展不平衡的矛盾，而且对于推动区域间产业战略性调整具有重要意义。

6.1.3 数字化推动区域经济创新发展

6.1.3.1 数字化推动区域企业产品创新[①]

数字技术可以将区域内原本分散的设备、企业、市场等连接起来，不但能够实现企业内部研发、生产、供应链、市场等环节的联动发展，而且通过强化区域内企业间、企业与市场间的融合、连接和互通，可以提升区域企业创新效率，改变其创新方式和创新类型，拓展区域创新空间。

①数字化赋能实体企业将海量市场数据转化为区域企业创新的重要源泉。数字化帮助区域内企业更精准地掌握市场的需求变化、分析用户的潜在需求，推出新产品。随着社交媒体、在线支付、可穿戴设备等的日益普及，区域内企业可以通过大数据技术广泛收集用户的消费数据和行为数据并加以挖掘和分析，为企业创新提供更及时、更丰富、更有效的海量数据，使得区域内企业可以精准掌握用户的需求，将海量市场数据转化为区域企业创新的重要源泉，进而推出更加个性化的创新产品。比如，以网易和字节跳动为代表的互联网企业率先运用大规模机器学习和个性化推荐技术对特定用户进行精准分析，从而成功推出定制化创新服务——智能推荐，进而带动其他企业开始重视对用户信息的大数据分析以及基于上述分析的定制化服务。

②数字化赋能用户参与区域内企业创新活动。在过去，企业创新活动完全由企业来主导，用户只是企业创新活动的被动接受者。数字技术的支持使区域内企业与用户之间有条件和能力进行资源共享，彼此的交流与互动能摆脱时空的限制并不断得到加深和增强，用户的体验和需求能及时反馈给企业，引领企业产品和技术研发创新的思路和方向，用户成为企业产品和服务创新的重要参与者，从而提升区域企业的创新能力。比如，海尔和小米推出的用户创新平台就是这方面的典型案例，它们将基于互联网的用户生成内容作为企业创新的重要来源。海尔通过"海立方"等创新平台激励区域用户参与产品的设计和研发，还利用微博等社交平台征求不同区域用户的创新创

---

① 周江华：《数字化如何驱动企业创新》，光明网，2021年1月29日。

意。小米将不同区域用户的参与视为最核心的理念，通过小米社区征求用户的创意，并且允许用户重新编译定制 MIUI 系统。利用数字技术让用户不再受到地理边界的影响参与区域内企业的创新活动，这帮助区域企业在更大范围内将用户纳入其创新流程，为区域内企业产品创新提供源源不断的能量。

③数字化能够优化区域内企业创新流程。人工智能、区块链、云计算和数据科学等数字技术能够以多种形式融入区域内企业原有组织体系，使得原材料的采购流程、零部件的制造流程、产品的研发及生产流程、销售和交付流程等多个环节数字化，从而引发不同区域间企业创新流程和组织体系的数字化变革，提升区域企业的创新能力。更重要的是，复杂产品系统的数字三维模型可以与生产制造、产品运维等多个环节的数字化过程交互，从而在价值链多个环节为区域内企业带来新价值。例如，利用数字技术收集的飞机发动机、风力发电机、空调等设备在运行过程中产生的在线实时数据可以成为生产商改进产品性能的重要数据来源，企业可以据此进行新产品的迭代开发，从而推动区域创新流程和创新产品的持续改进。

④数字技术与区域内非数字的实体产品深度融合，从而催生颠覆性的创新产品。区域内家电、汽车等传统产业基于数字技术对非数字实体产品进行改进、升级，从而衍生出巨大的变革、创新空间，催生颠覆性的创新产品。比如，海尔、美的、方太等传统家电企业在家电产品中加入数字化的智能模块打造一系列智能家电，给人们带来智慧生活的全方位体验。特斯拉、蔚来、理想、小鹏等造车新势力更是将自动驾驶技术、智能互联和新能源技术作为新产品开发的重要部分，使汽车从一种单纯的出行工具逐渐转变为集合办公、商务、娱乐功能的智能"移动生活空间"。数字技术和非数字技术的协调融合，让产业之间的界限变得模糊，行业融合不断加剧，不同区域之间的联系更加紧密。

6.1.3.2 数字化推动形成区域创新中心

创新中心处于区域经济创新发展"极"的位置，在区域经济、文化、政策发展过程中扮演着带动区域创新发展的角色。它不但能够引领和带动区域创新网络系统发展，而且能够使区域创新系统达到经济发展规模临界处。数字技术可以加速集聚区域创新资源、打通纵横交错的创新网络，促进区域创新主体的产业形态与良好的创新环境实现有机融合。

①数字技术为区域创新中心建设提供持续性动力。数字技术能够促进区域重构创新体系。利用数字技术能够有效推动高校、相关企业、研究机构之间的合作，加强高校与社会之间的人才输送与创新联系，这有助于建立创新型技术研发中心和充分发挥产学研合作的巨大优势作用，形成强大的区域创新体系。该体系可以利用现有数字资源建立多批次产学研创新合作云平台，将不同行业创新研发型资源聚集起来，进而共同创建区域产业创新"云生态"。

②数字技术加持的产业载体促进区域创新中心的形成。首先，数字技术是区域内各企业积极推出定制服务、云制造服务等模式的主要推动力，这有助于推动企业发展创新型研发生产、服务等新形式和新业态。以数字技术为主要特征的高端制造业、新兴高科技产业等成为区域创新中心的主要产业。这是区域创新中心形成的核心产业基础。其次，数字技术能够通过优化企业生产流程、经营管理手段等，助力区域制造企业进行合理的产业结构优化和重组。数字技术使更多大型制造企业向创新研发、客户关系管理、品牌管理、智慧供应链等转型发展，这是区域创新中心形成的关键步骤。最后，数字技术不仅助力各个企业运营平台的建设、运行、维护，而且促进数据、工程服务、研发设计等资源开放共享，进而形成高端产业的"智造"体系。

③数字技术促进区域科技创新中心成为国内外科技创新的引领者。数字技术使区域创新中心处于创新链的相对高端位置。区域创新中心能够通过数字技术合作研发、科技孵化以及成果转化应用等方式，将数字技术渗透到周边和全国各个区域，从而发挥其应有的战略性引导和支撑作用。

6.1.3.3 数字化推动区域创新成果转化

数字化与区域经济的深度融合是区域创新成果有效转化的主要推动力，数字技术可以完善区域创新成果转化机制、突破区域关键核心技术的瓶颈，进而切实增强科技创新对区域高质量发展的驱动力。

①数字化助力区域创新成果转化生态的优化。一方面，数字技术能够促进区域内金融业态创新。数字技术助力银行打造"科技+金融"创新服务平台，建立健全科技企业融资评价体系。银行运用数字技术准确评估客户的风险偏好，并根据经营特点研发更加符合科技型企业需求的新型金融产品，完善贷款的还款方式和本息追索机制，推动银行依据投资风险评估结果建立完善的科技成果转化支持机制。数字技术还能助力保险机构开发专门针对创新成果转化的保险品种和服务，降低创新成果转化过程中的风险，提高技术人员进行创新成果转化的积极性。另一方面，数字技术能够助力区域吸引外部创新型企业和创新资源的集聚。区域政府运用数字技术推进企业技术需求和快速响应平台的建设，在科技创新园区搭建智能制造区、物联网应用区和智能工业机器人区等，为科技成果转化提供智能制造尖端设备、技术等支持，大大增强了区域对外部创新型企业和创新资源的吸引力。

②数字化增强区域创新成果的供给和转化能力。第一，利用数字技术赋能的创新成果预测导向机制，可以对前沿性科技进行感知、预测和分析，从而保证区域内产业创新成果的源头供给能力。第二，数字技术能够促进区域内形成以政府为核心力量，由区域内众多企业组成的"蛛网"式新型研发组织体系，共同构建具有辐射能力的创新成果转化研究系统，打造利益共同体和创新共同体，从而增强区域创新成果源头供给的发展动力。① 第三，数字技术在优化完善区域创新项目绩效评价机制的基础上，重点突出对创新型知识、项目的应用，进而突破区域创新成果转化关键核心技术的瓶颈，实现从技术研发到市场应用的有机贯通。第四，数字技术能够助力区域创新成果就地转化。区域政府运用市场运作方式，以集聚各区域创新资源、协同应用创新要素为重要抓手，构建创新成果转化的公共交易数据大平台，探索科技成果展示、交易、转化、产业化的新机制，进而提升外部创新资源就地转化的效率。总之，创新成果转化机制的数字化可以有效连接科研院所、企业、

---

① 孙瑜：《区域创新成果闪耀国家"十三五"科技创新成就展》，《科技日报》2021年10月29日。

政府和市场，由科研院所、企业提供数字技术搭建供需两方互动的应用平台，再由市场、政府对数字技术进行分类和整合，以集中前端技术、资金、资源、人才等优势，合力推进区域内科技创新成果的高效率转化。

6.2　数字化推动区域社会高质量发展

6.2.1　数字化助力智慧城市建设

6.2.1.1　数字化增强城市交通管理能力

随着社会经济的发展，我国的机动车数量不断增加。据公安部交通管理局的统计，全国汽车保有量在 2021 年 9 月已达到 2.97 亿辆，有 18 个城市的汽车保有量超过 300 万辆，有 34 个城市的汽车保有量超过 200 万辆，有 76 个城市的汽车保有量超过 100 万辆。在我国汽车数量快速增长的背景下，人们对交通资源的需求越来越大，城市的交通管理也变得更加困难。交通拥堵成为城市生活的常态。AI、大数据等多种新技术的应用，让交通管理从经验模式升级为智能模式，交通管控由"大海捞针"转向"精准治理"，增强了交通管理的能力。

①大数据平台能有效解决交通拥堵问题。在交通指挥中枢系统中，大数据平台发挥着数据汇总、数据处理和数据反馈的作用。大数据平台将路面大量监控设备搜集到的车流量信息进行整合、汇总、计算，并以可视化的方式呈现在交通安全管理主体眼前，有助于交通安全管理主体了解城市道路的车流量情况和道路交通异常情况，并预测出即将出现交通拥堵的时间段及道路节点。一旦车流量的计算结果超出预定的标准，交通指挥中枢系统就会在相应路段位置显示警示信息，提示出现交通拥堵的节点或其他道路交通安全异常状况。交通安全管理主体就可以通过实时路况播报来提醒道路上的行驶车辆，或者通过及时在路面设置标识，提醒车辆驾驶员等道路交通行为主体前方出现的道路交通安全异常情况，使行驶在道路上的车辆有效规避道路交通安全风险点，降低交通拥堵的发生率，保障道路的安全畅通，实现人畅其

行、物畅其流。

②数字化有助于提升交通违章治理效率。运用北斗高精度定位、高精度数字地图、无线微波高清探头等专用数字化设备对路面交通实时监控，交通违章过程会被实时记录在监控系统中，构建数字化采集体系。再通过网络化传输体系和智能化应用体系等进行大数据分析，帮助交通管理人员更好地把握城市交通违章的发生规律，找出交通违章频率较高的地方，进而及时对交通违章行为发生频率较高地段进行预警，并对重点区域、重点车辆、重点人员进行重点管理，大大减少了交通违章行为的发生，为公众创造更好的交通出行环境。

③大数据有助于交通安全知识的传播。交通管理部门可以将交通数据分类存储，形成城市交通知识数据库。交通执法人员不仅可以借助该平台对交通知识进行系统学习，还可以从各种交通违章应对和处置模式中探索经验和做法，从而提高对交通违章的处理能力。普通群众也可以通过城市交通知识数据库深入了解交通知识，为自己的生命安全增加重重保障，为文明交通城市的建设贡献一份力量。

6.2.1.2 数字化促进安防系统升级

完善的安防系统是保障居民幸福生活的基本条件。随着城市化进程的不断加快，传统的城市安防系统已不能满足人民日益增长的美好生活和安全环境需要。随着数字化浪潮的兴起，诸多产业开始朝着数字化方向发展，安防系统也不例外。数字化为安防行业的发展插上腾飞的翅膀，促进了安防系统的升级。

①数字化使安防业务泛在化。安防业务原来只关注社会治安、犯罪等狭义的领域，传统安防系统通常只是常规的视频监控、实体防护、门禁管理和防盗报警。而数字化背景下的安防业务已经拓展到更广泛的领域，数字安防系统通过大量应用数字设备，在安防设备中大量采用数字技术，将信息存储从带基转为盘基，不断拓展安防系统的应用场景，比如智能家居、数字家庭、智能视频分析、无线识别 RFID、光纤震动感应、雷达追踪和探测、数字城市等。

②数字化完善了安防系统的功能。基于人工智能等数字技术的不断迭代，安防系统的功能得到完善和优化，从事后取证调查功能演进为预判、预警和预防功能。比如，传统的视频监控是对图像信息进行采集、传输、存取、显示的一个实时状态监控系统，而数字化转型后的视频监控则是融合数据感知和处理功能，能够综合感知城市状态，并利用数据挖掘来预测城市安全状态风险的一个动态的综合管理系统。它的价值不仅仅来自对图像的观察，更多来自对数据的挖掘和分析。同时，数字化转型后的视频系统通过与信息网络的融合实现对图像信息的数据化和数据的融合。

③数字化提升了安防系统的智能化水平。比如，公安机关可以运用大数据来分析视频、图片、音频等信息，提取出人的性别、年龄段、身高、体型、服饰特征、携带物等，车辆的车牌号码、车牌颜色、类型、车身颜色、标识等，物体的颜色、形状、大小、纹理等相关特征，以及人员进入和离开区域、聚集、徘徊等人员的行为信息。提取这些信息后，就可以对车辆的轨迹、人的异常行为等进行深入分析，然后通过对大量数据的整合，挖掘数据的深度价值，有效锁定嫌疑车辆和可疑人群，保障人民生命、财产安全。

6.2.2　数字化推动区域医疗进步

6.2.2.1　数字化有助于区域医疗资源的共享

①数字化促进了区域病人诊疗信息的共享。过去，医生主要通过询问、观察、检查患者的身体状况及各种不良反应，并结合自己的专业知识和经验来判断患者的疾病并依此开具处方进行治疗。如果病人不主动提供其在其他医院的病历，或对自己过去的病情描述不清晰，医生就不能准确地掌握患者的过往病情、过敏病史、患病原因以及过去的诊治方法，从而影响医生对病人的准确诊疗。但是以电子病历、居民健康档案为基础的区域医疗系统则能高效整合、利用相关医疗领域的数字资源。各家医院格式千差万别的纸质版病历变成了标准、统一格式的电子版病历，并储存在区域医疗系统中。医生可以通过区域医疗系统查询患者的相关信息，了解患者前期的诊断、检查、处方、手术等信息，精准掌握患者所患疾病或者受伤情况，进而确定适当的

治疗方法。即使患者的病症很少见甚至是无法确诊，医生也可以通过在区域医疗系统进行检索、分析，参考数据库中类似病例的相关医疗信息，最终制订一个合理的治疗方案。区域医疗系统实现医院、医疗机构、行政管理部门之间的信息共享，大大提高了医疗数据的利用率和应用价值。

②数字化有利于区域大型医疗设备的共享。大型医疗设备动辄几百万元甚至上千万元，根本不可能实现所有医疗机构都配置齐全，而且所有医院都配置也会造成超常装备和盲目重复配置。区域医疗设备资源共享平台的建立能有效整合共享区域内的医疗资源。区域内龙头医院或专科医院可以将本单位购置的工作量不饱和的大型昂贵医疗设备纳入区域医疗设备资源共享平台统一管理，对区域内其他医院开放，用于开展医疗服务、科学研究和技术开发活动。加入区域医疗设备资源共享平台的医院医生在对患者进行检查治疗的过程中，如果发现本院没有某项医疗设备，就可以通过区域医疗设备资源共享平台查询拥有该设备的医院名单，选择其中一家作为检查医院，然后开具检查单，患者可以持检查单到该医院预约检查。利用区域医疗设备资源共享平台对现有大型昂贵医疗设备进行整合共享，既有助于提升普通医疗机构的服务水平，减少普通医院对高档设备的投入和检查成本，又方便病人，使老百姓在家门口就能享受到优质的医疗资源，还能提高大型医疗设备的利用率，减少资源浪费，达到经济效益和社会效益共赢的局面。

③数字化推动了远程医疗的发展，实现区域先进医疗技术的共享。远程医疗是医护人员将医疗技术与现代通信技术、多媒体技术和计算机技术相结合，通过对各种医学信息的远距离采集、存储、处理、传输和查询等，邀请其他医疗机构的医生为本医疗机构的患者提供技术支持的医疗活动。它能打破时空阻碍，让更广泛的人群共享先进的医疗技术。比如，先进的医疗技术往往集中在大城市，如果偏远地区的人们专程到大城市看病就医，不仅需要支付高昂的交通住宿费用，还很有可能需要耗费很长的时间才能预约拿号。远程医疗实现了患者在基层医疗机构进行影像检查，然后通过数据互联传输影像数据给城市大型医院，由城市大型医院远程做出诊断。远程医疗打破地理和经济发展的隔阂，不仅大大节约了人们看病的成本，还让偏远地区的人

们也可以在线享受到大城市先进的医疗技术，有助于实现医疗技术的再次分配与医疗公平。但是传统的远程医疗利用电话、传真、视频的方式进行连接，采用纸质、图片的形式传输患者数据，医疗信息传递的速度慢、质量差、效率低，影响医生对病人的准确诊断。而在数字技术的加持之下，远程医疗的信息沟通维度不断丰富，能够实现数字、文字、图像、语音、视频、医学影像信息、运动图像的综合传输，而且数据传输效率日益提升，支持实时语音、高清视频和图像等多种形式的交流。远程医疗的应用场景也从远程会诊、远程影像、远程超声、远程心电、远程查房、远程监护、远程培训等，逐步拓展到远程手术操作、器械检查等领域。由此可以看出，数字化使远程医疗服务不断进步，进而使先进的医疗技术更高效、更优质地实现全民共享。

6.2.2.2　数字化有助于区域便民医疗服务的开展

①通过数字技术优化医疗服务流程，为患者提供更加方便、快捷、高效的医疗服务。医疗机构运用大数据、云计算、物联网等数字技术实现了患者看病流程管理的数字化，网上预约挂号、科室查询、专家查询、报告查询、网上缴费、智能预问诊等便民医疗服务给群众就诊带来了极大的便利。比如，通过线上平台预约就诊，患者只需在预约时间来医院等候，在医院报到后，叫号系统会安排患者有序就诊，节约了患者大量的候诊时间，提高了医疗效率。又如，智能预问诊能解决患者诊前等候时间长、医生接诊时间短的问题，实现"候诊即就诊"。它基于移动互联网，利用数字技术构建一个可以共享的专科知识库。对于患者而言，可有效利用候诊时间，通过手机在其引导下使用智能预问诊服务系统，自动生成病史资料。对于医生而言，通过智能预问诊服务系统能快速采集病史、掌握病情，节约书写病历的时间，增加医生和患者之间的互动，使病情被预先知晓，问诊更加全面，输入更加便捷，显著提升了患者的就诊体验。

②通过数字技术让患者足不出户即可就医。利用数字技术搭建的在线问诊、虚拟诊室、云医院等智慧就医平台，使患者不需要亲自到医院也能实现看病就诊。比如，患者利用手机通过云医院线上平台，向医生描述患病的具

体症状，迅速得到"虚拟诊室"在线医生的反馈，还可以在不同时间向同一个医生连续问诊。医生则使用移动门诊的医生端为患者开药、开检查单，并帮患者预约线下的检查时间，如果患者需要使用药品，还可选择药品快递到家的服务。这就使患者无须亲自到医院也能实现问诊、开药、药品快递到家，免去了患者跑医院的奔波劳累，节省了大量的时间和精力，尤其适合行动不便的患者。而且在本次线上就诊结束时，如果患者有需要，医生还可为其预约后续的线上、线下门诊时间。这种线上线下就诊的灵活切换，使患者就医的顺畅性以及医疗服务的连续性和准确性得到充分保障。

6.2.3 数字化促进区域教育发展

6.2.3.1 数字化推动区域教育资源共享

教育云平台是区域教育资源共享的桥梁。各地依靠大数据、云计算和人工智能等数字技术搭建的教育云平台汇聚了各地各校丰富的教学、科研和文化等各类资源，通过互联网使大量优质的教学资源在平台上广泛、迅速传播。比如中国高校名师的各种课程，天文、地理、旅游等相关的百科知识，学习者都可以在各类教育云平台上轻松获得。它支持各地海量用户利用电脑、手机等各种终端观看、学习。用户的学习地点不再局限于教室，只要拥有联网设备，无论何时何地，都能满足相关的学习需求。教育云平台打破了时空限制，让各个地区、学校的优质教育资源唾手可得，有利于区域间教育资源共享交换，进一步缩小各地区之间的教育差距，实现区域教育均衡发展和教育公平。[①]

6.2.3.2 数字化改变学习方式

传统的教育模式下学生的学习方式有很大的局限性。第一，学生主要是听老师讲授课本上的内容，学到的知识非常有限，也无法发挥学生学习的积极性，而且对于每一位学生而言教学内容、教育方式都是相同的，难以因材施教。第二，学生坐在同一个教室里，受到空间的限制，上课时只能与班上的同学、老师交流，与之交流讨论的人群范围有限，很难碰撞出思想和观点

---

① 王静：《基于智慧教育云平台的区域教育资源共享建设研究》，《教育现代化》2018年第22期。

的火花，从而产生创新性的想法。如今，在数字技术与教育融合运用的背景下，学生的学习方式发生了巨大的改变，逐渐多样化，翻转课堂、慕课、微课程等新型学习方式不断涌现。这些新型学习方式让学生的学习时间和空间不再受限，学生可以自己灵活安排，学习内容也可以根据兴趣爱好自由选择。学生在学习过程中还可以摆脱时间与空间的束缚，随时在教学平台上利用语音、文字与教师以及学习者进行在线交流和互动，甚至利用微信、微博等社交软件在线上与来自世界各地的网友进行交流和讨论，激发创意与灵感。这些学习方式设计了从课程教学、自测、答疑到提升练习等层层递进的环节，符合学生掌握知识的规律。当然，学生也可以根据自身的实际情况改变课程学习的顺序，发挥学习的主动性，实现规模教育下满足不同学习者的多样化、个性化需求。另外，数字化的教学方式能够实现更大的教育规模。比如，慕课平台能够支持区域内多人同时在线学习，突破了传统教育中实体教室对学生人数的限制。

6.2.3.3　数字化推动区域教育服务智能化

①数字化有利于教学管理精细化。教学管理的精细化必须依靠数据对学生个体进行学习管理，做到计划精确、执行有力、检查到位、反馈及时、关注细节、追求高效，为学生提供更优质的教育服务，打造更有品质的学习生活，追求教学效益的最大化。在数字技术的加持下，基于数据"采集—应用—分析—反馈"流程的教学平台可以持续跟踪学生学习的痕迹和轨迹，比如学生观看视频的个数、每个视频的学习时长、章节练习题的得分等学习的过程性数据和结果性数据都被记录下来。基于采集的学生学情数据，区域教育信息化平台就可以对学生学情进行实时精确观察和分析，创建学生个人的学习知识树、成长档案，并对学生进行全方位、多维度的建模分析，让生硬的数字"活"起来，从而精准了解学生的知识结构、能力倾向等特征。依靠数字技术使教育活动能够通过数据被客观清晰地描述出来，不仅帮助教师更为全面地了解课堂教学情况，还成为改进教学模式和优化教学结果的依据。

②数字化有利于教育决策科学化。传统教育模式下，区域内教育工作者一般都是依据静态的、局部的、零散的、滞后的、过滤加工后的数据进行决

策。比如，教师分析学生的学习情况、心理状态都是通过学生的学习成绩、平时表现等行为性描述，教师对教学内容的安排也主要依靠自身经验和感觉，其教学决策的正确性有待提高。而如今的教育模式是"用数据说话、用数据决策"。区域教育信息化平台可以采集课前、课中、课后全流程多场域多维度的数据，使得教育数据实现从考试成绩到全过程综合评价的"质变"，构建起个性化学习者的数字"画像"，通过数据可视化技术，对学生个性化学习行为进行直观、深入、精准的分析，为科学决策提供了智能化的支持。

③数字化有利于教学差异化。数字化教育平台不仅能详细地收集、记录、存储学生的学习成绩及日常学业表现，还能对教学活动数据、作业测评数据、素养结构数据等进行多维度的挖掘、处理与分析，帮助教师精准掌握、实时评估学生的学习情况和水平，使教师利用数据开展精准的教学服务，为学生量身定做个性化的学习方案。同时，教师在教学过程中运用数字技术可以实现学生签到、自动记录和汇总学生平时成绩、作业和试卷自动收集与批改、利用试题库自动生成试卷等功能，这些大幅减少了教师的工作量，使教师有更多的精力和时间关注每个学生，使因材施教、差异化教学成为可能。

6.3　数字化推动区域环境高质量发展

6.3.1　数字化有利于改善区域环境质量

6.3.1.1　数字化有利于区域生态环境监测体系智能化

在区域生态环境监测方面实施数字赋能、整体智治，将传统手段和现代科技手段相结合，全面构建"人眼""机器眼""天眼"一体化监控网络，有效解决了过去精准预警、溯源监控能力不足的问题，极大地推动了区域环境监测系统的智能化发展。

①"人眼"高效协同、联动执法。大数据的发展拓宽了区域内环境污染的便捷化举报渠道，推进了公众监督与现场执法的联动。比如，通过数字技术建立区域生态环保平台，公众可通过电话、信函、网络等方式实时

举报可疑的生态环境问题，然后由平台进行判断并产生检查任务，由综合执法部门处理相关环境问题，对于经核实的环境问题，举报人可以得到一定的奖励，对于恶意举报的行为则给予一定程度的惩罚。[①] 这极大地调动了社会各类主体参与生态环境保护工作的积极性，有利于及时发现区域内潜在的环保风险，加大了区域环境监管和执法力度。

② "机器眼"实时感知、精密智能控制。在区域环境监测领域，依托生态环境质量监测网络、污染源在线监测网络、企业工况监测网络、重点区域视频监测系统、自然保护区电子围栏系统和工业园区立体环境监测网络，形成区域环境综合网络。采用数字科技监测手段，建立智能发现机制，不断提高污染源监测覆盖率，实现区域无死角监测。并通过大数据综合集成，实现区域环境问题实时感知，有效破解区域环境监管的难题。例如，在钢铁制造企业内部，充分利用电子监控设备的识别、测量、定位、检测四大基础功能，通过中央控制室在线数据监测，实时监控企业各项排放指标，确保处理后的气体、废水达标排放，避免对生态环境造成不可逆转的危害。

③ "天眼"广域筛查、及时处理。卫星遥感监测具有速度快、范围广、精确度高、持续动态等优势，其监测网络覆盖大气、水体、土壤、噪声和辐射等诸多方面，在发现问题线索、锁定问题区域、提供证据支持等方面具有显著的优势。结合卫星遥感技术的数字化监测设备能监测区域内生态条件的变化、大气的变化、自然保护区的人类活动、秸秆的燃烧和水体的污染情况，可以客观、准确地反映区域生态环境质量、污染物排放状况和生态环境存在的问题。比如，利用卫星影像对一定区域内的土地、农田等重点区域进行遥感监测，大范围筛查可疑的固废堆场；通过对入河排污口、化工园区周边等重点区域的卫星图片进行对比，筛选疑似高污染水域，快速发现污染线索，及时处理环境污染问题。这有效地弥补了传统监管工具的不足，丰富了

---

① 王以淼：《依托数字化改革，提升环境问题智能化和专业化发现能力》，《中国环境报》2021年9月9日。

环境监管手段，为政府提高监管效率、提升环境监管执法效果提供了信息支持。

6.3.1.2　数字化有利于区域生态环境管理智慧化

①数字化有利于实现区域生态环境信息的采集、整合和共享。运用前端感知系统扩大生态环境自动监测数据的获取范围和能力，从扬尘监控、污染源在线监控、企业工况监控等领域广泛收集生态环境数据，使污染源数据、气象数据等生态环境数据得到连续、实时采集，夯实了数字底座。区域内的生态环境数据来源众多，涉及气象、交通、林业、土地等不同部门的统计数据。利用人工智能技术，按照统一标准，整合业务系统、本地化电子数据以及互联网数据，解决不同部门的数据采集统计口径、数据整合技术与数据编码各不相同的问题，破解跨部门协同的壁垒，实现生态环境数据从孤岛到整合，生态环境要素从单一到全面，加速了跨部门生态环境数据的全方位整合。整合后的生态环境信息被储存在生态环境大数据平台上。环境保护相关部门能够通过平台实时了解环境污染各项指数的变化情况，有利于跨部门生态环境数据的信息共享。

②数字化有利于推进生态环境管控精细化、科学化、高效化。通过信息综合集成和大数据分析对区域环境数据进行深度挖掘，并结合动态新数据与历史数据进行实时分析，可以锁定可疑污染源的范围，实现对异常数据的精准溯源。运用数字孪生技术将实际的生态环境治理全过程映射在虚拟的数字孪生世界，利用历史数据、实时数据以及算法模型等模拟生态环境在现实世界中的表现与变化，反映并评估生态环境的运行状况，诊断发生的问题和异常，发现环境变化过程中的关系、规律，预测未来的发展趋势，有效提升生态环境管理决策的科学化、精准化、高效化水平。

6.3.1.3　数字化有利于区域污染治理

①数字化有利于区域内水污染的治理。数字技术的发展为水污染治理带来了新思路、提供了新方向。过去，居民的生活污水随意排放，造成了下水道污物的沉积；大型工厂将工业污水不经处理或处理不达标就直接排放，致使河流生态系统受到了严重污染。如今，城市水资源保护部门通过安装在河

湖流域的传感器以实时、连续的方式收集、监测来自河流和周围环境的各种数据，包括河流的风向和压力数据，河流中的盐度、浊度和粒度信息，并通过网络将数据传输到计算中心系统。研究人员基于数据可视化管理平台的分析，通过将当前数据与历史数据进行比较，能够准确了解受到污染时水的成分会发生怎样的变化。然后，研究人员可使用处理后的信息模拟河流环境，建立模型，提出水污染的解决方案，进而评估处理方案的可行性和有效性，并考虑人为干预对河流环境的影响，从中选出最优解决方案，以确保实际处理的效率和有效性。

②数字化有利于区域内空气污染的治理。各地环保部门依托数字技术建立的智慧治气平台控制中心，可以对区域内的废气排放、秸秆垃圾焚烧、冒黑烟等情况进行实时监控捕捉，并准确监测区域内的空气质量、气象、烟尘、二氧化硫、氮氧化物浓度等多项大气数据。比如，当有人焚烧秸秆垃圾时，环保部门能通过智慧治气平台观测到烟尘浓度变化并准确定位，然后派人及时赶到现场，处理空气污染问题。在监测、集合信息数据的基础上，智慧治气系统综合运用各类分析算法对大气复合污染态势特征及过程进行科学有效的数据分析，并据此预测空气质量的未来发展趋势，评估潜在风险的时空范围和危害程度，以便在空气质量异常情况发生之前采取管控措施。数字技术让空气污染治理实现"数据一图展示、态势一屏分析、项目一体管理、治理一呼百应"，做到区域内大气环境的多元化分析、快速化预警和科学化决策，为区域内空气污染综合治理提供指导依据。

③数字化有利于区域内固废污染的治理。数字技术在固废治理领域的应用能够实现区域固体废物减量化、资源化、无害化。第一，区域内数字化交易平台的建立，有助于人们将无用的物品进行交易，变废为宝，减少固体废物的产生。第二，相比传统生产设备，制造企业在生产中使用的数字化生产设备产生的固体废物数量和危害大大减少。第三，企业建立的固废智能监控网络也能降低固体废物的排放量和危害性。智能监控网络能实时监控企业生产设施、治污设施、企业工况，监督产污、排污、治污全过程，然后将获取的数据上传到系统平台，并运用模型进行分析，将可疑问题推送给企业自查

或环保部门的执法人员现场检查，通过对固体废物有害物残留指数进行精准的检测，有利于采取相应的措施降低固体废物的排放量和危害性。第四，数字技术的应用提高了区域固体废物的处理效率，能避免处置不当而造成二次污染。比如，过去工作人员手工记录危废品的种类、数量、产生时间、地点等相关信息，容易出现错误和遗漏，而现在只需运用数字化系统扫描固废包装袋上的二维码，就能精准掌握固废信息，极大地提高了废物处理效率。整合了区域内交通运输车辆信息平台、固废管理信息平台等各平台的固废治理数字化应用平台为区域固体废物的回收与利用建立了桥梁。它将区域范围内固废的源头、运输、处理三个环节连接起来，使工作人员能够实时了解源头固废的产生量，及时安排合理的运输计划和处置计划，以及处于运输过程中的运输车辆信息、司机信息以及运输时间。固体废物到达处置单位后，由单位进行扫码签收、处置，完成闭环，全过程的二维码识别为固体废物的可追溯打下基础。

④数字化有利于区域内噪声污染的治理。利用数字技术建立的区域噪声污染防治大数据平台能实现区域噪声污染的有力监督和噪声治理的高效管理。区域噪声污染防治大数据平台联合社会各个部门，对社会各行业产生的大量没有得到重视的区域噪声"大数据"进行集成，对社交平台上发布的大量发散、缺乏有效组织、价值密度低，但仍具有意义的数据资源进行抓取、整合、处理，然后加以深入挖掘与分析，从中提取更高价值的信息，寻找隐藏的规律，预测发展趋势，最后通过可视化分析结果，提出有效的噪声污染治理方案，提高噪声污染的防治能力和水平。

6.3.2 数字化有助于区域环境可持续发展

6.3.2.1 数字化有助于区域自然资源节约

自然资源是区域经济增长和财富增加的物质基础，18 世纪以来，工业化和过度消费加速了区域内自然资源的消耗。联合国环境规划署发布的《全球资源展望 2019》显示，全球自然资源的使用量在近 50 年内增长了 3 倍多，非金属矿产增长了 5 倍，化石燃料使用量同期增长了 45% 以上。节约区域自然资源是针对资源稀缺性而做出的理性选择，如何高效利用已经稀缺的自然资源是区域经济可持续发展必须考虑的核心问题之一。为保证区域经济的可持续发展，必须集中精力加强和改善水、天然气和煤炭等自然资源的使用和管理。在数字经济时代，数字技术为各区域有效提高自然资源的使用效率、减缓自然资源的消耗和浪费开辟了一条崭新的道路。

数字技术能有效促进区域内自然资源的合理性利用。长期对区域内资源进行过度开发、不合理利用和浪费等就会造成严重的区域生态环境污染。要解决这个问题，必须抓住数字经济时代的发展契机，利用数字技术转变区域自然资源的利用方式、提高区域自然资源的利用效率，降低在区域内开发利用资源时对自然环境造成的损害程度，并实现以最少的环境牺牲代价获得区域经济效益最大化、循环利用自然资源的目的。将数字技术应用于农业灌溉，能提高灌溉水的利用率，节约水资源。传统方式下，农户都是根据经验来确定每天所灌溉的次数和每次的灌溉量。如果灌溉量少于作物实际需水量，就不能有效促进农作物的健康生长；如果灌溉量多于作物实际需水量，肥水流失，又会浪费水资源，也不利于农产品的增产增收。而运用现代物联网技术，农业生产人员通过高精度土壤温湿度传感器准确掌握土壤的温湿度和作物的生长状况，据此进行精准灌溉，不但能有效解决农业灌溉用水使用率低的问题，缓解水资源日趋紧张的矛盾，还能为农作物提供良好的生长环境，使农田灌溉更加及时和高效。在节约市政用水方面，物联网技术也发挥着巨大的作用。

据悉，巴塞罗那实施了一个物联网智能灌溉系统计划，该系统在城市各处公园的地下安装了许多用于监测土壤湿度的探测器。系统的远程监控设备不仅可以将探测器收集到的相关数据实时上传到云平台，帮助市政管理人员调配和管理水资源，还可以在炎热、干旱、少雨等恶劣的天气条件下或花草树木需要时自动打开电子阀门为景观浇水。这样既使市政部门节约了许多水费支出，也相应减少了用水量。数字技术还能促进建筑垃圾的资源化利用。城市快速发展离不开建设，也必然会产生建筑垃圾。据统计，30%～40%的城市垃圾属于建筑垃圾。建筑垃圾无法转变成资源，本身是一种资源浪费，而且还占用大量土地、严重污染周边环境。而建筑垃圾资源化可有效减少土地占用，为城市发展释放空间，创造不可估量的经济效益和环保价值。有数据显示，如果将 1 亿吨的建筑垃圾进行资源化处理，可以减少 1.5 万亩的占地以及 130 万吨的二氧化碳排放量，同时还可以带来约 90 亿元的新增产值。但开展建筑垃圾资源化处理需要借助电子联单。电子联单是一种数字化信息管理系统，它把建筑垃圾从产生到运输中转，再到处置利用过程中下单、接单的全链条服务数字化，实现全过程运作的线上智慧交互与监控，做到建筑垃圾资源化全天时、全天候、可追溯。同时利用数字技术搭建的建筑垃圾产、运、消、交易等在线平台，还可以全面升级建筑垃圾资源化再生利用产业。

6.3.2.2　数字化有助于构建清洁低碳安全高效的能源体系

目前，石油、天然气、煤炭等化石能源约占世界能源消费总量的 86%，作为不可再生的能源资源，无法做到可持续发展，而光伏、风能、氢能等可再生清洁能源的发展，正在改变能源短缺的困境，也将为经济增长与可持续发展带来新动能。在数字技术驱动下，以可再生清洁能源为主体的清洁、低碳、安全、高效的能源结构体系正在加速形成。

①数字技术加速传统能源行业的数字化转型。根据国际能源署（IEA）《数字化与能源》预测，数字技术的大规模应用将使油气生产成本减少 10%～20%，全球油气技术可采储量提高 5%。比如，利用数字技术搭建的石油远程监控与智能分析服务平台有效降低油田运营成本，提高运营效率。在勘探与生产环节，该平台对油田生产进行远程监控与管理，提升企业生产经营效率，减少运营成本；在运输环节，该平台通过传感器远程监控运输管道内的压力，并对地面压缩机等设备的运行进行安全监控，可以保障油气运输过程的安全，防止原油泄漏和污染等突发事件，从而大幅减少运输过程中的人工检查和维护费用；在化工服务环节，该平台利用流量仪表、压力传感器等监测设备，可实时监控油罐的石油液位，并优化库存管理，降低企业运营成本。

②数字技术促进清洁能源的创新发展。比如，在建筑里安装光伏发电

板、风力发电机等新能源发电装置，再利用区块链技术搭建数字化智能微电网，让这些建筑成为电力自产自销的单元。数字化智能微电网实时监管整栋建筑内的各种电器，从而达到节约用能、提高能效的目的。在此基础上还可以运用区块链技术实现电力能源的有效配置。借助区块链的去中心化特点支持不同的电力用户进行点对点的电力直接交易，电力用户可以将多余的电量出售给其他电力不足的用户，保证了一定范围内电力的供需平衡。根据相同的原理，相邻建筑之间可以建立数字化智能微电网，通过智能微电网与智能微电网之间的互动降低用电高峰时段对电网产生的压力。

6.3.2.3 数字化有助于降低区域碳排放量

中国经济快速发展的同时也产生了巨大的碳排放量。截至 2019 年底，中国碳排放量占全球排放量的 29%，位居世界第一。在全球气候变化对人类社会构成重大威胁的背景下，中国提出了在 2030 年前实现碳达峰、2060 年前实现碳中和的双碳目标。数字技术将加快能源革命进程，有效降低区域二氧化碳排放量，助力我国实现双碳目标。

①数字技术支撑区域节能系统化。数字技术不但可以有效提升碳捕捉和碳封存等清洁能源技术，而且多源头性数字之间的融合能促进能源消耗预测模型、碳排放核算模型以及供能模型组成的区域低碳发展体系建设，加快区域能源系统由化石能源向可再生能源转型的进程。此外，数字技术可以促使区域以电力为中心的综合能源系统相互匹配与连接，减少碳排放，提升区域经济性，这是数字技术支撑区域节能系统化的关键。

②数字技术推进区域碳排放管理体系建设。世界经济论坛的评估报告指出，在碳排放管理中应用数字技术至少可以减少 15% 的二氧化碳排放量。在实践中，区域碳排放管理部门运用大数据技术对日频度、月频度的能源碳排放进行动态监测和核算，既能提高计量精度，缩短计量分析周期，还能降低计量成本，提高计量效率。通过分析不同区域、不同主体的碳排放数据，实现对碳排放变动趋势的动态跟踪；通过分析碳排放与碳捕捉、碳封存的联系结果，能对二氧化碳全生命周期变动实现监测追踪；结合地理与生态环境的变化对碳排放和碳吸收水平的演化规律进行分析，预测大气中二氧化碳浓

度值和浓度变化趋势，可以实现对碳排放和碳吸收的全面精准计量。利用数字化碳排放管理平台可以帮助区域发电企业掌握碳排放源、碳管理，以及减碳的潜力，此外还可以帮助区域企业进行碳监测、碳核查。比如，包头联通智云数据中心搭建的能耗管理平台，能对机房内的温度、湿度等指标进行统一监控监管，并实时监测数据中心内电源使用效率（PUE）值的变化和能源使用消耗情况。如果指标数值发生异常，管理平台将启动告警机制，相关处置人员会在第一时间进行排查，避免因设施故障产生的高耗电量。

③数字技术有利于降低区域内社会经济活动对物质资源的消耗，进而减少相应的碳排放。里夫金的研究表明，每使用一辆共享汽车可以减少20辆汽车上路。艾瑞咨询的研究报告指出，在每年1万~2万公里的行驶范围内，共享单车比汽车减少1.64~3.38吨碳排放。根据亚马逊发布的数据，亚马逊每配送一次可使居民外出购物减少100多次，从而使电子商务产生的碳排放量比到实体商店购物平均降低了43%。国际能源署（IEA）发布的数据显示，将数字解决方案应用于卡车的运营，可以将公路货运的能源消耗减少20%~25%。据中金公司测算，数字技术通过大幅降低物流的空载率，可使全年无效行驶里程减少1472亿公里，二氧化碳排放量减少695.08亿千克。

6.3.2.4 数字化有助于提高公众环境保护意识

在数字经济时代，大数据、人工智能等数字技术被广泛用于环境保护的各项工作中，比如环境测控跟踪、环境预测预报、污染源平面显示管理、污染源异动跟踪报警、环保增值业务等方面，这在很大程度上促进了全国各地的环境保护。但有关数据显示，社会公众环保意识淡薄已经成为环境污染的重要原因之一。数字化时代的到来，为提高公众环保意识提供了有力的技术支持。

传统的环保宣传方式和手段枯燥、抽象，人们难以将接触到的环保知识与自己的日常生活联系起来，对如何保护环境和解决环境污染问题缺乏感性认识和有效办法。而数字化在环保宣传教育中的运用则为提高区域环境保护的宣传效率、增强公众环保意识提供了有力的技术支持。手机、电脑和互联网在当下已经深入渗透到人们的工作、学习、生活和娱乐等诸多领域，人们已经习惯并且很乐意利用数字化设备和网络来获取广泛的数字化信息资源。环保宣传必须顺应时代发展的潮流，充分利用网络这个信息传播渠道，将环保宣传教育工作从"线下"转变到"线上"、从"面对面"转变到"键对键"，开展丰富多彩的环保宣教活动，创新生态环境宣教的工作手段和方式。比如，环保设施开放单位可以利用 VR 技术开发 VR 全景体验平台，采取形象、生动的形式，让社会公众全天候、全时段地在线观看环保设施的运作原理；在社区建立智能化、普惠化的垃圾分类宣教基地，通过智能设备、视频播放、互动体验、模拟投放、环保课堂等不同的功能区域，让社会公众在家门口就可以体验到时尚化、智能化的垃圾分类；生态环境讲解员可以依托社会公众青睐的直播形式，走进视频直播间，向网民在线宣传生态环保科普知识和生态环保理念；有关环保部门还可以在抖音、快手等社交平台发布环保宣传视频，同时通过留言、评论等方式实现与网民的互动，并鼓励网民转发、点赞、收藏，实现二次或多次宣传。这些生态环境宣教的新媒体手段和方式拓展了生态环境保护的宣传阵地，有助于公众主动获取环保知识，增强社会公众了解环保知识的兴趣，促进了环境保护宣传信息的广泛传播，同时也让社会公众深刻感受到环境污染带来的严重后果，这将有效增强公众的环境保护意识，并促使社会公众积极加入生态环境保护和改善的行列中。

7

数字化助力治理现代化的机理

7.1　数字化助力治理手段优化的机理

7.1.1　数字化推动政府多元化治理

7.1.1.1　传统的单向式治理

传统的单向式治理是由政府单方面深入群众考察民情、搜集民意，根据对民情民意的主观判断来制定与颁布相应政策的一种治理手段。单向式治理的特点表现在三个方面：第一，政府被视为公共利益的代表者和维护者。第二，在组织结构上，治理任务自上而下层层传达。第三，在政策制定中，政府是制定、颁布政策的"主体"，群众是接受政策的"客体"，群众参与政策制定的程度低，前者与后者之间呈现管理者与被管理者的关系。在单向式治理模式下，政府的信息来源较窄和信息量较小，社会治理效果受到政策合理性、有效性和政府执行力度的巨大影响。

7.1.1.2　多元化治理

多元化治理是一种新型的治理手段，它鼓励群众、社会组织、企事业单位等社会主体反馈民意、参与政策制定、监督政府工作，是数字化时代各级政府结合线上、线下平台，创新和完善政府治理手段的积极探索。多元化治理最大的特点是以法治为根本、政府为主导，实现治理主体多元化、治理方式民主化。多元化治理具有以下显著的优势。

①有利于增强政策制定的科学性和内容的合理性。作为对传统社会管理手段的反思、创新和突破，多元化政府治理通过多方参与和协商的方式，广泛聚集群众的智慧为社会治理所用。受政府治理政策影响的社会主体参与政策制定，能站在政策接受者的角度分析和评价政策的合理性和有效性进而提出改进和完善的建议。政府官员获取民情的渠道得到拓宽、信息量得到丰富，使得政府官员能够更加深刻和全面地了解社会存在的问题、矛盾以及群众的诉求，增强了对拟定政策合理性的评估和实施效果的预判。同时，政府官员根据社会反馈的广泛意见和建议积极回应，相应调整和修改拟定政策，使得政策制定流程更加科学，政策内容更具针对性、有效性和亲民性，做到"民有所呼，我必有应"，有助于提升政策的社会治理效果。

②符合社会经济发展和数字技术进步的要求。首先，以市场主体自主经营、自负盈亏、自担风险为特点的市场经济体制不仅要求社会治理由"控制"转变为"服务"，也要求多元主体参与社会治理。数字经济时代，科技带来的生产力革新为经济社会发展赋能，也让经济社会关系日益复杂、新的社会问题和矛盾不断出现。政府需要根据数字经济时代特点，优化治理手段来解决新时代出现的各种问题，回应新时代社会各方的诉求。通过多元化治理建设人民满意的服务型政府是数字经济时代政府治理的必然选择。其次，互联网的普及、信息技术的发展以及政务服务数字化、智能化水平的不断提升，拓宽了群众表达诉求的途径与方式，同时增加了群众参与社会治理的便捷性，从而激发了群众参与社会治理的意愿和热情。最后，数字经济时代，群众了解、参与、监督政府治理的主人翁意识不断提升，其逐渐从政府单向治理下被动接受政令的"客体"转变为主动了解、参与、监督政府治理的"主体"，协助政府开展社会治理，提升政府治理的效果。

③多元化治理是对党的群众路线的深入贯彻与具体实践。政府作为维护社会公正、秩序和稳定，促进社会经济健康稳定发展的重要主体，应该在治国理政的全部活动中密切联系群众、树立群众路线、坚持群众路线。公众、

社会组织、企事业单位等直接或间接参与政府政策制定，并在政策执行的过程中进行监督，从而有效确保政策为民、政策利民以及保障政策有效落实。

④有利于增进人民对政府的感情和拥护。多元化治理模式下，政府鼓励并利用各种技术手段积极创造条件让各类社会主体参与治理，增强了各类社会主体的主人翁意识，极大地调动了其参与治理的积极性和主动性，使政府官员及时了解广大群众的诉求和期盼，群众"急难愁盼"的问题也得到有效解决。多元化治理让政府和人民群众的沟通与交流变得更加顺畅和及时，使以人民为中心的执政理念得到有效贯彻执行，人民对政府的理解和感情自然而然加深，对政府的信任和拥护也就随之增强。

7.1.1.3 数字化助力政府治理从"单向"转为"多元"

新一轮科技革命浪潮席卷而来，信息通信技术和数字化的发展为政府数字化转型、政府治理阵地由线下向线上转移提供了强大的科技驱动力，运用政务新媒体等手段进行多元化治理成为各级政府的必然选择。

①数字化助推政务信息透明化，保障民众知情权。数字技术的快速迭代与普及推广优化了信息传播方式与途径，为打造政务信息公开的政务类 App 提供了可能和手段。到目前为止，从中央到地方推出了许多政务类 App，比如中国国家政务服务平台、皖事通、北京通、渝快办、天府通、浙里办、冀时办等。界面友好、信息量大等特点降低了政务类 App 的操作难度，拓宽了群众获取政务信息的渠道，便利了群众随时随地获取政府治理及其政策信息。比如，"十三五"期间，重庆市政务数据交换体系通过不断强化实现了市级共享数据突破 3500 类，日均交换数据超过 300 万次。在信息传播速度快、传播数量大、交互性强的政务数据交换体系的有力支持下实现了"民众和政府信息对等"，促进了政府治理手段由"单向式"转变为"多元化"，克服了"单向式"政府治理中"民众与政府信息不对称、不完全"的弊端。

②数字化赋能民众参与机制，保障民众参与权。数字技术打造的各种政务新媒体，在技术上可便捷民众表达自身文化和物质诉求、反映社会现状以及讨论政策效果。数字经济时代，民众自由表达的工具和途径得到不断丰富，使得对同一个公共性质的议题感兴趣的民众能够跨越时空界限进行交流

与互动，健全了民众参与政府治理的机制，从而充分调动民众积极性，有效保障民众的参与权。

③数字化赋能政务监督平台建设，保障民众监督权。数字化时代，民众和政府的信息鸿沟不断缩小，民众参与政府治理的渠道不断拓宽，主人翁意识逐渐增强，民众逐渐从受政策合理性、有效性和执行力度影响的客体，转变为政策制定参与者和政府官员监督者。民众通过互联网可以实时与全国甚至全世界的话题参与者互动交流，聚集成网络舆论，从而对政府治理形成强大的影响力。比如，国务院办公室在 2019 年 4 月 22 日推出了"互联网+督查"平台和"互联网+督查"小程序，针对中央经济工作会议部署和《政府工作报告》提出的目标任务，借助政务新媒体，面向社会征集有关政府治理的问题线索或意见建议，发挥网络舆论的监督作用。中国政法网推出的投诉与举报功能为民众提供互联网举报平台，充分调动了民众实施监督权的积极性，促进各级政府主动与民众交流，深入了解民众需求，收集政策反馈意见，开启了民众监督政府的全新时代，真正实现政策为民、政策利民。

7.1.2 数字化推动政府精准化治理

7.1.2.1 传统的经验式治理

传统的政府经验式治理是一种政府官员根据自身经验进行判断决策的老式治理方式。传统经验式治理不能快速、精确地查明和解决问题，仅由政府官员自己提建议、做决策，公民、企业、非政府组织等其他参与主体都处在决策的边缘地带，没有机会参与政府治理。虽然执政经验是政府官员的宝贵财富，但是在政府实际治理过程中，存在对过去固有经验或"惯例"过度依赖的现象，漠视数据，进而缺乏对数据的缜密分析。这种主观决策方式很容易导致做出的决策缺乏系统性、科学性和全局性。

无疑，在过去信息不太发达的年代，经验式治理也发挥了一定的作用。在经验式治理模式下，我国的温饱问题得到解决，经济实现恢复和增长。传统的经验式治理由于模式僵化，轻视数据和数据分析，在当今的信息化潮流中，面对指数级增长的数据和纷繁复杂的国内外环境，无法通过对数据的采集、整理和分析，从中挖掘出对社会治理有价值的信息，导致政府制定的政策缺乏精确性、适用性和有效性。例如，面对治理洪水这种复杂问题时，过去单一的修建水库等传统措施已不完全可行。有数据表明，在较大的江河流域，严重的洪水灾害不仅来自主河干，也存在部分支流流域频繁地发生破坏性极强的山体滑坡和山洪等现象，面对这种危害，传统的经验式治理无法精确、有效地解决问题。

在数字经济时代，僵化的传统经验式治理已不再适用，其原因主要有以下几点：①传统经验式治理的前瞻性明显不够，难以应对数字经济时代国内外错综复杂的社会经济政治环境。②传统的经验式治理忽视底层数据的采集、整理和分析，未能全面考虑治理主体和地域发展的不同，因此难以做出正确的决策。③传统的经验式治理在评价体系与治理目标之间、权责界定与评价体系之间存在系统性偏差，往往会使治理行为和治理效果不能在评价结果中得到真实反映。④传统的经验式治理过程缺乏标准和规范，不利于对治理流程的统一管理，阻碍了政府治理成本的降低和政府治理效率的提升。

7.1.2.2　精准化治理

不同于传统的经验式治理，精准化治理是对治理体系和治理能力的创新和再造。它的治理前提是科学严谨的信息挖掘分析，治理基础是全面精准的个体化信息集，治理参考是历史最佳的政策知识推理，治理目的是实现合理、有效的政策匹配。[①]

精准化治理是在充分参考历史最佳政策和精准把握治理底层的个体化信息的基础上制定行之有效的政策，完成需求与供给的精准、及时匹配。治理主体运用知识源集成网络，在最短时间内完成对众多治理客体信息的最大限度收集和集成，进而处理和分析这些集成后的信息集，从中快速归纳总结出不同治理客体的政策需求，把握公共问题的实质、特征和成因，再利用案例推理和知识源回溯性挖掘等技术手段，根据过去最佳的治理实践，治理主体可以及时针对政策需求匹配合适、精准的政策供给，避免了需求矛盾出现大

---

①　赵建华：《精准治理：中国场景下的政府治理范式转换》，《改革与开放》2017 年第 22 期。

规模集聚以及需求矛盾集聚后造成的治理失灵。由此可以看出，精准化治理不仅减少了政策制定过程中的反复"试错"环节，还能缩短社会良性成长的时间，进而节约巨大的社会成本。

精准化治理具有可预知性、可跟踪性、可测量性、可标准化等优点。

①可预知性。可预知性是指政府在进行治理前提前预知危机等不利事件的能力。在自媒体与社交网络快速发展的时代，政府治理面临非常大的不确定性，其主要表现在互联网舆论事件和群体性事件频发及其给社会带来的巨大破坏力。为了成功应对这种不确定性，政府治理必须具有很强的预判性和前瞻性。传统的经验式治理采取的是"回应式治理"策略，强调"后危机"治理；而精准化治理则强调"前危机"治理，通过深入挖掘政府治理知识源以主动鉴别"类危机因素"，并运用逻辑推理和知识源回溯挖掘技术，参考过去的治理经验，提前制订危机处理方案，使得政府对突发事件的预判能力和处理能力得到极大提高。

②可跟踪性。可跟踪性是指在治理时可对治理个体的信息进行跟踪和记录。精准化治理就是一种采集和分析底层数据时全过程留痕的治理。知识源集成网络在采集不同治理客体信息的过程中会记录信息采集者的行为和以后一系列推理动作与知识挖掘，从而跟踪记录政策制定整个流程中的各个节点，使绩效管理和责任界定有精准、客观的原始依据。

③可测量性。可测量性是指在治理的过程中各个指标都可以进行量化测度。评价治理主体的绩效是保证良好的治理效果必不可少也最有效的手段之一。精准化治理的可跟踪性为评价治理主体的绩效提供了原始数据。可测量性则为精准化治理的全过程制定相应的量化指标，结合量化指标和实际情况对治理主体的治理行为及其结果进行有效评估，把权力束缚在技术与制度的笼子里，让权力在阳光下和法制轨道上运行。

④可标准化。可标准化是指在不同的治理区域可以设定统一的标准进行治理。由于地域发展不均衡和治理主体在知识、能力、意识等方面的差异，地方政府治理在意识上、体系上、能力上和效果上也存在较大的差异。精准化治理所构建的政策制定系统和知识源网络，使得治理过程变得

标准化和规范化，有助于治理流程管理的统一，消除治理地域和治理主体之间的差异所造成的不同治理效果，降低政府治理的成本并提升政府治理的效率。

7.1.2.3 数字化推动政府治理从"经验"转为"精准"

精准化治理无论是否应用了大数据等数字技术，都能避免治理主体只依据自己的经验决定政策的制定。只要治理流程科学，即使采用网格治理、建档建卡等非常简单的治理手段也能使治理主体的知识发挥积极作用。只不过数字化的发展为政府治理从"经验"转为"精准"提供了强大的技术驱动和有力的技术支持，加快了政府治理从"经验"转为"精准"的步伐，从而更好地适应国家治理能力和治理体系科学化的要求。

政府依靠大数据可以看到民众需求、听到民众呼声，同时可以通过大数据分析来预测公共危机、预知事态前景，杜绝"拍脑袋"的经验式治理，确保治理决策过程的科学性。政府治理过分经验化，会导致决策不科学、政策不亲民、措施不可行。例如，在洪水灾害的危机管理过程中，荷兰政府就利用历年的降水数据预测出荷兰境内河流的水流量在未来将持续增加，因此，荷兰政府降低洪灾风险要采取的关键措施是"为河流留出足够的空间"。又如，我国武汉开展的海绵城市建设也是一种应对洪灾的危机处理方式。武汉的长江两岸建造了宽敞的中央公园，中央公园由草原、池塘、人工湿地和可以渗水的人行道构成。当下雨的时候，这些设施就会自动收集多余的雨水，并将收集的多余雨水输送到地下水库存储，一旦长江的水位下降，便将地下水库储存的水逐渐释放出来，以保证长江的水位稳定。

精准化治理以精准为基本标识。其精准来源于治理主体所掌握的全面、丰富的底层数据和所使用的科学、合理的分析方法。精准、全面地获取和整合所有底层信息，必须有5G、大数据分析、人工智能等数字技术作为支撑。而网络分析和知识推理等数字技术手段则为实现治理实际需求与政策预案之间的精准匹配提供了可能。

有专家认为，现代社会治理要求政府决策摆脱"按下葫芦浮起瓢"的短线思维，跳出"头痛医头、脚痛医脚"的直线思维，而应在科学分析的基础上超前决策、系统决策。所以，政府部门可以依靠大数据及时掌握社会矛盾和问题的相关信息，充分挖掘大数据在社会风险分析与预测中的巨大潜力，从"事后救火队"变身为"事前预警机"。

7.1.3 数字化推动政府整体化治理

7.1.3.1 传统的碎片化治理

在政府管理领域，信息碎片化指的是政府部门之间的业务分离、不协调。① 碎片化治理是伴随专业分工和层级节制的政府组织结构出现的。在这种政府组织结构下，各级政府按照功能被划分成许多不同的职能部门，适应了专业分工的需要，提升了政府工作人员的专业性和业务熟练程度，有利于政令的上传下达，能在一定程度上提高政府的工作效率和治理成效。②

然而，碎片化治理也存在一定缺陷。一方面，碎片化治理在一定程度上导致部门间信息"孤岛"的形成。每个部门都有自己的一套信息系统，每个部门的信息存在于各自孤立的信息系统中，各部门的数据标准也不统一，部门之间的数据信息无法兼容，导致信息只能在部门内部流动和共享，而不能在部门之间流动和共享，从而形成了各部门间的信息壁垒。另一方面，碎片化治理导致公共服务效率降低。行政机关条块分割，组织之间壁垒森严，各部门之间的交流难度大，业务流程运作时间长、协调成本高，业务流程缺乏连贯性，导致公共服务效率低下。例如，曾经发生的"自己是自己""我妈是我妈"等证明事件映射出在碎片化治理下公共服务效率低下，浪费了公众大量的时间和精力。

7.1.3.2 整体化治理

整体化治理是指依据公众需求，借助信息技术手段搭建通用信息库，以政府各部门、各机构之间的信息整合、业务协调和责任共担为运行机制，对

---

① 牛惊雷、王亮:《从"碎片化"到"整体性"重构：社会治理共同体的构建研究》,《甘肃理论学刊》2022年第2期。

② 唐兴盛:《政府"碎片化"：问题、根源与治理路径》,《北京行政学院学报》2014年第5期。

治理层级、部门关系和职能、信息系统等进行有机整合与协调的一种新型政府治理手段。它能够打破"信息壁垒"和"业务壁垒",实现各级政府、各部门之间信息的互联、共通和共享,使政府治理从部分转变为整体、从零散转变为集中,从而为人民群众提供无缝衔接、一体化的整体型公共服务。

整体化治理的特点主要包括以下几个方面。

①政府信息库实现各类信息在政府部门内部互联和共享。政府信息库利用新一代信息通信技术搭建安全且大规模的信息数据网络储存库,实现各类信息在政府部门内部共享,从而减少某一部门因信息查询需求而导致的烦琐审批步骤,提高信息查找获取效率。与此同时,政府信息库的建立,有利于打破各部门之间的信息壁垒和业务壁垒,从而有效降低行政成本并且提高行政效率。例如,2021年人民法院通过建立政府和法院之间多维度、无障碍沟通的立体网络搭建府院通平台,积极推进政务信息系统与司法信息系统的数据互联和共享,以期打破府院之间的交流障碍。人民法院在整合政府各部门业务数据的基础上推进建立覆盖多维度个人全息信息与企业全息信息的府院信息查询平台,逐步实现对个人信用和企业信用的智慧监管。个人全息视图平台支持在线查询个人的身份信息、资产信息、五险一金、资质荣誉、涉事涉法等信息。企业全息视图平台支持在线查询企业的基本信息、许可与资质、公共支付、纳税与参保、行政执法、信用评价等信息。

②电子政务平台实现政务的网络化和便民化。电子政务平台的出现将政府机构的管理和服务职能从线下拓展至线上,重组优化了政府组织结构和工作流程。电子政务平台还能打破时间、空间和部门的限制,向全社会提供规范透明、优质高效的全方位服务与管理。该平台作为政府治理数字化转型的重要实践是整体化治理的一个充分体现。它作为政府部门与公众的交互平台和信息共享平台,紧密联系群众,及时反映公众需求,让公众充分感受到数字经济时代智慧政府、数字政务带来的红利。

③整体化治理强调各级政府和各部门之间的业务互通和责任共担,推动政府治理和服务流程更加规范透明,提高了政府治理的效率和质量。例如,浙江借助云计算、大数据、人工智能等数字技术,打造"整体智治、唯实

惟先"的现代政府，推进政府在履职和运行过程中实现即时感知、主动服务、智能监管、科学决策；促进政府服务方式从"碎片化"到"一体化"的转变，群众、企业办事再也不需要找多个政府部门，而只需要找整体政府，极大地便利了群众和企业办理各项事务。[1]

④整体化治理利用数字技术有效修正过度分权。整体化治理强调整合、协作与整体运作，提倡一种横向的综合组织结构，在此基础上强化中央对政策过程的控制能力，实现顶层设计和整体协调。[2] 整体化治理的关键在于政府各机构之间的信息共享。唯有信息共享才能打通政府各机构之间的交流障碍、连通所有机构，以整体力量创造更大价值。而数字化则能通过信息共享的实现来形成统一的领导体系，制定统一的规章制度，建立系统的评估指导体系，进行统一的监督管理，有效修正过度分权及其产生的多头等级结构的弊端。

7.1.3.3　数字化推动政府治理从"碎片"转为"整体"

数字经济时代强调信息的整体性而非碎片化。在数字经济时代，信息量呈几何式增长，获取和处理信息的途径增多、速度加快，个体与个体之间的联系更加便捷与紧密。这些特点决定了数字经济时代更强调顶层设计与宏观调节，更容易实现也更偏向于把分散的个体联系起来。因而，从碎片化治理过渡到整体化治理，是政府治理手段优化的必然途径。依靠信息与通信技术，"整体智治"具备技术上的可行性并且拥有大幅提升治理效率的巨大潜能。"整体智治"围绕提供便捷、优质服务的目标，以政府机构整体协同、高效运行以及精准服务为核心，运用数字技术对传统政府管理机制和运行方式进行整体性和系统性重构。它能促进政府治理手段革新，推动人员配置、组织架构和内部沟通途径的全面重构，助力政府朝着"整体智治"的目标奋进。

---

① 《浙江全方位深化政府数字化转型》，http：//www.gov.cn/xinwen/2020－11/20/content_5562857.htm，2020 年 11 月 20 日。

② 崔会敏：《整体性治理：超越新公共管理的治理理论》，《辽宁行政学院学报》2011 年第 7 期。

①数字化破解"信息孤岛"，实现数字资源内部开放。数字技术可以为各级政府、各部门实现信息融合和共享的目标赋能。一方面，运用相关技术，搭建庞大且安全的信息库，汇聚各级政府和各部门的数据信息，实现政府资料数字化存储。数字化后的信息具有易于整理、查找等数据管理方面的优点，该信息库为政府信息的融合和共享提供数据基础。另一方面，运用相关技术，设置信息库的查找权限，同时为政府内部人员赋权，提升被赋权主体的参与度和协同能力，实现政府信息内部的高速、安全共享。通过数字技术的赋能和赋权，快速、高效地融合各级政府和各部门掌握的所有信息，破解"信息孤岛"，实现信息共享，减少或避免为获取其他单位和部门信息而逐级审批的过程。

②数字化打破"业务壁垒"，促进公共服务供给一体化。现在的政府机构内部存在"藩篱"，一个重要的表现形式就是部分政府部门只熟悉本部门负责的公共事务，不了解其他部门的业务情况，导致公众办理业务时填重复信息、办各种证明。这种现象反映出政府部门内部存在业务壁垒，使得公众办理业务时"急断肠""跑断腿"。政府数字化转型以人民为中心，紧紧围绕人民日益增长的美好生活需要，致力于为人民提供更优质、更便捷的公共服务，实现任何时间、任何地点，向任何人及时便利地提供公共服务的治理要求。就提升人民满意度和幸福感来看，打破政府"业务壁垒"、促进公共服务一体化必要且迫切。政府数字化转型强调业技融合，也就是将政府公共服务业务和新一代信息与通信技术结合在一起。通过业技融合，充分利用计算机网络强大的信息计算和处理能力，对业务流程进行网络化再造，实现业务联通化与协同化，进而达到消除各个业务之间空间和时间阻隔的目的，实现公共服务供给一体化。例如，"浙里办"是浙江省一体化在线政务服务平台，旨在打造和完善跨部门政务协同体系，为百姓解决办事烦愁。在过去，不少车辆检测站存在手续办理复杂、高峰期排队等待时间长等问题，车辆检测让车主颇为头疼。在浙江，政府聚焦验车难、验车烦痛点，2020 年 9 月在"浙里办"上线机动车检验便民服务平台。车主线上提前预约，线下将车钥匙与资料交给检测员，无须排队，就能享受半小时内完成车辆检测的快

捷服务。①

③数字化重构政府内部组织架构，构建非集中、扁平化的运行结构。政府数字化治理就是逐步在网络空间形成一个以大数据和人工智能为技术支撑的模块化智能网联体，追求组织扁平化、业务协同化、服务智能化。电子政务平台与实体政府进行有效衔接和相互驱动，旨在构建新型政府运行机制。在数字化发展趋势下，政府运行和社会治理越来越离不开数据资源和数字技术的支持。借助数字技术优化行政权力的运行流程，借助数字技术赋能科学确权、依法授权、廉洁用权的全过程，实现权力运行透明化程度的提高和政府权力运行的进一步规范，着力解决职责交叉、条块分割等治理"碎片化"问题。

④在政府数字化转型条件下，整体化治理从理论升级为实践。数字技术正同经济社会全方位、广泛、深度融合，促进各行各业数字化转型升级。政府数字化转型顺应了数字化的时代要求和发展趋势，将"打破政府各机构间信息壁垒、实现信息整体化治理"的目标从理论上升到实践，是更好地实现内部管理，更有效地服务社会与市场的重要手段。政府数字化转型过程中通过购进相关硬件设备、软件系统，改善数字化的技术条件，增加高素质人才的投入，通过提升政府工作人员对信息技术的接受程度以及接收数据、分析数据、使用数据的能力，引进业技融合型人才以及与科技企业合作等措施，构建起整体化治理的体制和架构。从技术因素来看，随着数字技术的大规模商业应用，政府应用数字治理手段的广度和深度将得到拓展，政府治理水平和能力也将得到进一步提升。从制度因素来看，数字治理将深刻影响数字经济时代的政府治理理念和机制，推动以条块分割为特点的政府治理体系向以数据驱动为特点的协同、高效治理体系转变，实现整体化治理。

---

① 《上"浙里办"预约享"星级"服务　检测半小时完成车检"一件事"集成改革让人更省心》，http://www.yk.gov.cn/art/2021/8/5/art_1229164404_59009809.html，2021 年 8 月 5 日。

7.2 数字化助力治理模式创新的机理

7.2.1 数字化促进形成"互联网+政务服务"治理模式

7.2.1.1 "互联网+政务服务"治理模式

"互联网+政务服务"的本质是运用互联网技术及产品对政府服务流程进行重组和优化并对政府服务内容进行改进和创新，推动"互联网+"相关成果在政务服务领域的融合运用和纵深发展，促进政务服务数据的纵横联动贯通，使更全面、完备、无边界的整体性治理成为可能。[①]"互联网+政务服务"主要基于云计算、大数据、人工智能以及区块链等数字技术，通过政务网站、政务智能终端、移动政务 App、政务两微客户端等多种形式呈现。"互联网+政务服务"围绕个人和企业全生命周期的高频事项、重点环节，通过构建"个人生命周期"和"企业生命周期"的政务服务，致力于为公众提供零距离、全天候、全流程、跨部门、跨层级、跨地域、跨系统的整合型服务。这就必然要求治理数据跨层级、跨部门、跨地域、跨系统共享。从政务服务改进和创新的目标来看，"互联网+政务服务"就是要依托互联网技术来整合政务数据资源，促进政务服务数据的相互贯通，促使政务服务供给流程重组优化，最终提升政务服务的质量及效率。互联网与政务服务的融合作为一种创新和改革，是国家深化政务服务改革的重要核心措施，能够有效转变政府职能，提高政府政务服务供给效率。"互联网+政务服务"的推进就是要通过政务服务数据的流动和共享来有效整合分散、孤立的政务服务资源，让政务服务实现全人群覆盖、全天候受理和"一站式"供给，使政务服务公平普惠、方便快捷、优质高效。

我国政府早就开始重视"互联网+政务服务"的治理方式。2016 年发布

---

① 宋晔琴：《影响"互联网+政务服务"数据协同治理水平的因素研究》，电子科技大学硕士学位论文，2021。

的《政府工作报告》中指出，政府各级部门要在"放管服"改革中充分发挥"互联网+政务服务"的作用，通过"互联网+政务服务"的技术及功能实现政务服务数据的流动和共享。这为"互联网+"以及数据治理等先进概念与政务服务相结合提供了政策引导。随后在2017年发布的《"互联网+政务服务"技术体系建设指南》中更是明确指出，"互联网+政务服务"的总体目标是实现政务服务的标准化、便捷化、精准化、协同化以及平台化，主要内容是各级政府机构基于互联网、大数据、云计算等数字技术构建"互联网+政务服务"平台，实现政务服务事项以及基础业务的一体化、平台化办理。此后，国家又陆续颁布了一系列政策文件推动"互联网+政务服务"的落地实施与升级。在"互联网+政务服务"的实施推进过程中，各级政府部门应重点关注平台的融合升级及数据的联动共享和技术支撑、基础设施升级等内容。

在中央政府一系列政策的指导和支持下，各级政府积极开展"互联网+政务服务"建设。例如，四川省公积金中心推行的"互联网+政务服务"就是一个典型的案例。四川省省级住房公积金管理中心是政务服务的一个分支和政府的窗口单位。推行"互联网+政务服务"以来，该中心积极推动工作切实落地，探索"互联网+政务服务"新模式，建成了西南地区第一个实现公积金业务网办的省级公积金管理中心，加大内联沟通力度，加强数据互联互通，实现了综合服务平台与省级一体化政务服务平台的联通融合，并不断丰富线上服务的类型。它依托"互联网+政务服务"治理模式拓展了省级一体化政务服务平台的公积金服务功能，率先在"天府通办"上线公积金服务专区，形成"一中心、两大厅"的服务格局。全程网办和网上业务办理比例分别达80%和100%，大大减少了公民的办理时间，通过"互联网+政务服务"治理模式使治理平台化、便捷化。截至2020年12月，在四川省政务服务"好差评"系统中的评价总量达到3.1万多条，并且其评价率、主动评价率和好评率在省直部门中均位于前列，充分证明了"互联网+政务服务"治理模式具有极大的优势。

2020年新冠疫情发生后，"不见面、线上审批"成为政府部门在疫情防控之下积极履行政府职能最基本、最有效的服务要求，在某种程度上也成为促进我国数字政府建设的强大驱动力。随着各行业陆续复工复产，"互联网+政务服务"的优势不断显现，新业态、新技术相互促进，政府履职工作也逐步从线下转到线上。许多地方政府部门积极推行线上的远程帮办行政审批服务，保障经济发展与疫情防控统筹并行。比如，广东省的"粤省"、浙江省的"浙里办"陆续上线，开设"战疫"绿色通道，尽量实现业务办理线上办、零见面，让各类企业的复工复产更加便捷高效，保证疫情期间政府工作"不打烊"、政务服务"不断档"。

7.2.1.2 数字化促进形成"互联网+政务服务"治理模式的机理

①数字化助力业务梳理和优化工作。首先，数字化促进了业务梳理工作的简化。数字化使业务办理过程中的非必要环节一目了然，助力业务办理按照"一跑动"甚至"零跑动"的标准精简化。其次，数字化促进了不同业务流程的整合。数字化可以快速找出各个业务流程中的边界数据，进而分析哪些边界数据可以共享，并对相关业务流程进行整合。再次，数字化助力各种业务流程优化。数字化为业务梳理技术人员提供基础数据并帮助其对数据进行分析，从而就优化改造现有业务流程提出建议。最后，数字化助力不同业务梳理部门的协同。数字化使牵头部门与其他各部门的数据交换更快捷、更方便，及时处理存在的问题，避免业务优化争议悬而不决。

②数字化助力业务集中办理和监测工作。第一，数字化促使网办服务渠道集中。数字化促使形成全国唯一的有影响力、有公信力、标准规范的统一网办服务渠道。第二，数字化促使各项业务按照规范要求精准下沉到线下和线上服务大厅所对应的经办节点。把业务下沉到大厅就是落实"放管服"改革中的"放"。业务下沉跨越的层级数越多，经办节点就越多，对服务对象而言就越有利，同时业务下沉还能促进政府依法依规治国，减少或者杜绝自由裁量权的发生。而且数字化还可以统一业务下沉的标准，使同一个业务在全国都不统一的状况得以改变。第三，数字化使所有经办层级和经办节点都能够及时接件、办事，实现管办分离。第四，数字化实现在远程后台或本地后台对所有事项进行审核和审批，从而实现需求侧的"通接能办"。第

五，数字化有助于电子监察到位，塑造风清气正、阳光政务的环境。电子监察是否有效决定了政务服务工作绩效的高低和风险管控的成败。数字化使电子监察能够对所有政务服务的办事过程和办事结果进行客观记录和客观验证，对所有政务服务进行全过程跟踪和全过程可防伪溯源，使电子监察发挥法理意义上的证据保全作用。

③数字化通过大平台技术实现政府各部门之间的高效协作。政府肩负多重目标和任务的属性决定了其必须通过部门之间的分工来实现不同的目标和任务，但随着经济社会的不断发展，这种分工逐渐演变成为政府低效率的重要根源。当不同部门的目标和任务存在交叉时，各部门之间很难实现有效合作，而一旦这些目标和任务无法完成，部门之间又会相互推诿，形成部门屏障和业务壁垒，极大地降低了政府部门之间的协作效率。数字化背景下的大平台技术可以将政府各部门之间的信息和数据汇总在一起，并进行实时的传递和共享，这不仅可以有效解决部门之间的信息不对称问题，还可以通过平台所提供的数据和信息进行追查和问责，从而帮助政府实现各部门之间的有效合作。

7.2.2 数字化促进形成"政府引导+公民协作"治理模式

7.2.2.1 "政府引导+公民协作"治理模式

"政府引导+公民协作"治理模式是以政府政策、言论为引导，公民积极协作为基础，政府将公民作为合作伙伴的共同治理模式。政府为了让公民积极协作，就需要了解和确认他们的想法、与他们进行沟通、在他们之间分配公共服务以及邀请他们评价对政策的满意程度。一方面，为了让公民准确地了解政府的政策意图，政府可通过传统权威媒体、应用政务新媒体、召开线下新闻发布会、联合第三方科研机构、完善政府网站信息公开等多种方式对公民进行政策的有效宣传。另一方面，为了检验政府和公民协作的有效性，政府可以在政策实施后对公民的意见、想法和满意度进行调查，通过公民的反馈来确认大部分公民是否认为政府政策和行为富有成效，是否愿意配合政府，以及政府是否能够对公众态度做出有效、快速的回应。

"政府引导+公民协作"治理模式将"城市管理"转变为"城市治理"。"政府引导+公民协作"治理模式将政府与公民之间原来的"管理一服从"关系转变为平等、诚实和相互信任的合作伙伴关系。它将公民需求作为基本的价值取向，强调主体之间的沟通协调、相互信任和合作共治，通过建立信任与合作机制使不同的部门、不同的阶层和不同的领域同心同向、共建共治，从而更好地满足公民需求。①

"政府引导+公民协作"治理模式将满足公民需求作为逻辑起点，将公民满意度作为一项重要的绩效评价指标，据此不断赢得公民的支持与认可，进而实现治理价值合法性和实践合理性的辩证统一。"政府引导+公民协作"治理模式将满足公民需求作为导向，针对公民需求优先安排相应的公共服务项目，把治理重心从原来的"政府配菜"转变为"市民点菜"，从制度上保证精准施策。

7.2.2.2　数字化促进形成"政府引导+公民协作"治理模式的机理

数字化通过增进政府和公民之间的互相了解、实现治理主体的多元化、改变政府的治理理念来实现"政府引导+公民协作"治理模式。

①数字化通过大数据技术使政府准确把握公民的需求，实现政府公共服务的精准供给。由于公共服务具有一定的非排他性和非竞争性，难以通过市场进行有效供给，因此政府成为市场经济条件下公共服务的主要供给主体。同时由于缺乏高效的信号传递机制，政府提供的公共服务与社会大众的需求之间总会存在一定偏差，要么供给过剩，要么供给不足，从而难以实现社会福利的最大化。大数据技术则在很大程度上解决了这一问题，它能将分散、多样化的需求信息有效集中起来并传递给政府，从而帮助政府根据公民需求进行公共服务的精准供给。

②数字化可以通过去单一中心化实现治理主体的多元化。在数字化条件下，每一个微小个体都可以成为数据的创造者和发布者，并有效参

---

① 林华东：《整体性治理理论与我国城市管理综合行政执法体制优化的耦合性探微》，《淮阴师范学院学报》（哲学社会科学版）2022年第2期。

与到社会治理的全部过程之中。政府虽然是主要的行政主体，但其行政行为处于社会的广泛监督之下，社会大众凭借基于数字技术所提供的数据传播媒介实时参与到政府的社会治理过程之中，使政府与社会之间形成有效的互动和制约关系，并推动治理主体由传统的"以政府为中心"的单一化格局转变为"政府—公民"的双中心多元化格局。也就是说，数字技术去单一中心化的特性将推动治理主体的多元化，政府将不再是"话语权"的唯一中心，这是数字经济条件下政府治理组织重构的核心驱动力。

　　③在数字化的作用下，政府治理的管理理念、边界理念逐步转向服务理念、合作理念。数字经济本身是以消费者为中心的服务经济，通过将消费者的不同需求信息第一时间准确地传达给生产者，促进供需的精准匹配和社会福利的最大化。因此，在数字经济的影响下，政府治理必须由传统的管理理念向服务理念转变。数字技术的发展为这一转变提供了物质基础，通过大数据技术，政府可以精准了解社会大众对于公共服务的需求，从而实现"人民至上"的服务理念。在传统的金字塔式层级结构中，各部门之间具有明确的分工和界限，"条块分割"的边界理念占据绝对主导地位，数字化的出现打破了边界限制，不仅为部门之间的合作提供了技术保障，还使得跨界合作成为解决数字经济条件下相关经济社会问题的必要途径，因此，政府治理的边界理念逐步为合作理念所取代。在合作理念的驱动下，政府治理必然要打破部门之间的界限，从而实现政府内部的开放。在扁平化的政府组织结构中，社会大众有动力监督政府的行为，政府也有义务向社会大众公开自身的数据和信息，数字化通过价值重塑机制推动政府治理理念的变革，即由管理理念、边界理念转向服务理念、合作理念。数字化使"政府引导+公民协作"治理模式成为一种可能，也成为一种必然。

7.3　数字化助力治理效果提升的机理

7.3.1　数字化推进公共服务便民化

7.3.1.1　数字化打破条块分割，实现政府部门业务联动

条块分割是指一个系统中存在的两种指挥和管理体系导致公共事务被人为地分割成不同领域和不同层级的现象。"条"是指由中央直属部门从上而下的一种指挥体制，表现为纵向、垂直管理，比如教育部对地方教育厅、教育局的指挥。"块"则是指地方行政当局对某一区域各行政部门全部行政行为的统一管理体系，表现为横向、平行管理。条块分割的行政体制严重阻碍部门间的合作，造成政府公共事务被割裂，大大增加了群众政务办理的步骤和手续。条块分割的主要原因是职能部门之间没有建立横向信息平台，整合、分享信息的效率低，导致职能部门之间沟通不畅、公共服务效率低下。

数字化进程推倒业务壁垒，促进政府各部门业务联动，极大地便利了人民群众的事务办理。时空阻隔在一定程度上导致政府各部门之间缺乏交流，而可以打破时间和空间阻隔的新一代信息与通信技术则是这个问题的良好破解方法。它通过打造政务信息的共享平台，高效整合和管理各个部门和各级政府所掌握的数据，有效缓解政府各部门之间的信息不对称问题。同时，其搭建的信息交流渠道从技术手段上打破政府各个职能部门的物理界限，便利了政府各部门、各机构间的交流，促进政府部门业务联动。政府部门之间的信息共享平台和信息沟通渠道就像黏合剂，把处于碎片化状态的政务服务环节有效黏合在一起，简化了行政审批和办事流程，增强了政务服务办理的连贯性，提升了公共服务便民化程度。

7.3.1.2　数字化赋能公共危机联动管理，提升危机应对能力

公共危机管理是一种科学化、系统化应对公共危机的新型管理体系。政府通过危机监测、危机预警、危机决策和危机处理等应急处置措施，对可能发生、需要应对的自然灾害、事故灾难、社会安全事件和公共卫生事件实施

有效预测、预警、预报、监控和防范，从而抵抗突发的灾难事变、应对突发的危机事件，以达到减少或避免危机产生危害的治理目标。

①数字技术为突发事件全国联动管理机制赋能，实现信息的高效整合以及物质的及时调度。公共危机事件不仅仅是事件发生地区所要应对的困难，而且是整个国家和社会需要共同面对的挑战。比如，2008年四川汶川大地震发生后，国家在第一时间汇聚起各个地方政府的人力、物力、财力等各种资源，协调各类社会资源一起帮助汶川走出灾难。就公共危机中的自然灾害来看，我国的自然灾害比较严重，表现为灾难类型多、发生频率高、分布地域广、造成损失重。要让人民群众的生命财产安全得到保障，降低危机事件发生带来的损失，离不开数字技术手段这种公共危机管理的重要工具。比如，新冠疫情的防控成效充分展示了我国政府现代化治理的能力，也反映出我国还需要在疫情监测分析、资源调配、病毒溯源、防控救治等方面加大对云计算、大数据、人工智能等数字技术的运用力度，以补齐我国在重大疫情防控体制机制、公共卫生体系等方面存在的短板和不足。

②利用数字技术对突发事件进行24小时不间断的监测，有利于优化事前预警和事后调度。社会突发事件具有紧迫性、不确定性、长期性、链条效应、权变性等特性。突发事件的紧迫性是指对突发事件的管理属于一种紧急状态和有限时间压力下的行为选择；不确定性指的是突发事件的出现、发展和后果无法被准确预估和判断；长期性指的是突发事件往往持续时间较长并且社会影响较深；链条效应指的是突发事件往往会引起其他社会事件，形成危机的"蝴蝶效应"；权变性指的是导致危机发生的诱因很多并且结构性因素会随着环境因素的变化而变化，这就要求危机管理的方式方法必须随着危机情势的变化而改变。突发事件的一系列特性决定了政府必须拥有针对突发事件情况的监测数据，并且根据数据分析和大数据预测制定应对处理措施。在公共危机管理方面，政府需要适应数字经济时代下的数字化发展大势，加强数字技术的运用来加速应急管理现代化进程，推动危机管理中监测预警能力、辅助智慧决策能力、监管执法能力的提升。大数据、云计算、5G、人工智能等数字技术的出现解决了数据收集和处理分析的问题，帮助政府依据

数据进行雨量估计、病毒溯源、余震预测和监控等，以最快速度了解社会面临的突发事件。

③信息管理平台可以打破时空限制，连接各个地区和部门的应急救援信息渠道。利用新一代信息与通信技术可以建设和完善全国信息管理平台，让各个区域、各个部门以及其他社会组织发布、共享突发事件的最新监测数据以及民众的救援需求，以便在实施危机管理过程中进行良好的沟通，协调和弥补地域之间的信息差和资源差，最大限度发挥社会各方的信息能力和资源优势，进而构建全方位的动态公共危机管理联动反应机制。信息管理平台的存在，可以加强政府、新闻媒体、群众之间的联系和理解，遏制谣言的产生并且阻断谣言的传播，形成新闻媒体与政府紧密配合以及群众积极响应政府政策措施的局势，凝聚全国力量、举国上下齐心协力共同抵抗突发事件。比如，全国性的应急管理信息网络平台从横向上打通了森林、地震、消防、卫健委等应急管理部门的信息沟通渠道，从纵向上畅通了省、市、县各级应急管理部门的信息传递链条，构建了一个全覆盖、全贯通、全融合的应急智慧系统，使得全国的应急救援信息实现了共享共用，从而大大提升了应急管理的指挥决策能力。

④利用数字技术实现应急物资储备仓库的数字化监管，保障应急资源安全。应急物资是突发事件应急救援和处置的重要物质支撑、化解危机的基石、维系公共危机管理的基础。应急物资在危机中体现的重要性决定了需要经常对应急物资进行检查和保养。借助各类物联网硬件设备跟踪应急物资的全生命周期状态，监测库房的环境状况，结合图像采集技术，针对不同的环境变化构建多种预警、报警以及处理机制，从而实现对物资的无人化、智能化值守式管理。与此同时，将物资的信息录入网络平台，并借助人工智能监测物资状态，利用计算机综合分析物资的初始状态数据和监测设备传来的数据，及时反馈维修、保养或者更换需求。另外，利用数字技术和计算机系统还可以实现应急物资的入库、出库管理和数量盘点的信息化管理。

公共危机管理是保证人民生命财产安全、维护国家安全的重要保障。因计算机网络技术的发展，全球各区域的联系更加紧密。与此同时，各种

"黑天鹅"和"灰犀牛"事件带来的挑战和不确定性会更多更大，人类社会面临着比以往任何时候都更多的风险。我国正在进入以数字化为突出特征的双循环发展新阶段。在这个新阶段，人民群众对美好生活的追求不仅表现为物质生活的富足和精神生活的丰富，也表现为安全需求的增加。在数字经济时代实现人民安居乐业、社会安定有序和国家长治久安必须考虑到时代特征以及借助新技术。[①] 政府对于突发事件的科学预案、高效应对，能最大限度减少人民生命财产损失，维持社会稳定、促进国家经济发展，从而维护国家安全、社会安定、人民安宁，进而提升其在公民心中的公信力以及依赖度。

7.3.1.3 数字化推动医疗信息化建设，提升公共医疗服务水平

当前，我国医药卫生事业存在发展水平与人民群众的健康需求不匹配、与经济社会的协调发展要求不适应的突出矛盾。《中共中央 国务院关于深化医药卫生体制改革的意见》指出，我国覆盖城乡的医药卫生服务体系基本形成，卫生科技水平迅速提高，居民主要健康指标处于发展中国家前列。该意见同时指出，我国城乡和区域医疗卫生事业存在发展不平衡、资源配置不合理的问题。随着我国城镇化水平的不断提高、人口老龄化问题的日益严重、慢性病高发等现象的出现，医疗资源短缺、配置不平衡的问题日益凸显、亟待解决。

智慧医疗概念的提出是时代大势，同时也契合了人民群众多层次、多样化的医疗卫生需求。智慧医疗由 IBM 首先提出，是指利用先进的信息化技术建立起以患者为中心的信息体系，从而改善和优化疾病的预防、诊断和研究。通过顶层设计与管理，其能够有效配置医疗资源，推动优质医疗资源下沉，还能解决医疗体系结构与资源布局不合理、服务体系碎片化等问题。当前，以 5G 商用大规模部署、6G 探索研究为标志的新一轮科技革命的快速迭代，带动产业变革突飞猛进。随着数字技术与传统医疗体系的深度交叉融合，其提高医疗资源使用率、提高救治和服务水平的优势也日益凸显。借助

---

① 李颖：《数字化未来｜如何构建智慧安全的应急管理新格局》，http：//www.cinn.cn/gyrj/202103/t20210305_239303.shtml，2021 年 3 月 5 日。

数字技术，智慧医疗必将促成合理的就医秩序、推动基本医疗卫生服务公平。

①数字化可实现远程医疗。远程医疗是指运用远程信息技术、全息影像技术等发挥大型医学中心的技术和设备优势，以快速双向传输语音、图像等数据为手段，打破空间限制，为医疗卫生条件差及偏远地区的病人提供远程诊断、护理等医疗服务。例如，2019年3月16日，解放军总医院第一医学中心神经外科与位于三亚的解放军总医院海南医院神经外科，通过5G网络，跨越近3000公里，成功实施帕金森病"脑起搏器"植入术，这是全国首例基于5G的远程人体手术。随着信息与通信技术的不断发展，信息传输能力和速度以及安全性必将得到指数级提升，未来远程医疗的稳定性、实时性和安全性将更具保障，成为解决我国医疗水平发展不均、偏远地区医疗资源匮乏问题的重要手段。

②数字化可实现个人健康档案数据库的搭建。信息通信技术为搭建健康档案数据库提供了技术手段，现代密码算法等数据安全保障技术保障健康信息的私密性和安全性，从而使得个人健康数据信息化、数字化成为可能。个人健康档案数据库以人为核心，以生命周期为主线，涵盖个人全面的健康信息档案记录，并且能对个人健康信息档案实现动态化与整体化管理，记录包括出生信息、免疫信息，以及历次体检信息、门诊急诊住院信息等所有医疗健康信息。与此同时，患者还可以随时通过手机应用程序进入个人健康档案数据库查看个人的健康信息，以便患者合理管理自身健康状况。

③数字化可实现覆盖医院内部全流程的信息管理体系建设。数字医院包括医院信息系统（HIS）、实验室信息管理系统（LIS）、医学影像信息的存储系统（PACS）和传输系统以及医生工作站四个部分。前三个系统能够实现医院所属各部门对行政管理信息和病人诊疗信息进行收集、存储、处理、提取及数据交换的功能；而医生工作站则是门诊和住院诊疗的接诊、检查、诊断、治疗、处方和医疗医嘱、病程记录、会诊、转科、手术、出院、病案生成等全部医疗过程的工作平台，其核心工作是采集、存储、传输、处理和利用病人健康和医疗信息。比如，我国二甲医院和三甲医院集中了大部分医

疗资源，数字经济时代群众追求更高的生活质量，更倾向于前往医疗资源好的医院就医，导致部分城市的部分二甲和三甲医院就医人数多、就医环境拥挤。借助数字技术，一方面可以分析历史就医数据并对就医情况进行建模分析，调整医院诊室布局以及部分诊室的医生数量；另一方面可以及时传回医院就医人数的实时数据，经过计算机快速处理后得出实时智慧引流方案，从而减缓部分二甲、三甲医院接诊压力和人民群众就医难的问题。但无论是医院就医人数的历史数据还是实时数据，都需要依靠医院内部全流程信息管理体系来提供，而数字技术则为该信息管理体系的建设提供强大的技术支持。

④数字化可实现区域卫生系统建设。区域卫生系统包括区域卫生平台和公共卫生系统，可以用于收集和存储该区域内所有居民的个人健康数据信息、医疗资源信息、重大传染病实时监测信息，还具备重大公共卫生事件的预警与科学控制等功能。将众多区域卫生系统中的信息整合到更高一级的区域卫生系统就可以对卫生系统进行顶层统一管理。数字技术不仅可以实现该卫生系统的搭建，还可以进行部分数据的保密处理、数据的针对性传送等，保护人民群众的健康隐私信息。

⑤数字化可实现家庭健康系统建设，推动家庭医生服务落地实施。依靠数字技术建设的家庭健康系统是最贴近人民群众的健康保障系统，该系统可以为无法送往医院进行救治的病患提供视讯医疗服务，为残障、智障、传染病等特殊人群提供健康监测服务，为慢性病患者、老幼病患提供远程照护。与此同时，家庭健康系统还能通过连接智慧穿戴设备收集个人的健康数据，并具有一些医疗健康提醒的功能，比如自动提示用药时间、服用禁忌、剩余药量等。依托数字技术还可以推进"互联网+签约服务"构建家庭医生服务体系，规范家庭医生服务流程，以提高基本公共卫生和健康管理服务质量。家庭医生可以为签约居民提供基本公共卫生服务和其他公共卫生服务，宣传预防保健等卫生知识，同时加强对慢性病的筛查和指导。

7.3.1.4 数字化实现车流信息管控，助力智慧型城市交通大脑建设

交通运输作为国民经济和社会发展的基础性产业，是连接生产、分配、

交换和消费各个环节的纽带和桥梁，在整个社会经济发展中处于举足轻重的地位。随着我国开启全面建设社会主义现代化国家的新征程，区域经济布局、人口结构分布、要素供给模式等发生的深刻变化对交通运输的发展发起新挑战、提出新要求。尤其是随着经济的持续发展以及城市化进程的加快，民用汽车保有量日益增加，2020 年已超过 2.7 亿辆（见图 7-1），使得综合交通运输发展不充分、车路供需矛盾的问题日益凸显，具体表现为城市交通拥堵、交通事故频发、停车位难寻等。进入数字经济时代，加速城市交通运输同北斗导航系统、工业互联网、5G、区块链等前沿技术的深度融合，促进城市交通运输数字化、智慧化转型，是解决人、车、路矛盾的重要手段，是交通运输领域契合经济社会发展需要、提升人民出行幸福感和获得感的必然选择。

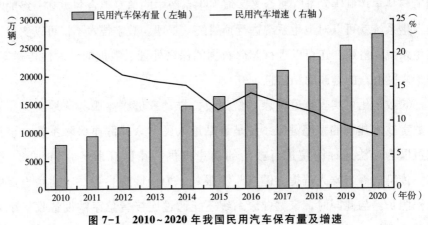

图 7-1　2010~2020 年我国民用汽车保有量及增速

数据来源：国家统计局，《中国统计年鉴 2021》。

　　智慧型城市交通大脑是指在城市已有的道路基础设施上，将信息技术集成运用于传统的交通运输管理中，整合交通数据资源的同时协同各个交通管理部门，由此形成的结合虚拟与现实，提供一体化、协调化的综合运输服务的智慧型综合交通运输系统。智慧型城市交通大脑具有收集数据、处理数据、模型分析的速度快、精准度高的特点，能满足交通状况动态监测和调控的新型交通管理需求。

①基于智慧型城市交通大脑，交通管理人员可以实时掌握交通态势。依靠城市交通场景中众多的传感器、摄像头，利用计算机视觉技术，对目标进行识别、跟踪和测量统计等，以实现人流量、车流量等动态交通数据的实时采集，并对图像进行深入处理，转化为更适合人眼识别或传送给仪器监测的图像。利用计算机技术搭建城市交通信息网络平台，可实现交通数据存储、数据信息关联性处理、数据共享等，从而将海量的人流量、车流量等交通数据转化为可视化的数据指标。比如杭州市智慧城市建设处于国内领先地位，其智慧型城市交通大脑如同 CT 一样可以对城市道路交通状况每两分钟进行一次全方位的扫描，实时感知在途交通量、快速路车速、道路拥堵指数、车辆延误指数、安全指数等 7 项交通生命指标，供决策指挥人员量化实时路况、提取掌握交通信息，其中的在途交通监测技术在国内属首创并在国际同类技术中处于领先地位。①

②基于智慧型城市交通大脑，可以实现智能化拥堵治理。交通管理人员依据历史交通数据形成拥堵点统计和分析机制，为因地制宜制定和实施拥堵点治理项目和相关解决措施提供交通情景数据支持。与此同时，依靠大数据技术对城市交通信息网络平台的实时交通动态数据进行交通情景建模，依靠人工智能进行拥堵点解决方案的设计、模拟和优化，进而找出最优解决方案。智慧型城市交通大脑根据人工智能得出的最优方案，联动信号灯控制系统、手机地图软件、交通警察等，实现信号灯时长动态统筹调控、车流智慧诱导、交通警察精准快速出警，实现对车流量的顶层调控。不仅如此，智慧型城市交通大脑也支持交通参与者借助手机地图软件发布交通事件信息，促进智慧型城市交通大脑和交通参与者的双向互动，加强双向沟通，达到为出行者合理规划出行路径的目的。

③基于智慧型城市交通大脑，可以打破停车信息孤岛。依托城市交通中的众多摄像头、传感器和 RS 技术，将城市停车场的位置信息、使用信息等采集并录入城市交通信息网络平台。通过移动互联网实现线下停车场资源共

---

① 吴海卫、陈懿：《城市交通拥堵智慧治理的杭州实践》，《交通与港航》2021 年第 2 期。

享，与此同时，利用 GIS 技术、GPS 定位技术等为驾驶者提供城市停车位的相关信息服务，比如查询、预定与导航等，提高停车场利用率和用户便捷度。例如，杭州市打造的停车一体化平台汇聚停车场、停车场管理部门等各方数据，致力于拆除停车信息"隔离墙"。杭州市根据历史数据资源，分析停车场泊位使用情况，在此基础上进行预测分析，以提升泊位动态信息监测的准确性，提高城市停车场的利用率，让人民群众享受到更加便捷、智能的停车服务。截至 2021 年 2 月，该平台已经接入 4600 多个停车场、130 万个停车泊位，整合了 40 亿条涵盖停车生态信息的全方位停车数据。杭州市还开通了"先离场后付费"服务，使车辆离场速度提高了 8 倍，停车场的周转效率和市民停车体验感得到大大提升。①

7.3.2 数字化助力行业监管高效化

7.3.2.1 数字化助推"放管服"改革，进一步激发市场活力

"放管服"改革是处理好政府与市场关系的重大改革措施。它从简政放权、放管结合、优化服务这三个方面积极推动政府职能转变，目的在于不断优化营商环境、进一步激发市场活力和社会创造力，促进经济的持续健康发展。"互联网+监管"是依托数字技术助力政府重构监管体系，推进"放管服"政策的有效手段。将互联网技术与市场监管相结合实现了统筹各方数据、深度挖掘数据内涵、线上线下一体化监管，是市场监管部门积极履行监管职责、创新监管方式的体现。借助互联网、大数据等先进的信息与通信技术手段，可以推进监管能力的智能化和监管行为的在线化进程，更为重要的是加速了监管机制的信息化进程，将监管手段提炼为可参考、可复制、可依赖的理论，对监管数据进行知识化处理，形成规范化、清单化的前置知识和业务规则，再通过数据之间的关联反馈来实现信息的实时动态更新，促使监管更加智能和高效。

---

① 《杭州市城管局"四位一体" 打造"全市一个停车场"》，https：//jst. zj. gov. cn/art/ 2021/2/25/art_ 1569972_ 58925992. html，2021 年 2 月 25 日。

通过构建一体化政府大数据平台，实现各地政府数据资源的全面整合。近年来，广东、福建、海南、浙江、重庆、贵州、山东等多省市组建了大数据管理局，通过构建一体化政府大数据平台，实现各地政府数据资源的全面整合。借助大数据平台具有数据容纳量大、数据分析处理速度快的特点，实现数据资源数字化管理，并以数据可视化为决策依据，为政府数字化转型提供有力支撑。以北京市公共数据开放平台为例，该平台包含企业服务、经济建设、信用服务、财税金融等 20 组主题数据。截至 2022 年 5 月 18 日，该平台已经收录单位数 115 个，数据集 13695 个，数据项 567464 个，数据接口 10979 个，数据量 71.86 亿条，图像数据 71254 帧，点云数据 71254 帧。

大数据平台的数据共享实现了以"一网通办"为目标的政务服务新模式。依托数据共享平台可以打破各个部门之间的壁垒，实现各个部门跨地域协作，使得企业开办和投资可以全程网上办理，提升了市场准入和投资审批的便利程度。例如，云南省市场监管系统支持市场主体登记办理的 23 项事项跨省通办、全国通办，向所有市场主体发放电子营业执照，与此同时，开展企业开办标准化、规范化试点，推行经营范围规范化登记，企业开办时间缩减至 1 个工作日以内，显著提升企业开办的便捷度。2021 年 7 月以来，云南省近一半的新设市场主体享受到这项改革带来的红利。此外，云南省还进一步优化简易注销登记，将其适用范围拓展到所有市场主体，使简易注销公示时间由原来的 45 天缩短至 20 天。[①]

数字经济时代，政府的数字化转型助推了"放管服"改革，进一步激发了市场主体的活力。"放管服"改革紧跟市场主体需求，运用数字化手段，简化审批，打通企业面临的阻碍，及时、切实地解决企业困难，实现简政便民。在我国抗击疫情的过程中，"放管服"改革也发挥了重要作用。新冠疫情最严峻的时候，有关部门快速启动了防疫和医疗物资的应急审批程序，同时对不合格产品和非法经营行为进行严厉打击，有效提升口罩、防护

---

① 《云南省深化"放管服"改革优化便企惠企措施》，https://www.samr.gov.cn/xw/df/202203/t20220311_ 340358.html，2022 年 3 月 11 日。

服等防疫和医疗物资的产能。全国口罩企业加紧生产，保障口罩供应，口罩日产量从疫情初期的 600 万只上升到 2021 年的超过 12 亿只。我国政府不断深入推进的"放管服"改革使营商环境得到优化，市场活力和社会创造力被充分激发，新产业、新业态、新模式得以不断涌现，促进了经济结构的优化、新动能的壮大和经济循环的畅通。

7.3.2.2 数字化完善产品追溯系统，严控产品质量

产品追溯系统借助数字技术实现产品全生命周期信息的数字化管理与共享，对企业生产进行数字化监督，保证产品的来源可查、去向可追、责任可究，体现了政府在产品质量监管方式上的数字化创新。产品全生命周期信息的数字化管理是指借助 RFID 射频识别、电子数据交换、区块链等技术将产品从原料、半成品、加工、包装、仓储、运输到销售等所有流程的信息实现数字化以及数字化管理。从消费者的角度来看，完整的产品追溯系统可以帮助消费者进行产品相关信息的查询和维权，保障消费者的权益，从而改善消费预期，促进消费增长。从政府监管部门的角度来看，完整的产品追溯系统可以帮助政府部门加强对产品的全过程质量安全管理与风险控制，增强政府监管部门对问题产品的发现和处理能力，从而提高整个社会产品安全监管和公共服务水平。从生产企业的角度来看，完整的产品追溯系统可以促进生产者按照产品安全标准进行生产加工，从源头上提升产品的质量安全水平。

以农产品为例，对农产品进行溯源就是对农产品的种植、仓储、加工、运输、销售等各个业务流程中记录的所有信息进行查询和验证。其中，农产品供应链信息包括农产品从种植、仓储到加工再到运输、销售等业务流程中记录的信息。如果供应链中的某个环节出现质量安全问题，利用农产品溯源系统中记载的信息就可以迅速找到质量安全问题产生的根源，为消费者维护自身的合法权益，以及协同监管机构严格督查农产品的质量问题、安全问题提供有力的证据。

追溯信息采集是产品追溯系统运行的基础。产品全生命周期中包含的环节众多，造成信息溯源具有信息追踪难度大、工作复杂度高等特点。借助RFID 射频识别和电子数据交换技术，可以便捷地开展信息的采集以及数据

交换和自动处理。在各个追溯主体维护内部信息或不同主体之间进行交易时，区块链技术可以记载和存储全部的操作数据。区块链实质上是一个数据存储系统，它的每一个区块专门用于记录该区块被创建期间所产生的所有信息。前后区块之间通过链的形式组合在一起，从而形成区块链数据库。产品的相关数据信息不断被动态录入产品追溯系统，然后经过整合和维护就生成了产品追溯标识。

区块链技术的防篡改和防乱入优势保证了追溯系统的稳定性、真实性和可靠性。区块链好比一份电子账本，这份电子账本由各个不可修改的单独区块组成，并且从首页按顺序链接到下一页，各个区块又承担着记录发生在相应区段交易的详细记录责任。区块链有效整合了数据库、密码学以及共识机制等技术，其高度去中心化、集体维护、防伪不可篡改以及溯源可追踪等特征，为数据信用赋能、碎片化服务叠加和场景化服务重置等智慧化应用创造了链式结构，确保了信息的完整性、真实性和可靠性。

将区块链技术应用到产品生产信息采集存储的各类型场景中，可实现数据多维度采集、安全式存储。同时，对于商业机密信息设置访问权限、对于非敏感信息设置无门槛访问，可在保护企业商业机密的同时，最大限度实现信息安全共享、公开透明，从而有效解决生产销售中信息不对称、数据共享难、产品安全难以保障等问题。中华人民共和国国家标准《食品追溯二维码通用技术要求》对于原材料采购追溯数据，食品生产加工过程追溯数据，食品检验追溯数据，食品流通中的仓储、运输追溯数据分别提出必选和可选内容要求，为记录或标识食品加工信息提出要求、提供标准。

目前，通过输入商品编码信息或者扫描条形码等方式，可以在各个追溯管理平台查询商品信息。例如由中国物流编码中心建设及运行维护的中国食品（产品）安全追溯平台，该平台针对国内食品生产企业，为政府、企业、消费者和第三方机构等提供食品的信息追溯、防伪及监督等服务。又如国家物联网标识管理公共服务医疗健康平台，这是我国医疗健康领域针对药品、药材、医疗器械、保健品及跨境医药产品等提供追溯认证服务的国家级平台。

7.3.2.3 数字化助推全国统一大市场建设

全国统一大市场的建设既是我国畅通国内大循环的坚实基础，也是我国构建新发展格局的内在要求和基础支撑。

①数字化能实现全国统一大市场的高效畅通和规模拓展。统一的资源交易、统一的交易规则、统一的信息发布和统一的运作程序既可以打破地方保护和市场分割的壁垒，也可以打通制约经济循环的关键堵点，促进商品要素资源在更广阔的市场范围内实现自由畅通流动，保障市场主体的利益。随着数字技术加速创新并与经济社会发展各领域的深度融合，生产端、交易端、供应链端纷纷采用相应的数字技术，优化了市场贸易流程和相关配套服务。数字经济时代下的数字贸易集中平台，作为第三方平台集中各方产业主体的信息，有效打破产业主体之间的信息壁垒，能解决传统贸易产业链中供需匹配难度较大的痛点，解决交易环节的信用、品控等瓶颈问题。数字技术重构传统贸易产业链，市场中的信息能够以最低成本、最高效率地得到整合、实现共享，市场各主体也逐渐走向信息对称，全国统一大市场实现高效畅通和规模拓展，贸易将更加便利，交易成本也随之下降。

②数字技术推动基础设施建设和发展。在现代经济社会中，影响市场活力的关键是资源要素的流动。《中共中央　国务院关于加快建设全国统一大市场的意见》明确指出，要推动国家物流枢纽网络建设、大力发展第三方物流，完善国家综合立体交通网，建立健全具有城乡融合、区域联通、安全高效特点的电信、能源等基础设施网络。数字化的发展逐渐改变物流、交通、电信基础设施、能源基础设施网络。在物流网络方面，逐步建立从仓库管理到物流配送的广覆盖、低功耗、大连接、低成本的物流链全生命周期连接调度体系；在立体交通网方面，数字孪生不断发展，运用精准感知、高速传输、超级计算实现车路协同，并且不断产生的海量交通数据反过来成为提升交通智慧化程度的依据；在电信基础设施网络建设方面，得益于信息通信行业的协同推进，我国电信基础设施共建共享成效显著，极大地节约了行业投资和自然资源；在能源基础设施网络建设中，智慧能源基础设施可通过人工智能与大数据技术，综合调节能源配置。

③数字市场基础信息库的建立以及信息认证平台统一接口建设，是完善市场信息交互渠道的基础。数字市场基础信息库用于整合和公示行业信息、市场主体及其行为信息，包括市场主体信息库、信用信息库、消费投诉信息库等，为管理市场参与主体及其市场行为提供基本数据。比如，2017 年 3 月 15 日上线的全国 12315 消费者投诉平台是消费投诉信息库，在维护市场经济秩序公平、公正方面起到了积极有效的作用；2021 年 12 月 16 日正式上线的"全国市场主体登记注册服务网"就是市场主体信息库，旨在为各类市场主体提供变更、注销等的一站式登记服务；而全国信用信息共享平台、国家企业信用信息公示系统平台和"信用中国"则是信用信息库，主要承担信用宣传、各类社会主体信用信息的公示等工作。通过完善接口标准、推进同类型及同目的信息认证平台统一接口建设，实现各领域数字化信息的整合，使全国市场信息源源不断地传输到市场基础数据库中，最终完成信息的动态补充和更新，推动各领域的公共信息进一步互通共享，促进市场信息流动和高效使用。

7.3.2.4 数字化推动信用体系完善，打造市场有序竞争格局

市场经济是信用经济，信用构成了市场经济条件下一切经济活动的基础，也是市场竞争中重要的无形资产，因此，围绕资信和产品质量的企业信用成为如今企业生存和发展的关键，也是社会关注的重点问题。企业信用是企业因一直遵纪守法、实现承诺、重视产品质量等而获得的社会对其行为方式相对稳定的预期。建立和维护企业信用有助于提升企业的整体素质和综合竞争力，赢得市场和消费者的认可，打造企业品牌效应。与此同时，对于政府而言，企业信用的整体提升有助于打造市场公平的竞争格局，维持稳定良好的市场经济秩序。实现市场监管由被动监管向主动监管转变、由治标向治本转变、由事后治理向事前防范转变，信用监管是最有用的手段之一。

进入数字经济时代，大数据、物联网、区块链等数字技术的发展使企业信用体系建设迈上了一个新的台阶。市场监管智慧化是行业治理与数字手段的有效融合，也是提升市场监管水平和效率的重要手段。加快工商企业信用体系建设的意义在于其有效制约企业的失信行为并督促其在市场上展开公平

竞争，有助于防范市场中潜在的失信风险和金融风险。与此同时，借助完善的企业管理与信用管理体系，政府能够更好地发挥市场经济调节以及社会公共管理服务的职能。因此，企业信用体系的建设对于社会经济发展具有积极的促进作用。近年来，政府持续推进的"放管服"改革使得市场活力和社会创造力得到有效激发，促进了市场主体数量的迅速增长，新产业、新业态、新模式不断涌现，同时对市场监管部门监管的能力、资源和智慧化水平也提出了更高的要求。依托大数据、人工智能、GIS、云计算等现代信息技术开展智慧市场监管平台建设，能够实现全面有效归集企业信用风险信息并且按照信用风险状况对企业实施自动分类，进而有效提升智慧监管水平和执法效率，从而助力市场经济秩序维护。

当前，政府正积极探索建设跨部门、跨层级的数据融合应用机制，有效整合数据资源，以海量数据夯实企业信用体系建设基础，充分发挥大数据在企业信用监管过程中的支撑作用。例如，中国建设银行普惠金融事业部副总经理张楠表示，涉及中小微企业的水电气、纳税、社会保险、行政处罚等相关信息数据分散在多个部门，而这些部门往往有着各自独立的信息管理系统及运行机制，使得商业银行跨地域、跨部门获取上述信息数据的成本高且难度大，导致涉及一家企业信用的多方数据难以被有效整合集中。[①] 而依托大数据和金融科技的智慧市场监管平台作为一个具有社会公信力的第三方信息共享平台，可以对涉及企业信用评价的多方数据进行整合、处理和应用，打破企业信用评价中存在的"数据孤岛"和"信息竖井"现象，大幅度降低银行等企业信用信息使用者获取信息的成本和难度。比如，山东省在全国率先建成运行"市场监管一体化智慧监管平台"，归集的涉企信息数量大幅提升。截至2022年1月，该平台已归集整合各类涉企信息1.8亿条，其中行政处罚信息12.9万条、行政许可信息448.4万条、舆情关联信息200万条、抽查检查结果2065.7万条、经营异常名录和失信企业"黑名单"信息

---

① 《完善社会信用体系建设　助推经济高质量发展》，http://swcx.jl.gov.cn/swcx/xyts/124995.jhtml，2022年8月4日。

573.3 万条。①

利用数字化手段还能进行信用数据关联分析和数据挖掘，有助于政府对企业经营行为和运行规律进行分析，充分发挥数字技术手段对于完善信用体系的支撑作用。市场主体与日俱增的情况下，市场监管的任务加重，相比于增编增人，向数字技术索取生产力、加码智慧市场监督建设才是长久之计。综合运用大数据、机器学习、人工智能等数字技术，在进行企业经营行为分析、信用数据关联分析后，将企业信用按照风险等级实施自动分类。该风险分类结果将按照统一的数据规范录入企业风险分类管理系统并且按照设定时间长度动态更新，供各级市场监管部门及相关部门共享共用，有助于各级市场监管部门及相关部门及时了解企业的信用风险等级，及时进行预警和监督。

7.3.3 数字化促进环境治理现代化

7.3.3.1 数字化推进环境治理创新，降低治理成本

数字化环境治理领域的学者非常重视数字技术的应用，主张利用常态化环境治理过程数据收集机制和全天候环境污染大数据监管平台的构建来防范地方政府可能存在的策略性投机行为。在数字政府建设背景下的现代环境治理实际上是以上两个方面的兼顾与综合，其核心观点就是，以承认不同治理主体之间存在信息不对称为前提，探索一种用更低的成本获得更多的环境信息来提升决策效率和执行效力的制度创新途径。在这个观点的指引下，大数据平台不应该取代地方政府成为环境治理的一线执行者，而是强调大数据平台应该作为中央政府监管地方政府的一种"威慑性工具"，从而激励地方政府更好地执行中央政府制定的环境治理政策；同时，作为环境治理的政策制定者，中央政府的职责不只是按照确定的环境指标收集环境数据，而是应该更多地基于多元且丰富的环境数据对治理目标进行动态、有效调整，以此缓

---

① 《由被动监管向主动监管转变》，https://www.samr.gov.cn/xw/df/202202/t20220221_339858.html，2022 年 2 月 21 日。

解"命令—控制"治理模式的僵化，其为调整环境治理领域的"中央—地方"关系提供了新的路径。

数字技术在赋能环境政策工具方面发挥着重要作用。一方面，数字技术通过更科学地制定环境治理指标、更全面地监控环境数据等方式，为"命令—控制"治理模式赋予全新的活力与效力。例如，近年来，国家层面大力推动建设的大气环境监测网络，以及福建省、山东省和内蒙古自治区等地投资建设的生态环境大数据工程，都是环境政策工具被数字技术赋能的典型案例。另一方面，数字技术通过提升测量污染成本的精确度和市场交易的效率来推动各种政策工具充分释放治理效能。比如，包括碳排放计量审查制度、生态环境损害赔偿制度在内的多种政策工具借助数字技术可以全面、准确地记录企业生产过程的碳排放量，并据此精准界定企业对受损生态环境所应承担的修复责任或赔偿责任。

利用数字技术来实现环境治理碎片化向整体化治理的转变不是通过人员、事项、机构的合并撤转，而是要实现数据的流动与共享。尽管数据流动和共享的程度可能会受不同部门之间环境治理数据权责关系的模糊、数据标准的不同以及部门之间利益的冲突等因素影响，但相比于地域、部门、人员、事项的融合，数据融合具有变革的成本优势，能在最大限度保持地域、部门、人员、事项现状的前提下，让中央政府有可能利用多种手段和机制实现融合的目标。通过对数据的收集、处理和分析，环保部门的监管效能将得到极大提升，摆脱人力、财力、物力短缺的制约。

7.3.3.2 数字化提升公众对环境治理的参与度

数字化能够通过强化公众环保意识、丰富参与渠道、降低参与成本等方式提升公众对环境治理的参与度。

①数字化在强化公众环保意识方面发挥着重要作用。因为环境信息能通过影响公众态度进而影响其环境治理行为，而且人们习惯并乐意利用数字设备和网络来获取广泛的数字化信息资源，环保部门可以利用数字技术进行环保宣传。比如将环境污染状况及其危害通过生态环境讲解员进行视频直播，或制作成视频在社交平台发布等形式生动形象地呈现在公众面前，用数字来

量化公众节约用电、绿色出行等日常环保行为，激发公众积极参与环境治理的热情和积极性，以促进多方共同治理环境目标的实现。

②数字化使得公民参与环境治理的渠道更加多元化。在数字经济时代，公众可以利用电脑、手机等各种数字设备终端，通过电子邮件、论坛、在线社区、网络问政平台以及基于数字技术构建的环境污染大数据监管平台等多种渠道随时随地了解和查询环保信息、表达环保诉求、投诉环境污染行为、参与环保立法和行政决策等，实现与环保部门及时有效的沟通，参与环境治理的规划、建设、治理等事前、事中和事后的全过程。

③数字化降低了公众参与环境治理的成本。数字技术让公众参与环境治理变得非常容易、便捷，无须浪费太多时间和精力。比如，基于数字技术构建的环境污染大数据监管平台使公众可以通过手机"随手拍"的方式对身边发生的污染情况进行拍照或录像，然后上传至大数据监管平台，以便监管部门及时对环境污染情况进行调查处理，降低了公众参与环境治理的成本。而且数字技术还可以让公众在参与环境治理过程中获得实实在在的收益，从而间接降低公众参与环境治理的成本。比如，2021年5月成都推出的"碳惠天府"绿色公益平台，可同步登录微信、微博、抖音、支付宝等平台。该平台对公众选择公共交通出行、自觉节约能源、进行垃圾分类等绿色低碳行为制定统一的碳减排量化标准，用数字技术为每一个参与主体建立一个碳减排账本，对不同的参与主体践行相同的绿色行为给予相同的碳减排量和碳积分奖励并加以累计。而公众可以使用获得的碳积分在公益性运营平台兑换相应的商品或服务。这种"生态有价"的做法让公众在参与环保的过程中获得物质奖励，从而在一定程度上抵消了公众参与环境治理所发生的时间、精力成本。

7.3.3.3 数字化有利于生态环境信息采集，增强政府治理能力

①数字化时代，政府能通过更加"贴合式""近距离"的手段精准把握公众对生态环境的利益诉求，使生态环境治理信息采集能力有了极大提高。数字政府建设为搜集与研判可靠的海量数据奠定了扎实的基础。这里所指的数据除了自然环境方面的基础数据以外，更重要的还是有关生态环境方面的

社情民意数据，这些社情民意数据通过社交自媒体、网络民意征集、网络论坛等线上方式和常态化"民情书记"、多方座谈会、社区生态环境保护恳谈会等线下方式相结合加以收集。在建立生态层面的数据库之后，对海量数据进行甄别、筛选，提取有效民意，再按不同生态环保事项的轻重缓急进行划分，精准定位、解决人民群众在生态环境领域的"急难愁盼"问题，做到在生态环境领域政策制定、执行与监管的有"数"可依，提供更多有针对性、优质的生态产品。

②数字化使政府环境治理能力得到优化和提升。一方面，数字化促使政府环境治理模式转型。传统的单向、碎片化环境治理模式已经难以应对、处理日趋复杂与棘手的环境问题，割裂式的政府职能部门权责不明确、信息不互通常常导致生态环境治理出现"九龙治水"的不良格局。数字政府建设以整体性治理与协同治理理论为基础，旨在打破条块分割和数据壁垒，用数据融合代替地域融合和部门融合，构建部门协同、数据共享的多元化、整体性治理模式，实现生态信息透明化。比如，数字政府建设走在全国前列的浙江省就打造了优势突出、特色鲜明的生态环境保护综合协同管理平台。该平台在充分利用共享数据资源的基础上，综合运用云计算、大数据、模型分析等技术，推动浙江省生态环境部门的数据互通、业务互联，最大限度地畅通数据报送和项目审批的渠道，促进形成集约化的工作方式。在数据的流转共享和无缝对接下，改造和优化部门协同流程，实现环境治理部门间的制度协同、信息协同、利益协同、身份协同和行动协同，推动生态环境保护协同模式由线下转变为线上，优化了政府的环境治理能力。另一方面，数字化使数据的快速采集、传输和交互成为可能，极大地缩短了治理环境的时间，提升了生态环境的智能化监管能力和环境风险的应急处理能力。政府以数字技术为基础构建的全天候、开放式的环境污染大数据监管平台，不仅能通过安装在各处的摄像头、传感器等前端感知设备，依托互联网、物联网、空间地理信息等技术自动、实时获取生态环境信息，还能根据公众向平台的举报获取相关的环境污染线索和情报，从而全方位、全过程实时监测、及时追踪已经发生的或者可能发生的环境污染和风险隐患，并将实时感知到的环境污染与

风险隐患信息通过平台传输给相应的执法部门。执法部门就会及时调度专业化的执法队伍进行实地勘查和处理，然后将勘查和处理结果及时上传至监管平台并对公众开放，收集公众舆情。开放式的治理平台使公众在整个环境治理过程中发挥了关键性和主导监督作用。

数字化、智能化、信息化已成为中国生态环境治理的发展新趋势。随着数字技术的日趋成熟，运用大数据、云计算、物联网、人工智能等数字技术，以数字化赋能生态环境治理的创新实践在全国各地逐步开展，比如重庆市的入河排污口整治一张图应用平台、福建省的生态云平台以及陕西省的数字乡村生态环境管理平台等。在数字化时代，推动数字政府建设，以数字技术赋能生态环境治理，构建智慧高效的生态环境数字化治理体系，不断提升生态环境智慧监测和监管水平，优化生态环境综合管理信息化平台，为精准治污、依法治污和科学治污提供强大支撑，对于我国实现生态环境治理数字化转型、统筹推进新时代的"五位一体"总体布局具有重要影响和深远意义。

参考文献

[1] 何枭吟:《美国数字经济研究》,吉林大学博士学位论文,2005。

[2] 王芹、王玮:《美国数字经济发展规划对我国的启示》,国脉研究院,2020年2月4日。

[3] 周念利、吴希贤:《美式数字贸易规则的发展演进研究——基于〈美日数字贸易协定〉的视角》,《亚太经济》2020年第2期。

[4] 闵大洪:《1994年中国互联网"开天辟地"》,《人民日报》2014年4月15日。

[5] 陈梦根、张鑫:《中国数字经济规模测度与生产率分析》,《数量经济技术经济研究》2022年第1期。

[6] 李勇坚:《我国数字经济发展现状、趋势及政策建议》,《科技与金融》2021年第11期。

[7] 数字经济发展研究小组、中国移动通信联合会区块链专委会、数字岛研究院:《中国城市数字经济发展报告(2019~2020)》,2020年6月16日。

[8] 中国信息化百人会课题组:《数字经济:迈向从量变到质变的新阶段》,电子工业出版社,2018。

[9] 肖旭、戚聿东:《产业数字化转型的价值维度与理论逻辑》,《改革》2019年第8期。

[10] 孟广均:《国外图书馆学情报学最新理论与实践研究》,科学出版

社，2009。

[11] 马费成等：《数字信息资源规划、管理与利用研究》，经济科学出版社，2012。

[12] 白英彩、章仁龙主编《英汉信息技术大辞典》，上海交通大学出版社，2014。

[13] 苏文静、胡巧、赵苗等：《光存储技术发展现状及展望》，《光电工程》2019 年第 3 期。

[14] 郑树泉、覃海焕、王倩：《工业大数据技术与架构》，《大数据》2017年第 4 期。

[15] 毛光烈：《工业数字化工程的内涵剖析及体系建构研究》，《杭州电子科技大学学报》（社会科学版）2020 年第 1 期。

[16] 梁栋、唐文凤、杜维成等：《农业农村数字资源体系架构研究与设计》，《农业大数据学报》2019 年第 3 期。

[17] 刘延吉：《物联网技术研究综述》，《价值工程》2013 年第 22 期。

[18] 杨文帅、赵宏旭：《基于无线传感器网络的信息获取技术》，《电子世界》2017 年第 8 期。

[19] 胡向东：《物联网研究与发展综述》，《数字通信》2010 年第 2 期。

[20] 朱大磊：《区块链与供应链金融的融合》，《中国金融》2021 年第8 期。

[21] 万国华、孙婷：《证券区块链金融：市场变革、法律挑战与监管回应》，《法律适用》2018 年第 23 期。

[22] 何波、王桂胜：《基于区块链技术的医疗管理信息化应用分析》，《四川大学学报》（自然科学版）2018 年第 6 期。

[23] 韦安琪、陈敏：《医疗卫生区块链技术应用探讨》，《中国医院管理》2019 年第 3 期。

[24] 张歌、苏路明：《区块链技术多场景应用述评》，《河南大学学报》（自然科学版）2022 年第 3 期。

[25] 梁英惠：《"区块链"互助养老模式研究》，《安徽行政学院学报》

2020 年第 2 期。

[26] 谷守军、王海永：《大数据时代人工智能在计算机网络技术中的应用》，《电子制作》2017 年第 6 期。

[27] 苗金成：《试论人工智能技术在计算机网络中的应用》，《信息系统工程》2018 年第 7 期。

[28] 陆渊章、夏玉果、董天天：《人工智能技术在大数据时代智能信息处理中的应用分析》，《山东商业职业技术学院学报》2019 年第 3 期。

[29] 牛金玲、宋青育：《大数据时代云计算技术的应用》，《网络安全技术与应用》2021 年第 10 期。

[30] 郭沛楠：《河南省农产品质量安全可追溯体系建设研究》，《粮食科技与经济》2020 年第 4 期。

[31] 张在一、毛学峰：《"互联网+"重塑中国农业：表征、机制与本质》，《改革》2020 年第 7 期。

[32] 殷浩栋、霍鹏、汪三贵：《农业农村数字化转型：现实表征、影响机理与推进策略》，《改革》2020 年第 12 期。

[33] 周嘉、马世龙：《从赋能到使能：新基建驱动下的工业企业数字化转型》，《西安交通大学学报》（社会科学版）2022 年第 3 期。

[34] 鲁泽霖：《数字经济打造现代服务业：盘点和展望》，《产业创新研究》2018 年第 7 期。

[35] 沈克印、寇明宇、王戬勋、张文静：《体育服务业数字化的价值维度、场景样板与方略举措》，《体育学研究》2020 年第 3 期。

[36] 曹小勇、李思儒：《数字经济推动服务业转型的机遇、挑战与路径研究——基于国内国际双循环新发展格局视角》，《河北经贸大学学报》2021 年第 5 期。

[37] 夏杰长：《迈向"十四五"的中国服务业：趋势预判、关键突破与政策思路》，《北京工商大学学报》（社会科学版）2020 年第 4 期。

[38] 焦勇：《数字经济赋能制造业转型：从价值重塑到价值创造》，《经济学家》2020 年第 6 期。

［39］邬贺铨：《创造更好的数字化生活》，《中国科技产业》2019 年第 7 期。

［40］汪学均、熊才平、刘清杰、王会燕、吴海彦：《媒介变迁引发学习方式变革研究》，《中国电化教育》2015 年第 3 期。

［41］纪雯雯：《数字经济与未来的工作》，《中国劳动关系学院学报》2017 年第 6 期。

［42］樊会文：《互联网+的价值创造效应及其生成机理》，《工业经济论坛》2015 年第 3 期。

［43］吴英豪：《企业为什么要进行数字化转型?》，《网络安全和信息化》2019 年第 1 期。

［44］梁弘秀、范仲文：《企业数字化营销管理研究》，《商场现代化》2005 年第 3 期。

［45］欧阳弘毅、付敏：《数字化营销与传统营销》，《现代企业文化》2011 年第 12 期。

［46］司道君：《略论企业数字化管理》，《商场现代化》2011 年第 8 期。

［47］张海涛：《借助数字化提升公共文化服务水平》，《人民论坛》2018 年第 29 期。

［48］关洪芬：《数字化社会治理——大数据助力云浮社会治理现代化研究》，《科技风》2021 年第 27 期。

［49］熊巧琴、汤珂：《数据要素的界权、交易和定价研究进展》，《经济学动态》2021 年第 2 期。

［50］马克思、恩格斯：《马克思恩格斯全集（第 19 卷）》，人民出版社，1963。

［51］刘树杰：《价格机制、价格形成机制及供求与价格的关系》，《中国物价》2013 年第 7 期。

［52］吴欢、卢黎歌：《数字劳动、数字商品价值及其价格形成机制——大数据社会条件下马克思劳动价值论的再解释》，《东北大学学报》（社会科学版）2018 年第 3 期。

[53] 朱丽娜、申世群：《信息产品的差别定价策略研究》，《河南理工大学学报》（社会科学版）2006 年第 1 期。

[54] 雷楠、吴欢：《数字平台垄断问题及其治理策略研究》，《中国物价》2021 年第 11 期。

[55] 邓辉：《数字广告平台的自我优待：场景、行为与反垄断执法的约束性条件》，《政法论坛》2022 年第 3 期。

[56] 赵元元：《数字平台企业市场垄断的潜在风险及防范》，北京外国语大学硕士学位论文，2021。

[57] 李勇坚、夏杰长：《数字经济背景下超级平台双轮垄断的潜在风险与防范策略》，《改革》2020 年第 8 期。

[58] 张晓姣、李永红、刘霞：《数字经济下市场监管模式研究》，《合作经济与科技》2022 年第 10 期。

[59] 张颖：《农业信息服务体系中的委托——代理机制研究》，东北大学硕士学位论文，2008。

[60] 王菲：《数字化对我国农业经济发展的影响探析》，《南方农业》2019 年第 30 期。

[61] 刘莹：《东北老工业基地的振兴需要稳定的劳动关系——基于委托—代理理论的视角》，《东北财经大学学报》2008 年第 4 期。

[62] 袁洪飞：《民用节能建筑市场激励机制框架研究——基于委托代理模型的分析》，《时代金融》2016 年第 21 期。

[63] 陈志林：《数字经济对服务业高质量发展的影响研究》，《统计科学与实践》2021 年第 1 期。

[64] 朱敬芝：《社保基金投资委托代理运作风险研究》，河北大学硕士学位论文，2011。

[65] 乔庆梅：《社保基金中的委托代理关系》，《经济论坛》2004 年第 2 期。

[66] 刘畅：《"互联网+"下政务信息公开和数据共享途径探讨》，《管理观察》2019 年第 3 期。

［67］张殿礼：《AI，让企业决策更有力》，《城市开发》2022年第4期。

［68］王传民：《捕捉瞬息风云，赋能防灾减灾——GEOVIS气象数字地球应用平台》，《卫星应用》2021年第7期。

［69］姜昊、梁林、刘培琪：《大数据对企业决策过程的影响：一个多案例的研究》，《河北经贸大学学报》2018年第3期。

［70］李玲、陶厚永：《技术信息获取、政府科技资助影响企业创新能力吗》，《科技进步与对策》2020年第2期。

［71］王待遂：《利用信息技术进行政府能力建设的路径探究》，《市场论坛》2013年第11期。

［72］麦肯锡：《企业数字化转型的七个重要决策》，《软件和集成电路》2018年第10期。

［73］《数字科技成为推进预警信息发布"尖兵"》，《中国应急管理》2020年第4期。

［74］姜宝、曹太鑫、康伟：《数字政府驱动的基层政府组织结构变革研究——基于佛山市南海区政府的案例》，《公共管理学报》2022年第4期。

［75］杨伟、李建忠、彭武雄、官廉：《武汉市交通决策支持平台建设思路与实践》，《交通与港航》2017年第5期。

［76］卢占良：《智能信息技术对政府治理的影响研究》，《电脑知识与技术》2021年第31期。

［77］温珺涵、高慧军：《自然灾害事件中政府应急管理策略研究——以河北邢台7·19洪涝为例》，《阴山学刊》（社会科学版）2017年第1期。

［78］童佳、关忠良、刘小刚：《非对称信息下二手车交易市场博弈问题研究》，《生产力研究》2008年第20期。

［79］白会芳、窦璐璐：《信息不对称下二手车交易行为博弈分析》，《交通企业管理》2017年第1期。

［80］张国强、刘亚洲：《静态博弈下公共自行车和共享单车共存模式探

析》，《现代营销》（经营版）2021年第1期。

［81］刘钧锋：《供应商与企业之间的行为选择——基于完全信息动态博弈下的分析》，《河北企业》2020年第6期。

［82］李根：《大学生消费信贷市场的完全完美信息动态博弈分析》，《广西质量监督导报》2019年第4期。

［83］李根：《大学生消费信贷市场的完全但不完美信息动态博弈分析》，《广西质量监督导报》2019年第3期。

［84］张泽、高宏生、解宏伟：《利用完美贝叶斯均衡讨论不完全信息的医疗事故赔偿金的谈判》，《数理医药学杂志》2008年第3期。

［85］张文君：《小额信用贷款的风险管理：基于贝叶斯均衡的博弈分析》，《福建金融管理干部学院学报》2011年第1期。

［86］陈洁、何伟：《营销渠道经销商战略联盟动态和静态博弈形成机理比较》，《上海交通大学学报》2006年第4期。

［87］牛玲玲：《金融违规与金融监管的静态均衡分析》，《特区经济》2006年第2期。

［88］马健：《信息产业融合与产业结构升级》，《产业经济研究》2003年第2期。

［89］郭美晨、杜传忠：《ICT提升中国经济增长质量的机理与效应分析》，《统计研究》2019年第3期。

［90］《国务院关于加快培育和发展战略性新兴产业的决定》（国发〔2010〕32号），2010年10月18日。

［91］华为、IDC：《拥抱变化，智胜未来——数字平台破局企业数字化转型》，2019年3月14日。

［92］王静田、付晓东：《数字经济的独特机制、理论挑战与发展启示——基于生产要素秩序演进和生产力进步的探讨》，《西部论坛》2020年第6期。

［93］周琳：《为企业转型"数字焦虑"开药方》，《经济日报》2020年7月26日。

[94] 祝合良、王春娟：《"双循环"新发展格局战略背景下产业数字化转型：理论与对策》，《财贸经济》2021年第3期。

[95] 赵春江：《智慧农业的发展现状与未来展望》，《中国农业文摘—农业工程》2021年第6期。

[96] 姚战琪：《产业数字化转型对消费升级和零售行业绩效的影响》，《哈尔滨工业大学学报》（社会科学版）2021年第4期。

[97] 刘鹏飞、赫曦滢：《传统产业的数字化转型》，《人民论坛》2018年第26期。

[98] 王丹丹、单志广、唐斯斯：《我国产业数字化的"五大风险"和"五大对策"》，《中国经贸导刊（中）》2021年第1期。

[99] 周莲洁：《长三角一体化背景下产业园区数字化转型的资源禀赋、服务模式与发展路径研究》，《未来与发展》2022年第1期。

[100] 蔡高楼、国建英、施娜、安婷：《运营商数字化转型：产业背景、理论逻辑与实施路径》，《通信企业管理》2021年第9期。

[101] 宋旭光、何佳佳、左马华青：《数字产业化赋能实体经济发展：机制与路径》，《改革》2022年第6期。

[102] 朱太辉、龚谨：《数字经济的作用机制与发展路径》，《金融博览》2022年第7期。

[103] 刘乃千、孔朝蓬：《人工智能对传统文化产业迭代升级的影响》，《云南社会科学》2022年第3期。

[104] 张梦霞、郭希璇、李雨花：《海外高端消费回流对中国数字化和智能化产业升级的作用机制研究》，《世界经济研究》2020年第1期。

[105] 国秀娟：《数字经济高质量发展启航》，《经济》2022年第5期。

[106] 王尚华、曾志明、王开斌：《全力推进数字产业化和产业数字化建设》，《闽西日报》2022年1月24日。

[107] 陈晓东：《数字产业化孕育新产业，产业数字化推动传统产业转型升级》，《经济日报》2021年5月21日。

[108] 王奕飞、侯诺抒其、姚凯：《数字经济对我国产业结构转型升级的影

响》,《商业经济研究》2022 年第 9 期。

[109] 刘洋、陈晓东：《中国数字经济发展对产业结构升级的影响》,《经济与管理研究》2021 年第 8 期。

[110] 沈坤荣、孙占：《新型基础设施建设与我国产业转型升级》,《中国特色社会主义研究》2021 年第 1 期。

[111] 潘教峰、万劲波：《构建现代化强国的十大新型基础设施》,《中国科学院院刊》2020 年第 5 期。

[112] 杨洪：《加强物流基础设施建设助推产业联动——以四川简阳市为例》,《物流科技》2021 年第 10 期。

[113] 吕廷杰、刘峰：《数字经济背景下的算力网络研究》,《北京交通大学学报》(社会科学版) 2021 年第 1 期。

[114] 董朝阳、赵俊华、文福拴、薛禹胜：《从智能电网到能源互联网：基本概念与研究框架》,《电力系统自动化》2014 年第 15 期。

[115] 郭海霞、白宇、刘兰：《重庆完善科技创新资源统筹与优化配置建议》,《决策咨询》2021 年第 5 期。

[116] 义旭东：《论区域要素市场的发展与完善》,《云南民族大学学报》(哲学社会科学版) 2005 年第 2 期。

[117] 姚亚伟、刘江会：《长三角区域资本市场一体化程度评价、测度及未来发展建议》,《苏州大学学报》(社会科学版) 2021 年第 3 期。

[118] 袁红英、石晓艳：《区域科技创新中心建设的理论与实践探索》,《经济与管理评论》2017 年第 1 期。

[119] 李娟：《加强环境保护宣传教育提高公众环境意识》,《皮革制作与环保科技》2021 年第 18 期。

[120] 蓝庆新、拓朴：《以数字经济推动我国区域科技创新中心建设》,《中国经贸导刊》2020 年第 7 期。

[121] 石森昌：《大数据和云计算在城市交通违章管理中的应用研究》,《城市》2017 年第 4 期。

[122] 郭洁：《智慧城市建设对城市交通拥堵改善的影响研究》, 电子科技

大学硕士学位论文，2020。

［123］王晓东、王春生：《基于大数据的道路交通安全管理研究》，《工程建设与设计》2021年第3期。

［124］李兴兵、许永平、黄力：《大数据时代城市智慧交通管理发展现状及对策》，《智能城市》2020年第17期。

［125］冯津：《大数据驱动下的抚州市"互联网＋政务服务"发展研究》，南昌大学硕士学位论文，2020。

［126］刘志聪：《浅谈大数据技术在电子政务领域的应用》，《通讯世界》2017年第12期。

［127］徐柏华：《AI时代下安防智能化技术在智慧城市中的深度应用》，《中国新通信》2021年第2期。

［128］朱建光、毛安：《试论基于区域卫生信息化环境下的健康医疗大数据共享应用》，《信息通信》2019年第10期。

［129］赵松泽、叶伟春：《大数据推动远程医疗产业发展》，《中国信息界》2016年第2期。

［130］张宇晴、常志远、季建菲：《应用大数据推动"互联网＋医疗"发展问题研究》，《时代金融》2018年第36期。

［131］陈吉韵：《信息化技术助力教育资源共享研究》，《机械制造与自动化》2021年第5期。

［132］祁凯、关莹、杨志：《"互联网＋"时代高校教育资源共享模式研究》，《教育现代化》2018年第41期。

［133］王静：《基于智慧教育云平台的区域教育资源共享建设研究》，《教育现代化》2018年第22期。

［134］陆和萍、吴延慧：《区域中小学校"互联网＋教育"的实施途径》，《教学与管理》2021年第36期。

［135］顾小清：《教育信息化步入数字化转型时代》，《中小学信息技术教育》2022年第4期。

［136］谭林海：《大数据时代大学生学习方式变化探析》，《电脑编程技巧与

維護》2017 年第 10 期。

[137] 丁发红：《大数据时代下当代大学生学习方式的变革问卷调查报告》，《中国新通信》2019 年第 14 期。

[138] 陈丽、李波、郭玉娟、彭橡：《"互联网+"时代我国基础教育信息化的新趋势和新方向》，《电化教育研究》2017 年第 5 期。

[139] 解春艳、丰景春、张可：《互联网技术进步对区域环境质量的影响及空间效应》，《科技进步与对策》2017 年第 12 期。

[140] 解辉：《开展噪声污染源普查的几点思考》，载《2017 中国环境科学学会科学与技术年会论文集（第三卷）》，2017。

[141] 解辉：《噪声污染防治"大数据"平台设计》，载《2016 中国环境科学学会学术年会论文集（第四卷）》，2016。

[142] 郭晓明：《公民环保意识及其影响因素分析——以林州市姚村镇为例》，《智库时代》2019 年第 46 期。

[143] 张堃、何云峰：《社区管理概论》，上海三联书店，2000。

[144] 张强：《经济社会构建全面整合的公共危机管理模式》，《中国储运》2022 年第 1 期。

[145] 谢俊祥、张琳：《漫谈智慧医疗发展》，《中国医疗器械信息》2016 年第 11 期。

[146] 吴海卫、陈懿：《城市交通拥堵智慧治理的杭州实践》，《交通与港航》2021 年第 2 期。

[147] 王宏宇、吴仲铠、厉培培：《"放管服"改革背景下监管清单数字化探索——以浙江省为例》，《电子政务》2022 年第 5 期。

[148] 梅育荣：《基于区块链的农产品供应链溯源系统的设计与实现》，南京邮电大学硕士学位论文，2021。

[149] 王国兴、卢玲珠：《我国进口冷链食品追溯体系建设探讨》，《中国农业文摘—农业工程》2022 年第 1 期。

[150] 盛希林：《简述工商企业管理与信用管理体系构建》，《全国流通经济》2021 年第 17 期。

[151] 马梅若：《完善社会信用体系建设　助推经济高质量发展》，《金融时报》2022 年 3 月 31 日。

[152] 朱芸瑶：《四川省级住房公积金中心推行"互联网+政务服务"案例研究》，电子科技大学硕士学位论文，2021。

[153] 吕国人、张鑫水：《打造互联网+政务服务大平台、大网络、大服务助力实现全省通接通办，全力深化"放管服"改革》，《营销界》2019 年第 34 期。

[154] 胡海员、程燕：《浅析传统消费与网络消费》，《大众商务》（投资版）2009 年第 4 期。

[155] 何海波：《国内外网络零售市场发展状况对比分析》，《商业经济研究》2017 年第 7 期。

[156] 高小东：《网络零售发展现状、成长因素及对传统零售业的影响》，《现代商业》2015 年第 13 期。

[157] 马玥：《数字经济对消费市场的影响：机制、表现、问题及对策》，《宏观经济研究》2021 年第 5 期。

[158] 钱玲、徐辉富、郭伟：《美国在线教育：实践、影响与趋势——CHLOE 3 报告的要点与思考》，《开放教育研究》2019 年第 3 期。

[159] 钱玲、徐辉富：《美国在线教育发展动态与走向——CHLOE 4 的要点与反思》，《开放教育研究》2020 年第 4 期。

[160] 李和中、石靖：《日本在线教育：发展历程、特点、瓶颈与对我国的启示》，《社会科学家》2021 年第 2 期。

[161] 董萍、郭梓焱：《我国在线教育的发展困境及其突破》，《国家教育行政学院学报》2021 年第 2 期。

[162] 路娜娜、徐伟、杜雯雯、王雅洁、李云：《美国互联网医疗服务的医保支付政策及启示》，《卫生经济研究》2020 年第 10 期。

[163] 徐丽君、顾进华：《国内外移动互联网医疗应用现状及未来发展趋势探讨》，《信息与电脑》（理论版）2020 年第 6 期。

[164] 杜传忠、胡俊、陈维宣：《全球新产业新业态发展现状与展望》，载

《国际经济分析与展望（2017~2018）》，2018。

[165] 张宁：《日本共享经济发展现状与趋势研究》，《企业改革与管理》 2016 年第 13 期。

[166] 张宁：《中美共享经济企业平台价值通路比较研究》，中国政法大学 博士学位论文，2018。

[167] 陈晓东：《数字经济影响产业结构演进的方向路径》，《经济日报》 2021 年 5 月 21 日。

[168] 吴德进、张旭华：《以产业数字化赋能高质量发展》，《贵阳日报》 2021 年 10 月 11 日。

[169] 陈晓东、杨晓霞：《数字经济发展对产业结构升级的影响——基于灰 关联熵与耗散结构理论的研究》，《改革》2021 年第 3 期。

[170] 张余：《数字经济促进产业融合的机理研究》，《农村经济与科技》 2020 年第 18 期。

[171] 温晓东：《论农村社会治安防控体系建设》，《湖北警官学院学报》 2018 年第 6 期。

[172] 田晓光：《数字化管理在医疗档案管理中的应用》，《城建档案》2020 年第 2 期。

[173] 李桂萍：《医改下医院医疗档案管理的优化策略探析》，《兰台世界》 2017 年第 S1 期。

图书在版编目（CIP）数据

数字经济学：理论与应用／杨波等著. -- 北京：
社会科学文献出版社，2023.6
ISBN 978-7-5228-1122-2

Ⅰ.①数… Ⅱ.①杨… Ⅲ.①信息经济学 Ⅳ.
①F062.5

中国版本图书馆 CIP 数据核字（2022）第 215519 号

数字经济学：理论与应用

著　　者／杨　波　杨亚西 等

出 版 人／王利民
组稿编辑／邓泳红
责任编辑／张　嫒
责任印制／王京美

出　　版／社会科学文献出版社·皮书出版分社（010）59367127
　　　　　　地址：北京市北三环中路甲 29 号院华龙大厦　邮编：100029
　　　　　　网址：www.ssap.com.cn
发　　行／社会科学文献出版社（010）59367028
印　　装／三河市尚艺印装有限公司

规　　格／开　本：787mm×1092mm　1/16
　　　　　　印　张：16　字　数：243 千字
版　　次／2023 年 6 月第 1 版　2023 年 6 月第 1 次印刷
书　　号／ISBN 978-7-5228-1122-2
定　　价／88.00 元

读者服务电话：4008918866